CB142393

O CEBRI E AS RELAÇÕES INTERNACIONAIS NO BRASIL

CENTRO BRASILEIRO DE RELAÇÕES INTERNACIONAIS
BRAZILIAN CENTER FOR INTERNATIONAL RELATIONS

O CEBRI é um think tank – centro de pensamento – que tem por objetivo desenvolver o conhecimento e promover o debate sobre temas das relações internacionais, oferecendo subsídios para a definição de políticas públicas. Busca também fomentar o diálogo entre diferentes atores, públicos e privados, visando a um melhor entendimento da agenda internacional, bem como do papel do Brasil no cenário global.

Dados Internacionais de Catalogação na Publicação (CIP)
(Jeane Passos Santana – CRB 8ª/6189)

O CEBRI e as relações internacionais no Brasil / organização de Leonardo Paz. São Paulo : Editora Senac São Paulo, 2013.

Bibliografia.
ISBN 978-85-396-0390-9

1. Relações internacionais no Brasil : CEBRI 2. Relações internacionais : Diplomacia brasileira 3. Relações internacionais : Política externa brasileira I. Paz, Leonardo.

13-123s CDD-327.81

Índice para catálogo sistemático:

1. Relações internacionais no Brasil : CEBRI 327.81

O CEBRI E AS RELAÇÕES INTERNACIONAIS NO BRASIL

LEONARDO PAZ
ORGANIZAÇÃO

Editora Senac São Paulo – São Paulo – 2013

Administração Regional do Senac no Estado de São Paulo

Presidente do Conselho Regional: Abram Szajman
Diretor do Departamento Regional: Luiz Francisco de A. Salgado
Superintendente Universitário e de Desenvolvimento: Luiz Carlos Dourado

Editora Senac São Paulo

Conselho Editorial: Luiz Francisco de A. Salgado
Luiz Carlos Dourado
Darcio Sayad Maia
Lucila Mara Sbrana Sciotti
Jeane Passos Santana

Gerente/Publisher: Jeane Passos Santana (jpassos@sp.senac.br)
Coordenação Editorial: Márcia Cavalheiro Rodrigues de Almeida (mcavalhe@sp.senac.br)
Thaís Carvalho Lisboa (thais.clisboa@sp.senac.br)
Comercial: Marcelo Nogueira da Silva (marcelo.nsilva@sp.senac.br)
Administrativo: Luís Américo Tousi Botelho (luis.tbotelho@sp.senac.br)

Edição de Texto: Luiz Guasco
Preparação de Texto: Luciana Benatti
Revisão de Texto: Globaltec Editora Ltda., Ivone P. B. Groenitz (coord.)
Projeto Gráfico, Capa e Editoração Eletrônica: Antonio Carlos De Angelis
Foto da Capa: Bluberries Advertising | iStockphoto®
Impressão e Acabamento: Gráfica Vida & Consciência

Proibida a reprodução sem autorização expressa.
Todos os direitos desta edição reservados à
Editora Senac São Paulo
Rua Rui Barbosa, 377 – 1º andar – Bela Vista – CEP 01326-010
Caixa Postal 1120 – CEP 01032-970 – São Paulo – SP
Tel. (11) 2187-4450 – Fax (11) 2187-4486
E-mail: editora@sp.senac.br
Home page: http://www.editorasenacsp.com.br

© Editora Senac São Paulo, 2013

Sumário

Nota do editor

São imensas as transformações que o mundo contemporâneo vem enfrentando sob o efeito da globalização dos mercados, de crises financeiras nos países desenvolvidos e da emergência de outros países que, antes considerados subdesenvolvidos, começam a ascender à posição de economias pujantes e globalmente determinantes.

O CEBRI e as relações internacionais no Brasil, coletânea idealizada pelo Centro Brasileiro de Relações Internacionais, reúne textos de três experientes embaixadores que, além de terem servido o Brasil no exterior, ocuparam postos no governo federal que lhes permitiram acompanhar de perto essas mudanças, bem como estudar seus vários aspectos e particularidades.

Publicado pelo Senac São Paulo, este livro é de grande valia para estudantes e profissionais das áreas de relações internacionais, economia, ciências sociais e jornalismo, constituindo uma importante contribuição para a compreensão dos processos e desdobramentos inerentes às modificações pelas quais a ordem mundial vem passando nas últimas décadas.

Prefácio

O CEBRI E AS RELAÇÕES INTERNACIONAIS DO BRASIL

Este livro reúne ensaios e artigos de três dos mais experimentados e competentes diplomatas de sua geração. Neles, os embaixadores José Botafogo Gonçalves, Luiz Felipe Lampreia e Luiz Augusto de Castro Neves descrevem e analisam o que viram e viveram de perto como atores importantes da diplomacia brasileira nas duas últimas décadas.

Nesse período, os autores atingem o topo de suas bem-sucedidas carreiras no Itamaraty. Lampreia torna-se ministro das Relações Exteriores, cargo que ocupa por seis anos em meu governo. Botafogo assume nossa embaixada em Buenos Aires e, depois, a posição de embaixador especial para o Mercosul, além de desempenhar brevemente a função de ministro da Indústria e Comércio. Castro Neves, já no governo de Lula, é nomeado embaixador em Pequim e depois em Tóquio. Ao mesmo tempo, o Brasil se projeta internacionalmente e a mudança da ordem internacional se acelera, sob os efeitos da "globalização", do surgimento de blocos regionais, da emergência da China, do nascimento e da crise do euro, do declínio relativo dos Estados Unidos, da mudança climática, etc.

Os textos deste livro expressam essa confluência do percurso profissional dos autores com a trajetória do país, num período de grandes transformações no mundo. Devem assim ser lidos como testemunhos engajados de uma mudança de época, feitos por quem dela participa.

Eles nos convidam à reflexão sobre os rumos da ordem internacional em geral, e das Américas em particular, com destaque para o entorno geográfico do Brasil, a América do Sul. Basta passar os olhos no sumário do livro para notar que vários textos têm o título terminado em ponto de interrogação. São títulos-pergunta: "Por que a Alca fracassou?", "BRIC: sigla contingente ou permanente?", "Brasil e China: sócios ou rivais?", entre outros. Como poderia ser diferente, se estamos todos transitando em mares nunca antes navegados? Mais do que de respostas ilusoriamente definitivas, precisamos de perguntas que nos permitam reconhecer quais são e onde estão os riscos e as oportunidades na nova ordem internacional em formação. É o que fazem os autores, a partir do conhecimento e da experiência singulares que acumularam no ofício da diplomacia.

Não se trata de reflexão puramente teórica. Agrupados adequadamente em três áreas temático-geográficas (Américas, com destaque para a América do Sul; China e temas globais), os textos deste livro estão unidos por um fio condutor comum. Ele consiste na permanente indagação sobre a correta orientação a ser seguida pela política externa brasileira diante dos desafios enfrentados pelo país na região e no mundo. Desafios que se ampliam e se tornam mais complexos à medida que o Brasil se projeta como ator regional e global.

Nesse esforço de compreender o mundo para apontar caminhos ao Brasil, sobressai o que há de melhor na tradição diplomática brasileira: a ausência de dogmatismo ideológico, o conhecimento da história, a compreensão realista do mundo e das possibilidades do Brasil; e, ao mesmo tempo, o compromisso com os valores que nos são caros como sociedade e a consciência de que o Brasil não é e não pode fingir ser "um paiseco qualquer", para tomar de empréstimo frase do ex-chanceler Azeredo da Silveira, citado por Lampreia em um de seus artigos.

Com esse espírito, os autores enfrentam questões cruciais para as relações internacionais do Brasil. Bastam algumas referências aos textos para ilustrar esse ponto. Destaco dois trechos, pinçados de artigos sobre o papel do Brasil na América do Sul, região que desde o meu governo passou a estar no centro da atuação diplomática do país.

Em "Mercosul após 2002: propostas a partir de um testemunho pessoal", José Botafogo Gonçalves escreve:

> Acertadamente, a mentalidade e o discurso diplomáticos no Brasil ainda estão voltados para o desenvolvimento de instrumentos de contenção de poder e de mecanismos de universalização e equalização de processos decisórios internacionais. Protagonismo e liderança são termos quase sempre interpretados de maneira negativa no vocabulário diplomático brasileiro, e a associação à ideia de imperialismo é quase automática. Ocorre que, gradualmente, ao menos no plano regional, uma atuação propositiva e protagônica do Brasil vai se tornando não só mais natural [...], mas também mais necessária [...].

O tema da liderança é retomado mais à frente por Luiz Felipe Lampreia. Em "Os desafios do Brasil", referindo-se à crescente presença de empresas brasileiras nos países da América do Sul, assinala:

> Essa nova dimensão do nosso relacionamento com os vizinhos gera um dilema que, até agora, tem criado mais perplexidade e hesitação do que clareza no governo brasileiro: como defender com firmeza os interesses comerciais e econômicos legítimos das empresas brasileiras, privadas e estatais, sem parecer que estamos praticando uma política de truculência que possa finalmente gerar uma má vontade generalizada e caracterizar uma atitude prepotente do Brasil. A questão não é trivial nem simples de resolver, pois nunca se havia colocado em toda a nossa trajetória de nação independente, que sempre teve a reputação de um gigante benigno.

Veja o leitor que os autores citados vão ao ponto nevrálgico do desafio que defronta o Brasil em seu entorno geográfico, onde maiores são a nossa influência e as nossas responsabilidades. Ao abordar o tema da liderança regional do país, o fazem desprovidos de arrogância, reconhecendo o peso da história e a legítima perspectiva dos vizinhos, sem, no entanto, deixar de considerar o que há de novo nas relações do Brasil com seu entorno. Estamos sendo chamados, pela realidade dos fatos políticos e econômicos, a exercer um novo papel na região, maior do que no passado. Mas a verdade é que ainda não sabemos como fazê-lo. O leitor verá que Botafogo e Lampreia oferecem contribuições importantes para que possamos, como país, acima e para além deste ou daquele governo, compreender e lidar apropriadamente com esse desafio.

Igualmente importantes são as contribuições de Castro Neves em relação a outro desafio crucial que hoje se coloca para a diplomacia brasileira. Compreender o papel da China no mundo e na região e saber se relacionar com ela nos vários planos da vida internacional e das relações bilaterais é tarefa tão urgente quanto complexa. Os textos de nosso ex-embaixador em Pequim são de grande valia para esse esforço coletivo. Ressalto o sábio realismo das observações de Castro Neves sobre a política global da China. Se tivesse sido observado em tempo recente, teria poupado ao país erros derivados de expectativas ingênuas sobre a reforma do Conselho de Segurança da ONU e o apoio chinês à aspiração brasileira de ali conquistar um assento permanente. O trecho a seguir fala por si:

> No plano formal, a China é favorável à ampliação do CSNU e ao aumento da presença de países em desenvolvimento. Na prática, a atitude chinesa tem sido a de buscar adiar qualquer decisão definitiva sobre o tema [...]. As principais questões pendentes dizem respeito ao ingresso do Japão, que, no entender de Pequim, precisaria ser precedido da solução de suas "responsabilidades históricas" junto a seus vizinhos asiáticos [...]. Em plano mais subjetivo, há de se notar que uma eventual ampliação do CSNU redundaria no ingresso de países potencialmente rivais no contexto asiático (Japão e, em menor grau, Índia) e poria fim ao fato de ser a China o único país em desenvolvimento a ser membro permanente do Conselho de Segurança. Assim, interessa à China que o tema continue numa espécie de "banho-maria".

Como disse ao início, José Botafogo Gonçalves, Luiz Felipe Lampreia e Luiz Augusto de Castro Neves são três dos mais experimentados e competentes diplomatas de sua geração. Em boa hora, o CEBRI, cuja presidência foi ocupada pelos dois primeiros e hoje é exercida pelo último, decidiu produzir este livro. Num momento em que diferentes caminhos se abrem para a presença do Brasil no mundo, uns mais e outros menos promissores, é fundamental ouvir a voz lúcida de quem traz na bagagem décadas de atuação diplomática a serviço do país.

Fernando Henrique Cardoso
Presidente de Honra do Centro Brasileiro de Relações Internacionais

Apresentação

O Centro Brasileiro de Relações Internacionais (CEBRI) é um think tank – centro de pensamento – independente, multidisciplinar e apartidário, que tem por objetivo promover o debate e desenvolver o conhecimento sobre aspectos das relações internacionais, oferecendo subsídios para a definição de políticas públicas. O CEBRI busca também fomentar o diálogo entre diferentes atores, públicos e privados, visando a um melhor entendimento da agenda internacional, bem como do papel do Brasil no cenário global. Em 2010 e 2011, o CEBRI foi apontado pela Universidade da Pensilvânia, por meio da Pesquisa Global Go-To Think Tanks, como o 3º mais influente think tank nas Américas do Sul e Central.

As principais atividades desenvolvidas no Centro são a organização de palestras, workshops, conferências, seminários, mesas-redondas, forças-tarefa e grupos de estudo, a edição de uma linha de publicações periódicas, a produção de conteúdo multimídia e o desenvolvimento de projetos sobre tópicos específicos, que resultam em estudos, policy papers e relatórios.

Desde 2009, o CEBRI detém a classificação de Organização da Sociedade Civil de Interesse Público (Oscip), concedida pelo Ministério da Justiça, sendo reconhecido como uma entidade sem fins lucrativos que desenvolve atividades de interesse geral da sociedade. Critérios de transparência e responsabilidade são adotados pelo Centro em sua atuação, conforme os dispositivos previstos no Estatuto Social que regulamenta as atribuições de seus Conselhos: Curador, Consultivo, Internacional e Fiscal.

Representantes de diversos setores econômicos da sociedade brasileira apoiam as atividades do CEBRI na condição de sócios mantenedores. Em

2012, o Senac passou a integrar esse grupo de associados, firmando Termo de Adesão com vistas à difusão de conhecimento e a divulgação das iniciativas implementadas sobre temas de relevância para o estudo da disciplina Relações Internacionais. O presente livro constitui o primeiro produto resultante dessa parceria.

Essa iniciativa teve como motivação oferecer aos alunos dos cursos de graduação em Relações Internacionais uma coletânea de artigos escritos por personalidades de destaque na Política Externa Brasileira que dirigiram o CEBRI, em períodos sucessivos, de 2001 até este momento, e que muito contribuíram para que essa instituição se desenvolvesse e se tornasse ponto focal para a área, nos cenários nacional e internacional.

Luis Felipe Lampreia, sociólogo e diplomata de carreira, atuou como embaixador do Brasil para as representações em Portugal, entre 1990 e 1992, e na Suíça, entre 1993 e 1994, onde liderou a delegação na Organização Mundial de Comércio – OMC. No Governo Federal, ocupou cargos de destaque como secretário-geral do Ministério das Relações Exteriores, entre 1992 e 1993, e ministro das Relações Exteriores, durante o governo do presidente Fernando Henrique Cardoso, entre 1995 e 2001. Foi o articulador da criação de um centro de pensamento no Brasil, na época em que, embora o país estivesse em processo de abertura para o cenário internacional, ainda não havia um espaço aberto dedicado ao debate das relações internacionais e da política externa brasileira. Em 2001, assumiu a presidência do Conselho Curador do CEBRI, recebida do primeiro presidente do Centro, Daniel Klabin, o qual foi responsável pela tarefa de estruturação do instituto. Durante seu mandato, Luiz Felipe Lampreia desempenhou importante papel no estabelecimento e consolidação do Centro em seus primeiros anos de existência.

José Botafogo Gonçalves, advogado, sociólogo e diplomata de carreira, exerceu o cargo de ministro da Indústria, Comércio e Turismo durante o ano de 1998, sob a gestão do presidente Fernando Henrique Cardoso e, posteriormente, em 2000, foi designado embaixador especial para Assuntos do Mercosul e embaixador do Brasil na Argentina, entre 2002 e 2004. Logo após deixar Buenos Aires, assumiu a presidência do Conselho Curador do CEBRI. Sua perseverança e dedicação, ao longo dos setes anos em que esteve à frente da instituição, foram de inquestionável relevância para a expansão, fortalecimento e visibilidade do Centro.

Luiz Augusto de Castro Neves, economista e diplomata de carreira, esteve à frente da Embaixada do Brasil no Paraguai, entre 2000 e 2004, na China, entre 2004 e 2008, e no Japão, entre 2008 e 2010. Ocupa atualmente a Presidência do Conselho Curador do CEBRI. Sob sua tutela, o Centro definiu novas linhas de atuação, passando a fomentar mais diretamente a produção de pesquisas e de estudos sobre o processo de inserção brasileira no atual ambiente internacional, marcado pela emergência do país e seu crescente reconhecimento como ator de relevância política e econômica para as relações internacionais.

Com *O CEBRI e as relações internacionais do Brasil*, o CEBRI almejou reunir as mais recentes produções e escritos de *experts* em política internacional, de modo a oferecer análises e pontos de vista sobre questões da ordem do dia no cenário internacional. A intenção é que a utilização deste livro, como bibliografia didática nos cursos de relações internacionais, possa auxiliar a compreensão de diversos aspectos dessa disciplina, que cada vez mais desperta o interesse da sociedade brasileira.

Registro aqui especial agradecimento ao Senac São Paulo, por seu inestimável apoio, que viabilizou a realização desse projeto, contribuindo, assim, para a missão do CEBRI em promover o estudo das relações internacionais.

Maria Fatima Berardinelli Arraes de Oliveira
Diretora do Centro Brasileiro de Relações Internacionais (2011-2012)

Agradecimentos

Todo projeto precisa de parceria. Para a realização deste, Fatima foi minha parceira: Maria Fatima Berardinelli Arraes de Oliveira, diretora do CEBRI na época da organização deste livro, foi de atuação fundamental, apoiando desde o início a ideia e discutindo longamente sobre sua concepção e estrutura. Foram longas conversas, que se mostraram inestimáveis para a consolidação do projeto.

Um segundo pilar, como não poderia deixar de ser, foi a pesquisa. A definição dos temas e a identificação dos textos para compor este volume não foi tarefa simples. Nesse particular, Larissa Pinto Martha, estagiária do CEBRI, se sobressaiu. Laís Ramalho, também estagiária do CEBRI, assumiu as tarefas de Larissa e se encarregou de todos os trabalhos administrativos e burocráticos necessários à efetivação desta publicação.

Por fim, este agradecimento sem dúvida seria injusto e incompleto se não fossem feitas menções aos reais autores do livro. Dessa forma, meu agradecimento especial aos embaixadores José Botafogo Gonçalves, Luiz Augusto de Castro Neves e Luiz Felipe Lampreia, que forneceram de maneira generosa a matéria-prima desta coletânea. Ao fazê-lo, emprestam um pouco de seu vasto conhecimento das relações internacionais do Brasil para que possamos compartilhá-lo com todos os interessados em tão vivo e rico tema.

LEONARDO PAZ
Coordenador de Estudos e Debates do Centro Brasileiro de Relações Internacionais

O BRASIL E AS AMÉRICAS

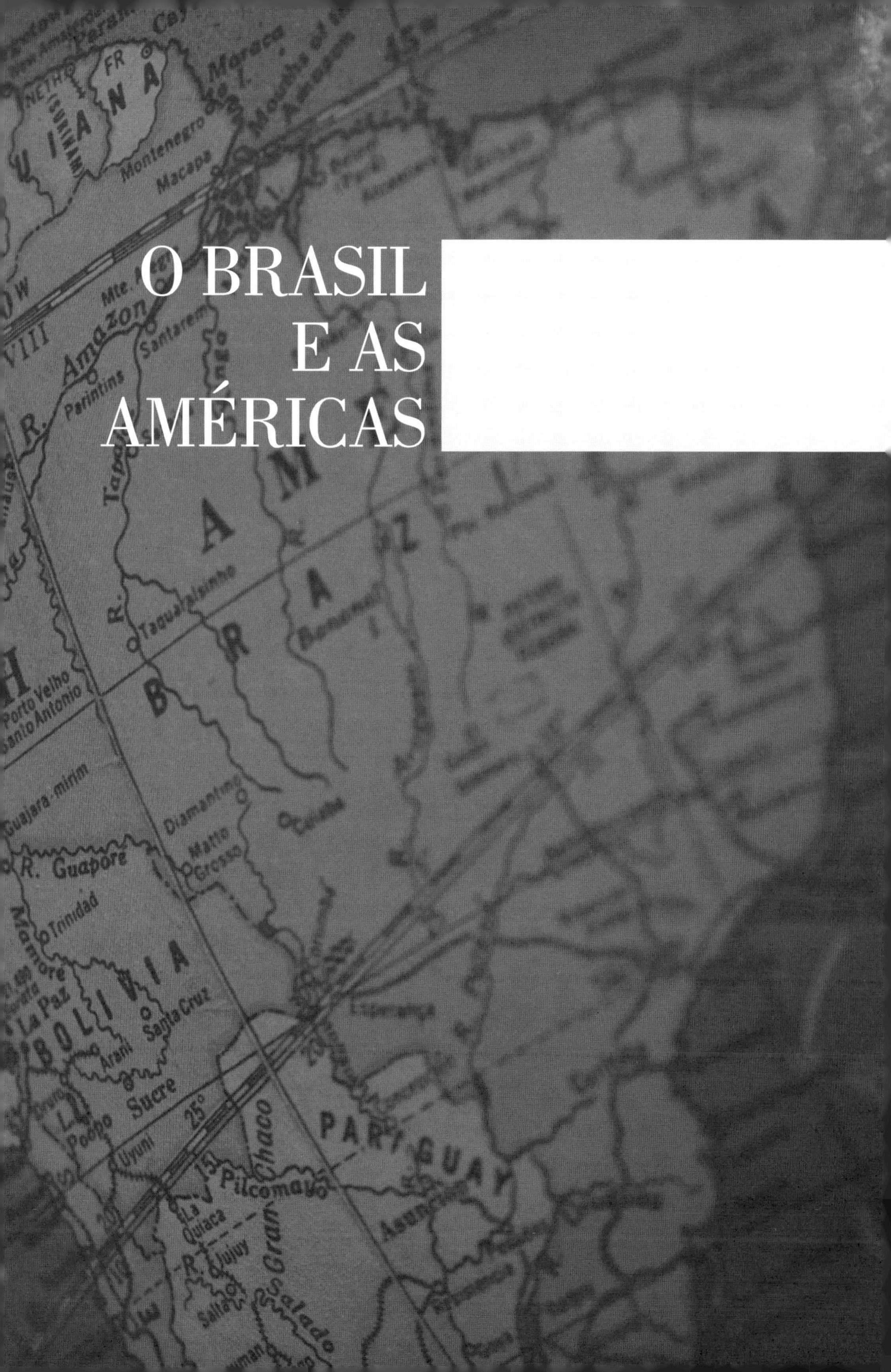

Mercosul após 2002

PROPOSTAS A PARTIR DE UM TESTEMUNHO PESSOAL*

José Botafogo Gonçalves

A sobrevivência e o fortalecimento do Mercosul dependem da capacidade de seus sócios de perceber o projeto como destino e identidade dos países que o compõem. O aprofundamento do processo de integração também é essencial para a estabilidade e a melhor inserção internacional de seus membros. Ao Brasil, o país politicamente mais estável e de maior economia da região, cabe exercer um papel mais efetivo de liderança no processo, patrocinando medidas para a crescente institucionalização do bloco, como a criação de normas comuns e de um Banco do Mercosul.

"A República Federativa do Brasil buscará a integração econômica, política, social e cultural dos povos da América Latina, visando à formação de uma comunidade latino-americana de nações." (Parágrafo único do artigo 4º, Título I, da Constituição Federal a respeito dos Princípios Fundamentais).

Essa reflexão sobre o futuro do Mercosul inspira-se nos quase oito anos em que, sucessivamente, como subsecretário-geral de Assuntos de Integração, Econômicos e de Comércio Exterior (SGIE), ministro da

* Publicado em *Grupo de reflexão prospectiva sobre o Mercosul*. Coleção Países e Regiões (Brasília: Fundação Alexandre Gusmão – FUNAG, 2002).

Indústria e Comércio, representante especial do presidente da República para Assuntos do Mercosul (Repsul) e agora embaixador em Buenos Aires, participei de modo direto do processo de aprofundamento do Mercosul. Divido meus comentários em quatro partes ("Mercosul como identidade", "Liderança brasileira", "Institucionalização do Mercosul" e "Processo de tomada de decisões"), mas uma ideia principal permeia este trabalho: a visão de que a sobrevivência e o fortalecimento do Mercosul pressupõem o convencimento genuíno, pela sociedade e pelo governo brasileiro, de que o agrupamento deve ser considerado parte da identidade e do destino do país e não mero interlocutor ou opção de ocasião, potencialmente descartável ao sabor de circunstâncias regionais menos favoráveis.

Seja por razões externas, como a multiplicação de iniciativas comerciais diluidoras de esquemas preferenciais prévios, seja por razões internas do bloco, como a crise de credibilidade decorrente da atual fragilidade econômica nos quatro países, as ameaças à sobrevivência do Mercosul são hoje consideráveis, e somente um firme compromisso do Brasil, como principal liderança para dar um passo adiante no processo de integração, poderá preservar o agrupamento. *Muddle through* ("empurrar com a barriga") deixou de ser uma opção pelo simples fato de que, com as atuais imperfeições da zona de livre-comércio e da união aduaneira, e com a incipiência de acordos comuns em diversas áreas, o Mercosul, como está, corre o risco de perder relevância e sentido em muito pouco tempo. A importância de um maior protagonismo brasileiro, por sua vez, deriva do fato de que nunca o diferencial de poder do Brasil em relação aos três parceiros foi tão grande, em termos de tamanho e potencial da economia, de estabilidade e solidez das instituições políticas e de capacidade e iniciativa internacional, o que cria uma evidente oportunidade, quase obrigação, de maior ativismo do país. Por essas razões, é preciso que o governo brasileiro se convença de que o aprofundamento do Mercosul é essencial para o Brasil como plataforma de inserção internacional e como instrumento de progresso e de estabilidade para a região, e reconheça que, se o exercício da liderança pressupõe custos de várias ordens, a inação nas atuais circunstâncias terá um preço ainda mais alto.

MERCOSUL COMO IDENTIDADE

O grande obstáculo, do lado brasileiro, para um efetivo "investimento" no projeto Mercosul é a ambiguidade com que, para além do discurso pró-integração, diversos setores da sociedade e do governo avaliam o Mercosul. Está longe de ser consensual a percepção de que o Mercosul é antes essência do que contingência para o Brasil. Prevalece em muitos segmentos a visão de que o Mercosul é um "interlocutor", uma opção entre outras, uma contingência política, e não um elemento hoje da própria identidade do país. É ainda precária a consciência de que a única maneira de fazer sobreviver o Mercosul é considerá-lo parte do projeto nacional brasileiro e reconhecer que, por não estar do outro lado ou por não ser mero "estágio negociador", ele deve ser levado em conta no processo decisório nacional de diversos temas que têm profundas implicações para os demais países do bloco. A opção estratégica, presente no Tratado de Assunção e no Protocolo de Ouro Preto, em favor de uma integração profunda, e não de uma simples área de livre-comércio, exige a assimilação, até agora incompleta nos quatro países, de um enfoque efetivamente regional. Não há alternativa: ou se admite que o Mercosul é parte essencial dos quatro países e que, portanto, os governos nacionais não podem ignorar as eventuais implicações de suas decisões sobre os vizinhos, ou o Mercosul fracassará como projeto de integração profunda e, por extensão, como elemento aglutinador no Cone Sul.

Mencionarei um exemplo que ilustra a consciência ainda pouco alerta para o fato de que as decisões do governo brasileiro podem provocar efeitos consideráveis nos parceiros do Mercosul e na própria credibilidade do bloco como um todo e que devem, portanto, também tomar em consideração esse aspecto regional. Não se trata de desejar tolher a ação do Estado brasileiro em função de interesses particularistas dos demais países;

tampouco se trata de compartilhar decisões em situações excepcionais em que o processo de consulta prévia intra-Mercosul é virtualmente impossível por motivos de força maior, como foi o caso da desvalorização cambial brasileira de 1999. Trata-se apenas de admitir que, por terem um alcance também regional, muitas das decisões e políticas do maior país do bloco devem passar, na medida do possível, por um processo prévio de informação, consulta e coordenação com os demais parceiros e, quando isso não for viável, devem ser levadas em conta em um balanço total de custos e benefícios distribuídos nos quatro países. A própria capacidade e legitimidade do Brasil, para exercer um papel de liderança no bloco, para cobrar dos vizinhos respeito às normas existentes e para ampliar o arcabouço de regras e acordos comuns, depende de sua credibilidade como promotor e guardião principal não apenas das regras do Mercosul, mas também de um equilíbrio de vantagens e desvantagens dos quatro países.

O exemplo que evoco é o do estabelecimento do regime automotivo brasileiro em 1995 e 1996. A questão da conveniência da consulta e informação aos parceiros do Mercosul foi introduzida nas discussões internas sobre a definição do regime, em função das evidentes implicações que a nova política tarifária setorial e de incentivos fiscais teria sobre os fluxos de investimentos na região. Prevaleceu, no entanto, a tese de que o tema não seria objeto de coordenação no Mercosul, o que, sem dúvida, trouxe ganhos imediatos de agilização do processo decisório, mas acabou gerando um considerável passivo de desconfiança de longo prazo e proporcionou aos demais países, em particular à Argentina, uma bandeira a ser desfraldada sempre que se vislumbrasse o aprofundamento do Mercosul: a necessidade de aceitação pelo Brasil de uma harmonização ou mesmo eliminação dos regimes de incentivo regionais. Esforços do Brasil em favor de uma coordenação intra-Mercosul não teriam eliminado, é verdade, o interesse da Argentina, decorrente de sua própria orientação governamental de então, de "nivelar por baixo" a concessão de incentivos regionais no Mercosul, mas poderiam ter evitado a transformação do tema em uma espécie de questão de honra e mote permanente dos parceiros brasileiros nas negociações subsequentes sobre esses e outros temas. O fato é que o assunto continua a ser uma das questões fundamentais do Mercosul, e o Brasil não pode ignorar que o cumprimento da decisão 31/2000, para o disciplinamento da concessão de incentivos regionais, é também parte da solução dos problemas do bloco.

O que fazer, em termos práticos, para aumentar a consciência de que o Mercosul se vai tornando parte da identidade do Brasil e de que muitas das decisões mais significativas do país se fazem refletir em parceiros com quem compartilhamos um espaço de livre circulação de bens e uma tarifa externa comum, apesar de todas as imperfeições? Só há dois caminhos. O primeiro é mais curto e mais conveniente no atual contexto de aceleração dos tempos dos diversos tabuleiros comerciais: o da determinação da mais alta autoridade do país no sentido de que o Mercosul constitua uma referência fundamental na formulação de qualquer política com implicações regionais; isso depende da atuação de um presidente não apenas compromissado com o Mercosul, mas também capaz de converter o governo como um todo a uma mentalidade integracionista.

O segundo caminho é mais longo, mas não deixa de melhor pavimentar o primeiro: o da paulatina conscientização, liderada pelo Itamaraty e pela autoridade do Repsul, dos demais funcionários governamentais a respeito do marco normativo, do alcance temático, do grau de interdependência e dos benefícios econômicos e políticos de um projeto de integração como o Mercosul para que se comece a criar entre os agentes de governo uma verdadeira cultura de interação com os países vizinhos. Condição importante para esse trabalho é que o próprio Itamaraty supere dúvidas remanescentes sobre a centralidade do projeto do Mercosul na política externa brasileira, e que a função do Repsul seja ainda mais fortalecida e valorizada. Sugiro, por exemplo, que se institucionalize, no marco do próprio Mercosul, a figura do Repsul em cada país. Em razão do fato de que um representante especial do presidente para o Mercosul tende, por definição, a atuar como elemento de promoção do agrupamento, creio que a criação do cargo nos demais países e sua consolidação no ordenamento jurídico do bloco contribuiriam para reforçar uma visão integracionista no Brasil e em seus parceiros.

LIDERANÇA BRASILEIRA

Se o país como um todo e o governo em particular continuam em processo de assimilação de uma mentalidade genuinamente integracionista, ainda mais embrionária é a incorporação de outra visão, também inovadora e geradora de reações defensivas, que é a da necessidade do exercício de liderança pelo Brasil, seja no âmbito sub-regional (Mercosul), seja no âmbito regional (América do Sul). As resistências no próprio governo brasileiro à convocação da Primeira Reunião de Presidentes da América do Sul revelam a permanência de arraigadas reservas ante um papel mais destacado do Brasil em seu entorno.

É compreensível essa reação. Por razões históricas, a atitude predominante da política externa brasileira sempre foi e continua a ser a de moderação do exercício de lideranças alheias, pela própria fragilidade e marginalidade do país no quadro mais amplo das relações internacionais. Acertadamente, o discurso e a mentalidade diplomática no Brasil ainda estão voltados para o desenvolvimento de instrumentos de contenção do poder e de mecanismos de universalização e equalização dos processos decisórios internacionais. Protagonismo e liderança são termos quase sempre interpretados de maneira negativa no vocabulário diplomático brasileiro e a associação disso com a ideia de imperialismo é quase automática.

Ocorre que, gradualmente, ao menos no plano regional, uma atuação propositiva e protagonista do Brasil se vai tornando não só mais natural, dada a crescente singularização do Brasil como a economia mais promissora e a democracia mais madura em uma região novamente caracterizada pela instabilidade econômica e política, mas também mais necessária, tendo em vista a maior interdependência regional em diversos aspectos positivos ou negativos, da economia ao crime organizado.

Algumas ideias parecem-me relevantes nessa reflexão sobre uma quase inevitável liderança brasileira.

A primeira é o reconhecimento de que um esforço para a liderança regional não é incompatível com o maior papel do Brasil em outros âmbitos. As opções não são excludentes; ao contrário, a presença internacional do Brasil, a sua imagem como ator relevante em contextos mais amplos, só tende a crescer quanto maior for o ativismo brasileiro em seu entorno imediato. A criação do Mercosul e mesmo a convocação da Cúpula da América do Sul são exemplos disso: as duas iniciativas proporcionaram, em graus diferentes, um acréscimo de visibilidade e presença internacional do Brasil.

A segunda ideia, já sugerida anteriormente, é a de que há custos não somente para o exercício de liderança, embora sejam menos facilmente reconhecíveis e mensuráveis. É quase natural a resistência em pagar o preço de iniciativas comuns regionais que impliquem recursos significativos ou riscos de desgaste político entre um segmento ou outro de países da região, mas é preciso ter em conta que a falta de uma política que se poderia chamar de preventiva ou de longo prazo na construção de instrumentos de estabilidade regional pode gerar consequências muito negativas para o Brasil. Isso é particularmente visível na atual conjuntura, em que os destinos nacionais são cada vez mais interligados e em que a completa diferenciação de um país no seu contexto regional é cada vez menos provável, como se demonstra em questões específicas, à maneira das tendências de contágio regional na área financeira, de aumento de porosidade das fronteiras nacionais ou de generalização e homogeneização da imagem dos países de uma mesma região pela imprensa internacional, agências de crédito e de *rating* e, muitas vezes, pelos próprios investidores diretos. Em outras palavras, é uma temeridade imaginar que o Brasil conseguirá alcançar plena estabilidade e desenvolvimento em meio a um continente sul-americano empobrecido do ponto de vista econômico, instável do ponto de vista político e desequilibrado do ponto de vista social.

Uma terceira ideia, associada à anterior, diz respeito ao receio de que uma liderança brasileira mais desabrida no continente gere suspicácias, entre os países vizinhos, de veleidades imperialistas do Brasil. Minha experiência pessoal no Mercosul é de que eventuais ressentimentos com o Brasil derivam mais de uma atitude de indiferença ou de desconsideração de efeitos das políticas brasileiras sobre o entorno do que propriamente de um papel mais ativo e protagonista do país como formulador e principal patrocinador de iniciativas comuns. Para usar uma imagem tosca, o Brasil incomoda mais quando se mexe sem notar a presença alheia, como foi o caso do estabelecimento do regime automotivo, do que quando busca carregar os demais consigo. O ressentimento de países vizinhos pode ser gerado não apenas por eventuais pressões dos mais fortes, mas também por uma atitude autossuficiente, como se observa de modo exemplar nas relações que Brasil e Argentina mantêm com o Paraguai e o Uruguai. O Brasil ainda não tem uma dimensão internacional e um poder econômico e político que lhe confiram a condição de líder regional absoluto e incontestável, mas já possui um peso próprio suficiente, em termos tanto econômicos quanto políticos, para que seus movimentos repercutam sobre os países vizinhos e para que comece a ter certo custo para esses países uma eventual resistência a iniciativas de coordenação e liderança brasileiras.

O que se deve ter em mente é que a capacidade do Brasil de exigir dos demais países o cumprimento das normas de integração vigentes e o compromisso com novas iniciativas e acordos é diretamente proporcional ao engajamento do Brasil no projeto integracionista, à assimilação de uma genuína mentalidade de integração. Ainda persiste uma espécie de déficit de liderança brasileira, até mesmo na hora de cobrar dos demais países respeito e lealdade a um projeto de integração como o Mercosul, porque persiste também a nossa ambiguidade sobre se queremos ou não investir em uma integração de fato e arcar com os custos de uma crescente coordenação com os demais países. Para ficar no âmbito do Mercosul, faltam-nos certa determinação e "precedência moral" para resolver definitivamente questões fundamentais como comércio de açúcar ou aplicação de defesa comercial intrazona, porque, no fundo, nos falta a convicção de que também de nossa parte nos adequaremos ao espírito e à norma de uma união aduaneira. Cobramos pouco dos outros países a lealdade ao Mercosul, porque temos dúvidas sobre a conveniência de nossa própria lealdade à iniciativa.

Sobre essa questão de liderança, proponho que se proceda a um amplo exercício de reflexão no início do próximo governo, para avaliar: 1) O que é ou deve ser a liderança brasileira no Mercosul e no continente sul-americano?; 2) Quais as vantagens e as desvantagens de exercer a liderança?; 3) Quais os mecanismos de análise dos custos de benefícios da liderança brasileira?; 4) Quais os meios para executá-la?; 5) Que articulação se pode fazer dos três níveis de exercício de liderança: a parceria com a Argentina, o fortalecimento do Mercosul, a crescente integração da América do Sul?

Mais concretamente devemos saber: 1) Qual a melhor maneira de se criar finalmente um instrumento financeiro do Mercosul, do tipo Banco do Mercosul?; 2) Qual o papel que um banco como o BNDES, com recursos equivalentes aos do Banco Mundial, pode exercer no processo de integração, a começar por modalidades de empréstimos casados (*tied loans*)?; 3) Quais os custos que o Brasil estaria disposto a pagar para promover uma efetiva incorporação dos dois sócios menores do Mercosul?; 4) Em que medida projetos como o de Integração de Infraestrutura Regional Sul-Americana (IIRSA) servem de embrião para um efetivo engajamento do Brasil como principal catalisador da infraestrutura do continente?

INSTITUCIONALIZAÇÃO DO MERCOSUL

Uma questão básica que incide, ao mesmo tempo, na qualidade do funcionamento do Mercosul, no grau de engajamento dos quatro sócios e na própria credibilidade externa do bloco é a institucionalização.

O Brasil tem adotado, desde o começo da construção do Mercosul, uma posição refratária às propostas de ampliação da estrutura internacional própria do bloco. O argumento tradicionalmente usado por nós é o da necessidade da manutenção de um Mercosul desburocratizado, ágil, assentado em um processo decisório flexível, que teria funcionado razoavelmente bem desde o começo, sem que os países precisassem despender significativos recursos humanos e financeiros em uma estrutura pesada e centralizadora. Argumento à parte, a motivação fundamental da resistência brasileira é uma preocupação muito justificada com os riscos de que o estabelecimento de estruturas independentes e supranacionais no Mercosul limite a liberdade de atuação do país mais forte do bloco e o subordine a interesses e posições ditados pelos países menores.

Da minha experiência na construção do Mercosul, estou convencido de que essa posição do Brasil está se tornando cada vez menos funcional, seja ao propósito de fortalecer e aprofundar a integração dos quatro, seja ao interesse específico brasileiro de manter as rédeas da evolução do bloco e evitar desvios indesejáveis. Em primeiro lugar, o argumento da flexibilidade, leveza e agilidade das instituições do Mercosul perdeu valor pelo simples fato de que o agrupamento tem sofrido nos últimos anos uma crise básica de credibilidade derivada dos sinais de descoordenação e paralisia. Sem querer menosprezar a dimensão dos fatores negativos que desencadearam a crise atual, a começar pela vulnerabilidade externa dos quatro países, com reflexos no nível de crescimento e na questão do câmbio, o fato é que a estrutura institucional vigente no Mercosul se mostrou muito limitada para evitar, abrandar ou remediar situações de impasse e conflito entre os governos. A virtude da leveza institucional no momento da bonança se transformou no vício da inoperância nos momentos de crise.

Quanto ao receio do Brasil ante maior ingerência dos demais países sobre sua liberdade de ação, devemos avaliar cuidadosamente os custos de resistir a um mínimo de altura da evolução do Mercosul, seja porque com a atual estrutura institucional tem-se avançado pouco na construção de acordos e normas comuns, seja porque o próprio tema da institucionalização surge frequentemente como um dos tabus paralisadores das negociações como um todo. Em lugar de reagir defensivamente a certo protagonismo uruguaio, creio que o Brasil deveria adotar uma atitude mais aberta e construtiva na questão, para encontrar fórmulas de organização institucional que favoreçam o avanço do bloco sem afetar a autonomia decisória brasileira em questões essenciais.

Não se pode esquecer que, se certos aspectos de supranacionalidade embrionária no Mercosul poderiam incidir sobre a liberdade de ação brasileira, de igual maneira atingiriam os demais parceiros, o que poderia ter o efeito salutar de aumentar o grau de racionalidade das decisões no bloco e evitar desvios incompatíveis com o Mercosul. O exemplo da União Europeia é muito ilustrativo de uma incidência supranacional moderadora de comportamentos desviantes e dos efeitos positivos do estabelecimento de um padrão de racionalidade de políticas públicas em diversas áreas, sem afetar no fundo o poder de influência dos mais fortes, como demonstra a condução da questão monetária, com a evidente precedência da Alemanha e do espírito de Bundesbank. Mesmo a história do Mercosul é marcada por exemplos de incidência positiva do externo sobre o interno, como no caso da necessária abertura comercial no Brasil e na Argentina no começo da década de 1990, que teria sido muito mais difícil em cada país se não houvesse o elemento legitimador da desgravação tarifária prevista no próprio acordo no Mercosul.

A imagem interna e externa do Mercosul é afetada de modo negativo pela percepção de que, na falta de instituições mais permanentes (ou de um "endereço" próprio), o bloco estaria refém da conjuntura, sem lastro de permanência. Como até mesmo a união aduaneira tende a perder relevância com o tempo, caso se concretizem as propostas de livre comércio mais amplas (Alca, UE-Mercosul) e se avance na desgravação tarifária multilateral, a importância do Mercosul será diretamente proporcional ao alcance das disciplinas e dos acordos comuns nas mais diversas áreas, bem como ao amadurecimento e à solidez das instituições do bloco.

O Brasil deu passos muito positivos na direção de uma maior efetividade institucional do Mercosul, ao apoiar o estabelecimento do tribunal permanente e da secretaria técnica. Creio que se deve avançar mais e para isso cabe começar a avaliar, muito concretamente, de modo pragmático e sem rígidas oposições de princípio, em que aspectos e áreas uma eventual aceitação pelo Brasil de elementos de supranacionalidade traz mais ganhos em termos de fortalecimento do Mercosul na direção que queremos do que perdas significativas de autonomia para o país.

PROCESSO DE TOMADA DE DECISÕES

Associada à questão da institucionalização está a do processo de tomada de decisões, e aqui apresento breves comentários sobre o tema da regra de consenso.

Parece-me ocioso entrar em discussões muito teóricas sobre regras alternativas à do consenso, pelo simples fato de que, de maneira geral, como princípio básico do Mercosul, o requisito de consenso dos quatro países permanecerá. Isso não significa, no entanto, que não se deve abonar o exame de maneiras práticas de agilizar o processo decisório em questões que, por não afetarem a essência do Mercosul e os interesses vitais de um ou mais países do bloco, prescindem da aprovação dos quatro governos.

Recorro a uma questão muito atual, a da integração de cadeias produtivas. Antes de mais nada, é preciso esclarecer que não se trata de dirigismo estatal, de "gosplanismo", mas de buscar estabelecer, por meio do diálogo com o setor privado, maior interação e complementaridade intrassetorial dos parques produtivos nacionais. Nesse caso, Brasil e Argentina, por disporem de economia mais industrializada do Mercosul e de interesses mais amplos em diversos setores, estão em posição privilegiada para avançar à frente dos sócios menores do bloco, o que tem provocado reações contrárias de um país como o Uruguai. Ora, a integração das cadeias produtivas do Brasil e da Argentina em nada afeta a essência do Mercosul – na verdade, a reforça – nem prejudica diretamente os sócios menores. Por essa razão, se não há consenso dos quatro para enquadrar desde logo o tema no marco jurídico do Mercosul, nada impede que Brasil e Argentina se valham de instrumentos bilaterais para avançar no tema. Nesse sentido, os acordos bilaterais de 1988 constituem uma base jurídica muito apropriada.

O deslocamento do eixo quadrilateral para o bilateral deve ser adotado sempre que, por desequilíbrio de prioridades entre os sócios maiores e os menores do Mercosul, Brasil e Argentina estiverem em condições de antecipar-se aos demais na celebração de acordos ou na harmonização de posições em áreas específicas, sem que por isso atentem contra o sentido do Mercosul ou os interesses dos outros países. Há diversos pontos da agenda de integração em que Brasil e Argentina têm objetivos e afinidades que não são necessariamente compartilhados por Uruguai e Paraguai, o que recomenda um enfoque bilateralista mais ágil, sem prejuízo da posterior incorporação do tema ou decisão ao arcabouço do Mercosul, conforme a vontade dos demais governos. Isso não quer dizer que Brasil e Argentina devem realizar uma integração inteiramente à parte, nem que se devem consagrar expressões que só diminuam a confiança e o engajamento dos sócios menores do Mercosul, como a ideia de um "Mercosul em duas velocidades". Sem alarde ou espírito segregacionista, Brasil e Argentina podem e devem avançar pela via bilateral em áreas de afinidades mais evidentes, mas sempre de modo aberto à participação construtiva e ao eventual interesse de associação de Paraguai e Uruguai.

Requisito indispensável dessa tarefa é a consolidação da parceria estratégica com a Argentina, que precisa ganhar impulso adicional na etapa que se inaugurará com os novos governos a ser eleitos proximamente, em particular no que se refere à melhor consulta e coordenação política e maior convergência dos projetos de inserção regional e internacional dos dois países.

Ainda sobre o tema da tomada de decisões no Mercosul, vale uma referência muito particular ao campo financeiro. Nessa área, a regra do consenso pode ser naturalmente obviada pela introdução dos processos decisórios alternativos, como o voto proporcional típico dos bancos multilaterais. O funcionamento de um futuro Banco do Mercosul, cuja criação deve ser hoje uma das prioridades dos quatro países, respeitaria essa lógica, a única capaz de tornar atraente a inversão de recursos pelos seus sócios. Aqui se abre para o Brasil, como país de maior economia e maior capacidade financeira dos quatro, um espaço de atuação e liderança muito amplo, em especial à frente de uma política mais sistemática e abrangente de financiamento da infraestrutura de suporte à integração, que me parece mais e mais necessária. Um Banco do Mercosul, em síntese, oferece a múltipla vantagem de ser um instrumento eficaz de integração e promoção do desenvolvimento regional – porque promoverá a infraestrutura física e projetos importantes na área produtiva –, de ser uma iniciativa capaz de conferir ampla identidade institucional ao Mercosul, de introduzir na prática, no sistema decisório do bloco, o voto ponderado e de constituir um instrumento efetivo e indiscutível para o exercício de liderança por parte do Brasil em matérias pontuais de grande sentido prático.

Tanto a área financeira quanto a de coordenação macroeconômica, cambial e monetária abrem novos caminhos para o Mercosul, não apenas na questão mais específica do processo da tomada de decisões, mas também do próprio desenho geral da integração dos quatro países. Se a primeira década do Mercosul foi marcada fundamentalmente pela construção de um arcabouço de integração na área comercial (e o elemento fundamental é a união aduaneira), talvez o período que agora se inicia seja lembrado mais adiante como o de construção das bases de uma integração financeira e monetária. Há muito o que fazer ainda na área comercial, a começar pela eliminação das imperfeições da zona de livre-comércio (exclusão do açúcar, uso de defesa comercial intrazona) e da união aduaneira (lista de exceções, perfurações com terceiros países), mas é natural que os avanços mais significativos do Mercosul se concentrem daqui por diante em áreas novas, das quais a de coordenação das economias e de financiamento da integração parecem as mais promissoras.

Para que se alcance esse objetivo, é preciso um renovado e reforçado investimento do Brasil no projeto Mercosul. Como eu disse anteriormente, mais do que nunca é hoje indispensável e viável um efetivo exercício de liderança brasileira. O que nos falta é dissipar quaisquer dúvidas remanescentes sobre a prioridade que, sem prejuízo de outras iniciativas e relacionamentos, o Mercosul e nosso entorno sul-americano devem representar na atuação externa brasileira. Não vejo alternativa a que se reconheça de uma vez por todas que a nossa circunstância é cada vez mais um dado da vida do país, de que a geografia, independentemente de voluntarismos, é uma realidade inexorável da evolução econômica e política de qualquer Estado. O Mercosul é a melhor prova disso: não deixa de ser uma vingança tardia da geografia contra a história. Lutar novamente contra a geografia, e contra nossa melhor história recente, seria um erro.

Aliança estratégica entre Brasil e Argentina

ANTECEDENTES, ESTADO ATUAL E PERSPECTIVAS*

José Botafogo Gonçalves

Embora o conceito de "aliança estratégica" se preste a múltiplas definições e nem sempre tenha sido usado com a parcimônia e a seletividade que exige, se há um país com o qual nos acostumamos a usá-lo de modo mais natural e automático, esse país é a Argentina. Aplicado de modo informal e corrente às relações bilaterais desde começo da década passada, o conceito ganhou *status* oficial em abril de 1997, durante encontro dos presidentes Fernando Henrique Cardoso e Carlos Menem no Rio de Janeiro. Talvez poucos analistas, e mesmo diplomatas, se animem a definir precisamente do que se trata, dado o caráter intrínseco e deliberadamente ambíguo desse quase lugar-comum do discurso diplomático, mas também muito poucos poderão contestar o fato de que, ao longo dos últimos quinze anos, Brasil e Argentina passaram a ocupar de tal maneira um lugar central no relacionamento externo do vizinho, que é difícil encontrar um conceito alternativo para caracterizar o grau de aproximação e integração alcançado.

* Publicado em *Dossiê CEBRI*. Vol. 2. Ano II (Rio de Janeiro: Centro Brasileiro de Relações Internacionais – CEBRI, 2003).

O objetivo deste trabalho é examinar a natureza das relações entre Brasil e Argentina e as possibilidades de que essas se consolidem de fato como uma "aliança estratégica" de caráter permanente e relativamente imune às normais variações de orientação política dos respectivos governos. Em outras palavras, trata-se de avaliar em que medida o relacionamento bilateral já terá superado ou poderá superar a condição de mera "aliança tática", envolta no apelo retórico do rótulo de uma "aliança estratégica", que ainda estaria mais presente no discurso do que propriamente na ação dos dois países.

Há aqui dois pressupostos básicos: o primeiro é o de que, independentemente do nome que leve, um relacionamento privilegiado e especial dos dois países parece ser essencial para o desenvolvimento e para uma inserção internacional adequada de ambos. Pela natureza das negociações econômicas internacionais ora em jogo e pela crescente interdependência econômica e política no âmbito regional, nada enfraqueceria mais a projeção externa de Brasil e Argentina, com reflexos importantes sobre o crescimento dos dois países, do que uma deterioração ou mesmo um simples esfriamento das relações bilaterais. O segundo pressuposto é o de que uma efetiva "aliança estratégica" dos dois países não será um resultado natural e inescapável da crescente integração das duas economias, exigindo, sim, algo mais: um engajamento ativo, de natureza política, dos dois governos e, cada vez mais, das duas sociedades. Imaginar que a vizinhança geográfica, por um lado, e os vínculos criados ao longo dos últimos quinze anos, por outro, serão suficientes para alavancar um relacionamento especial dos dois países é ignorar o fato de que, sem um real compromisso dos dois governos, há riscos concretos de retrocessos ou de perda de relevância do que já se alcançou, especialmente na área econômico-comercial.

Para examinar os temas acima, este trabalho está dividido em quatro partes. Na primeira faz-se um breve apanhado histórico do relacionamento de Brasil e Argentina, contextualizando a aproximação bilateral das duas últimas décadas no panorama bem mais amplo e desolador de quase dois séculos que alternam longos períodos de mútua indiferença e suspicácia com curtos momentos de convergência. Se a história nos oferece algo, é a evidência de que somente a vontade deliberada dos dois governos de liderar um processo de aproximação bilateral permitiu retirar os dois países da inércia de rivalidade e distanciamento.

Na segunda parte, identificam-se as diferenças dos processos de desenvolvimento do Brasil e da Argentina e seus importantes reflexos, que repercutem até hoje e continuarão a repercutir sobre a maneira como cada um dos países enxerga o outro e concebe, a seu modo, o que deve ser uma "aliança estratégica". Aqui, a principal lição é que as lideranças e as burocracias devem reconhecer e levar em conta as diferentes percepções e prioridades dos dois países a fim de se chegar a uma melhor complementaridade de interesses e a uma maior afinidade no estabelecimento de iniciativas e ações conjuntas. Como não podia deixar de ser, Brasil e Argentina não são iguais, não adotam modelos idênticos de desenvolvimento e não veem o mundo com as mesmas lentes, e tudo isso tem de ser levado em conta nos processos decisórios dos dois lados.

Na terceira parte, examina-se o principal instrumento e motor da aproximação entre Brasil e Argentina: o Mercosul. Avaliam-se os fatores para o impulso original e para a atual desaceleração do bloco e adianta-se uma hipótese que se aplica tanto ao agrupamento como um todo quanto ao relacionamento do Brasil com a Argentina em particular: vivemos um momento em que continuar a "empurrar com a barriga" significará um retrocesso e em que somente um salto qualitativo em relação à integração que se atingiu evitará a erosão das conquistas dos anos 1990.

Na quarta e última parte, conclusiva e mais concretamente propositiva, avaliam-se os papéis diferenciados que podem caber ao Brasil e à Argentina na consolidação de uma "aliança estratégica". Aqui, a conclusão é a de que, embora a economia argentina dependa mais da brasileira do que vice-versa, cabe ao Brasil exercer um papel mais engajado ("protagônico", se o termo não desse margem a interpretações incorretas), com custos e benefícios correspondentes na valorização do relacionamento bilateral, sem a expectativa, irrealista e injustificada, de um alinhamento incondicional do vizinho a todas as posições brasileiras. Concessões na área econômica terão de ser feitas de parte a parte, com generosidade, mas devem ser avaliadas principalmente por seus méritos econômicos para ambos os países, sem a ilusão de imaginar que, por conta de uma dependência comercial ou financeira, um dos parceiros abrirá mão de sua política externa ou de sua própria identidade e projeção internacional. Todos os exemplos de integração apontam para a preservação de alguma autonomia da esfera política em relação à econômica. O grande desafio do Brasil e da Argentina é aprofundar a integração de suas respectivas economias, culturas e sociedades, procurando, ao mesmo tempo, desenvolver uma crescente afinidade naqueles setores em que, como demonstram os exemplos da Europa e da América do Norte, há sempre menor disposição para uma integração efetiva, por naturais resistências de soberania e autoimagem, como é o caso do núcleo duro da política externa, com os temas de defesa, segurança internacional e alianças com terceiros países.

BREVE APANHADO HISTÓRICO DAS RELAÇÕES BILATERAIS

A aproximação entre Brasil e Argentina desde os anos 1980 é tanto mais formidável quando se tem em conta que uma efetiva cooperação bilateral terá sido antes a exceção do que a regra em quase duzentos anos de história. Desde a Independência, o relacionamento dos dois vizinhos foi marcado menos por uma gradual aproximação do que por altos e baixos de cooperação e conflito.

Essa ambivalência do relacionamento bilateral explica-se, em parte, pelo passado colonial. Brasil e Argentina herdaram uma rivalidade entre dois impérios europeus cujo ponto de encontro na América do Sul era uma fronteira que oscilou por mais de três séculos, ao sabor das migrações, dos tratados e das armas. Na Bacia do Prata, chocavam-se um Portugal desejoso de conquistar a Banda Oriental, mas sem condições de povoá-lo, e uma Espanha que, embora capaz de povoá-lo, privilegiava as minas do altiplano. Desde a fundação da Colônia do Sacramento, em 1680, a margem esquerda do Prata tornou-se a principal região de disputa entre os dois impérios; a frequente instabilidade dos limites do vice-reinado do Prata com a colônia portuguesa acabará por marcar as relações das futuras nações independentes. A Independência não eliminou a controvérsia sobre os limites dos dois novos países – o que teria de esperar o fim do século XIX – e ainda criou uma nova fonte de conflitos: a disputa pelo controle dos pequenos estados na Bacia do Prata. Até 1850 serão frequentes as guerras do Império brasileiro com as Províncias Unidas do Rio da Prata, em confronto não apenas pela definição de seus territórios, mas principalmente pelos destinos do Uruguai e do Paraguai. Somente a queda de Rosas, em 1852, e a aliança na Guerra do Paraguai abrem um período de relativa distensão entre Brasil e Argentina, o que permitirá, mais tarde, a solução para a controvérsia em torno do território de Palmas e o estabelecimento definitivo das fronteiras. Apesar das desconfianças mútuas, um esboço de cooperação tornava-se possível com a progressiva determinação dos territórios de todos os Estados da região, inclusive Uruguai e Paraguai, e com o reconhecimento de um relativo equilíbrio de poder entre Brasil e Argentina.

Superados os graves problemas de natureza territorial, o relacionamento entre Brasil e Argentina ao longo de grande parte do século seguinte, o século XX, será marcado não exatamente pela aproximação, mas, em boa medida, pela herança da desconfiança recíproca. As guerras desaparecem, mas dão lugar a algumas crises diplomáticas ou a longos interregnos de mútua indiferença. A exemplo do que ocorrera no período colonial, Brasil e Argentina continuavam voltados essencialmente para outros continentes, de costas para os vizinhos, em busca de parcerias econômicas e políticas além-mar, como demonstrava a própria estrutura do comércio exterior dos dois países. O ligeiro aumento do intercâmbio econômico bilateral em meados do século e o tímido reconhecimento de que ambos comungavam a condição de países dependentes, periféricos e agroexportadores não foram suficientes para reverter a inércia de suspeitas enraizadas no passado. *Grosso modo*, pode-se dizer que o relacionamento bilateral até os anos 1980 foi marcado, de um lado, por duas grandes crises diplomáticas (o confronto de Zeballos com Rio Branco, na primeira década, e a questão de Itaipu nos anos 1970) e, de outro, por um extenso período intermediário em que os dois países pareciam pertencer a continentes distintos.

Há um importante ensinamento a extrair das duas crises diplomáticas. Observando-se os dois momentos apontados – a primeira década e os anos 1970 –, o que se nota é que ambos correspondem a períodos de relativa quebra do equilíbrio de poder entre Brasil e Argentina, devido ao crescimento acelerado de um dos dois países. De uma forma simplificada, é possível afirmar que a desproporção entre o surto econômico de um país e a estagnação do outro acarretava um desequilíbrio entre uma diplomacia mais protagônica e outra mais reativa, voltada para uma espécie de política de contenção. A *montée en puissance* do vizinho quebra o precário equilíbrio bilateral e reaviva desconfianças e rivalidades, gerando iniciativas externas menos cooperativas e criando as condições para o aparecimento de crises diplomáticas.

O primeiro exemplo é o da crise de começos do século, personificada nos embates entre os dois chanceleres, Estanislao Zeballos e o barão do Rio Branco. Naquele momento, evidenciava-se a crescente projeção econômica e política da Argentina no cenário regional e internacional, em decorrência do surto de crescimento iniciado em 1880 e alavancado pelo acesso aos mercados europeus e pela parceria com a então hegemônica Inglaterra. O Brasil, em contraste, passava por um período de crises políticas – a decadência do Império e a transição conturbada para a República – e de impasse econômico – a desmontagem do sistema escravista e a consolidação de um modelo agroexportador menos afortunado e eficiente que o argentino. A desproporção entre os dois países – uma Argentina pujante e um Brasil em estagnação – repercute na política externa de ambos: a diplomacia argentina se reveste do mito de interlocutora da Europa e de uma espécie de "destino manifesto" para a hegemonia regional, o que gera maiores desconfianças dos países vizinhos, ao passo que a diplomacia brasileira parece concentrar-se, entre outros objetivos, na tentativa de reequilibrar o balanço de forças na região e em resolver seus limites territoriais. Diversas das principais iniciativas da chancelaria de Rio Branco podem ser, direta ou indiretamente, relacionadas à preocupação quanto a um certo desequilíbrio de forças entre os dois vizinhos: a aproximação com os Estados Unidos visava a desenvolver uma relação especial que, entre outras razões, contrabalançasse o aumento do poderio argentino no continente; as soluções para as disputas de fronteiras com terceiros países serviam, indiretamente, para "limpar o terreno" de outros focos eventuais de conflito; e o programa naval brasileiro pretendia reequilibrar a correlação de forças militares na região. Talvez seja um exagero afirmar, como fez o historiador Stanley Hilton, que a estratégia de Rio Branco era de um efetivo *containment*, mas há de fato algo de necessariamente "reativo" na diplomacia brasileira de então, confrontada com o agigantamento argentino.

A outra importante crise diplomática – em torno da construção de Itaipu – obedece a um processo de características um tanto semelhantes, mas dessa vez com papéis invertidos. Como se sabe, os anos 1970 coroam um longo período, iniciado nos anos 1930, de crescimento econômico acelerado do Brasil e de reformulação do sistema produtivo nacional, no sentido de uma ampla industrialização. Nesse mesmo período, a Argentina não sofreu a crise, mas o lento declínio da importância e do alcance internacional do seu modelo agroexportador, sem que esse chegasse a perder, para os núcleos isolados de industrialização, sua condição de centro da economia do país. O resultado dos ritmos diferenciados de crescimento foi não apenas a dissolução do diferencial econômico em favor da Argentina, mas também o progressivo aparecimento de nova desproporção, agora em favor do Brasil, o que se refletia, por exemplo, no aumento da projeção econômica e política brasileira no continente sul-americano.

O surto econômico brasileiro de quatro décadas criou novos interesses do país em relação a estados vizinhos, como Paraguai e Bolívia, menos pela busca de mercados consumidores do que pela necessidade de utilização conjunta da rede hidrográfica e de outras fontes de energia que sustentassem a velocidade de crescimento do parque industrial brasileiro. Essa combinação de "milagre econômico" no Brasil e de maior penetração brasileira na vizinhança comum aos dois países, temperada por visões geopolíticas dos militares dos dois lados, gerou, como consequência quase inevitável, maior desconfiança e suscetibilidade argentina, simbolizadas de modo emblemático na reação à construção de Itaipu. Nesse caso, retroalimentaram-se o excesso de suspicácia da parte argentina e um inegável elemento unilateralista na posição brasileira, o que acabou criando um conflito de alcance internacional desnecessariamente amplo (inclusive com o embate na ONU sobre a questão da anuência prévia), aumentou os custos de construção da usina (as agências multilaterais reduziram sua participação no financiamento) e azedou por uma década inteira as relações bilaterais, até o recuo de parte a parte em 1979, com o acordo Itaipu-Corpus.

O exame desses dois conflitos diplomáticos do Brasil com a Argentina oferece algumas lições que devem ser retidas pelos formuladores e analistas de política externa dos dois países. A primeira lição é que desequilíbrios de poder entre os dois vizinhos e, principalmente, um grande descompasso no ritmo de crescimento das duas economias geram naturais desconfianças quanto a possíveis veleidades hegemônicas, o que se reflete quase sempre na busca de contrapesos externos, em especial na ideia de aliança privilegiada com os Estados Unidos (como, por exemplo, na discreta *unwritten alliance* do barão do Rio Branco e nas explícitas "relações carnais" de Di Tella). Nesses casos, é preciso "desinflar" as desconfianças dos dois lados: tanto o governo do país em aparente desvantagem deveria evitar interpretar o crescimento do parceiro como aspiração automática a hegemonismo, quanto o governo do país em aparente ascensão deveria relativizar a importância dos impulsos reativos do vizinho, em especial a busca de relações especiais com outros países, sempre, naturalmente, que isso não lhe cause prejuízos concretos. Ao Brasil, por exemplo, e isso é um ensinamento que vale para o momento atual, é necessário, sim, certo "sangue-frio" e "paciência estratégica" (não a indiferença) ante iniciativas de alinhamento argentino com os Estados Unidos, sempre que não signifiquem danos concretos aos nossos interesses econômicos e políticos, mesmo porque, se os papéis estivessem invertidos, a dinâmica poderia ser semelhante, mas apenas com os sinais trocados. A busca de realinhamentos que "compensem" desequilíbrios regionais aparentes ou reais não costuma ser o resultado de escolhas ideológicas ou culturais (a Argentina, por exemplo, esteve tradicionalmente, ao longo de sua história, mais distante dos Estados Unidos do que o Brasil), mas sim um efeito da própria mecânica da balança de poder regional.

Um segundo elemento a extrair da história diplomática recente entre Brasil e Argentina é a importância do empenho político dos governos, e dos líderes em particular, para superar a inércia de desconfiança e distanciamento. Por mais que as variações de poder econômico e político entre os dois países influenciem as visões de cada lado, há um elemento por assim dizer "voluntarista" e mesmo "personalista" que também é determinante das opções diplomáticas. Faltaram na história comum do Brasil e da Argentina ao longo do século passado lideranças efetivamente convencidas da centralidade do relacionamento bilateral, como viria a acontecer apenas nos anos 1980 e 1990 e, em especial, com a subida ao poder dos presidentes Sarney e Alfonsín. Historicamente, a inércia do passado de rivalidades jogou contra a aproximação bilateral, e somente a vontade deliberada de superá-la, ao custo de enfrentar resistências internas dos dois lados, pôde reverter o curso então mais cômodo e natural.

DIFERENÇAS DE VISÃO

Um elemento indispensável na construção de uma "aliança estratégica" é o reconhecimento mútuo das diferenças. Somente se constroem bases sólidas e duradouras para uma relação especial entre dois países com a identificação clara e franca das peculiaridades, de parte a parte, dos respectivos paradigmas de desenvolvimento econômico e político. A maneira como um país se desenvolve molda, em grande medida, suas instituições e a mentalidade de governo. Nem sempre as principais barreiras à convergência de posições e à cooperação entre dois países são as desconfianças e rivalidades passadas; muitas vezes, há visões e interesses genuínos de difícil conciliação, que só não são percebidos como tais por falta de compreensão e conhecimento mútuos.

No caso específico de Brasil e Argentina, para além dos elementos culturais comuns, é preciso reconhecer – e levar em conta nos processos decisórios de ambos – que os dois países evoluíram de forma diferente, adotaram modelos de desenvolvimento que não são idênticos e, portanto, apresentam algumas visões ligeiramente distintas sobre temas como fatores do crescimento econômico, modelos ideais de produção, participação do Estado na economia e grau de exposição internacional. Toda aliança consiste na identificação e articulação de diferenças e, apesar da vizinhança, Brasil e Argentina ainda são vastamente ignorantes sobre o vizinho.

O processo de desenvolvimento argentino esteve intimamente associado à grande prodigalidade de seu território, em termos de fertilidade agrícola, de abundância de recursos minerais e energéticos e de proeminência do Estuário do Prata. O período áureo de maior crescimento do país, de fins do século XIX às primeiras décadas do século XX, combinou rápido desenvolvimento da agropecuária, baixa participação direta do Estado na produção, penetração de mercados internacionais e elevado peso do comércio exterior no produto do país e como fator da prosperidade nacional. A Argentina chegou a viver momentos em que ganhou força uma visão um pouco mais industrializante ou intervencionista, como os anos 1950 e 1960 ou mesmo recentemente, com o enfoque de proteção setorial por meio da aplicação um tanto arbitrária de medidas de defesa comercial; mas o imaginário econômico argentino ainda é, como não podia deixar de ser, fortemente marcado pela ideia do aproveitamento quase espontâneo das vantagens comparativas naturais e pela de associação do acesso a mercados internacionais com o crescimento doméstico acelerado.

O caso do Brasil é bastante diverso. Com um território mais vasto, mas menos abençoado que o argentino em termos de fertilidade natural e de recursos energéticos, como carvão, petróleo e gás, e com uma estrutura hidrográfica introvertida, o modelo de desenvolvimento econômico brasileiro acabou deslocando-se, em boa dose, da exportação de recursos naturais para a ênfase no mercado interno e para o processo de industrialização. O nosso momento áureo de crescimento, entre 1930 e 1980, caracterizou-se, em contraste com o apogeu argentino, por alta intervenção do Estado na economia; ênfase na industrialização de base; proteção do mercado doméstico; e baixa penetração dos mercados internacionais. Em decorrência das crises econômicas externas que penalizavam mais a produção brasileira do que a argentina no mercado internacional (afinal, os nossos produtos de sobremesa, como café e açúcar, eram mais vulneráveis do que o menu argentino, de carne e trigo), a aposta do Brasil na agroexportação logo deu lugar, e com resultados exitosos, à substituição de importações como eixo fundamental do desenvolvimento por cinco décadas, período em que se verificou um crescimento inigualado por qualquer outro país.

Essas diferentes "histórias de sucesso" do passado, e as distintas percepções nacionais delas decorrentes, não podem ser ignoradas na conformação de uma "aliança estratégica" entre Brasil e Argentina. Nas duas últimas décadas ocorreu, é verdade, uma crescente aproximação de paradigmas dos dois países, ditada por inevitáveis adaptações à própria dinâmica da economia internacional, mas importantes diferenças de visão ainda sobrevivem. De fato, tanto o Brasil reavaliou seu modelo de substituição de importações, aumentando a exposição internacional e reduzindo a ingerência direta do Estado, como a Argentina parece ter freado o processo de desindustrialização dos anos 1970. O Mercosul, inimaginável em décadas anteriores, é resultado dessa crescente convergência de paradigmas, em que, em linhas gerais, o Brasil aceitou apostar numa abertura comercial gradual, reduzindo suas tarifas tradicionalmente muito altas, e a Argentina dispôs-se a adotar maior proteção ante terceiros países em determinados setores, ambos em nome do acesso preferencial a seus respectivos mercados. Acontece que essa aproximação de visões não eliminou, de todo, algumas diferenças de prioridades, o que se reflete não apenas na atribulada administração da união aduaneira pelos dois países, mas principalmente na difícil elaboração de estratégias e políticas comuns que constituiriam o salto necessário para aprofundar a integração das duas economias.

A dificuldade, que será examinada mais adiante, de se avançar no estabelecimento de disciplinas comuns do Mercosul em áreas relacionadas direta ou indiretamente à política industrial (como subsídios e normas de investimentos) não pode ser devidamente compreendida pelos dois lados sem um reconhecimento daquelas importantes diferenças históricas e culturais de enfoque, que, mal ou bem, ainda persistem no diálogo entre os dois países. Isso não significa que, numa atitude resignada, as divergências devem ser gravadas em pedra como inconciliáveis; significa, ao contrário, que os dois países devem reconhecer que as posições divergentes decorrem de caminhos históricos e mentalidades próprias que não podem deixar de ser levados em conta no processo necessário e saudável de aproximação e acomodação de posições. A mensagem aqui é a de que os dois países precisam compreender melhor e, na medida do possível, aceitar as razões do vizinho para melhor negociar acordos e disciplinas comuns. Brasil e Argentina precisam, cada vez mais, reconhecer que as políticas e iniciativas conjuntas não poderão ser uma cópia nem de um nem de outro, mas um reflexo da combinação dos modelos e de mentalidades, e isso é o grande desafio para os dois governos.

O que dá, hoje, certo otimismo quando se vislumbra essa enorme tarefa é o fato de que tanto o Brasil como a Argentina estão atravessando um momento de reavaliação de seu modelo de desenvolvimento nacional, em que há certa margem de manobra para adaptações e, se houver vontade política, para uma acomodação positiva de interesses. O dilema brasileiro é o de como estimular a produção nacional com um Estado forçosamente mais enxuto; para isso, há um genuíno esforço de modernizar a economia em novas bases, com ênfase primordial no investimento privado e com maior penetração nos mercados externos. Já o dilema argentino é o de apostar ou não num modelo industrializante que reduza a dependência da agroexportação e de certa cultura rentista. A Argentina vive hoje a dúvida dos exemplos a seguir: há um debate muito atual sobre se o país quer adotar uma espécie de modelo chileno, com um sistema produtivo menos diversificado, mas com alta penetração internacional, ou um modelo mais próximo do brasileiro, com preservação e ampliação da base industrial. Por não ser nem o Chile nem o Brasil, a Argentina seguirá, muito provavelmente, um caminho híbrido e intermediário. Há, portanto, considerável espaço de convergência entre os dois países, mas, em nome do bem maior que é a integração econômica e a estabilidade política da região, concessões terão de ser feitas de ambos os lados. Um exame específico de algumas questões pendentes do Mercosul ajudará a melhor contextualizar esse problema.

MERCOSUL COMO CIMENTO

Viu-se na primeira parte deste trabalho que, se a desconfiança entre Brasil e Argentina sofre um primeiro golpe com o acordo Itaipu-Corpus, de 1979 (e também com o apoio brasileiro à Argentina na Guerra das Malvinas, em 1982), e se o primeiro impulso verdadeiramente integrador acontece nas presidências de Sarney e Alfonsín, quando são assinados diversos acordos em áreas sensíveis, é somente com a criação do Mercosul, entre 1991 e 1994, que a aproximação bilateral ganha seu motor principal e seu maior instrumento de consolidação. Concebido originalmente com a expectativa de que a integração econômica pudesse consolidar a distensão política, o Mercosul acabou por ganhar uma dinâmica muito particular e exitosa, que se prestou tanto a lastrear as reformas econômicas empreendidas pelos quatro países quanto a gerar iniciativas de cooperação para além do campo econômico-comercial.

Podem ser identificadas três fases distintas do Mercosul. Na primeira, de 1991 a 1994, ou seja, do Tratado de Assunção ao Protocolo de Ouro Preto, estabelece-se o desenho geral do bloco, sob a forma de uma união aduaneira. É o momento de definição de suas linhas gerais e de confirmação do compromisso dos quatro governos de inaugurar um processo de integração efetiva no Cone Sul. Uma segunda fase, de 1995 a 1998, caracteriza-se, de um lado, pela consolidação do arcabouço legal e institucional estabelecido até 1994 e, de outro, pela expressiva expansão do comércio intrabloco, o que legitima pelo lado da economia real a iniciativa dos quatro governos. É o momento áureo da aceleração comercial. Uma terceira fase, que se inicia em 1999, com a recessão argentina e a desvalorização cambial brasileira, e se estende até hoje, é marcada pela crise econômica na região e por certa paralisia de iniciativa. Esse é o momento em que os quatro países, imersos em suas dificuldades econômicas internas e mais vulneráveis a grupos de pressão, chafurdam em controvérsias tópicas e hesitam em dar saltos novos e necessários para o aprofundamento do processo de integração.

O que interessa aqui é discutir essa última fase e as maneiras de superá-la. O primeiro passo é ter clareza de diagnóstico sobre o que aconteceu e vem acontecendo ao longo desses últimos anos: o governo do Brasil e o da Argentina acomodaram-se, sempre adotando medidas e linhas de ação de baixo custo doméstico, que não afetam a discricionariedade na formulação de sua política nacional, mesmo ao arrepio de interesses cruciais dos demais parceiros. De 1999 a 2003, quase sempre foram privilegiados os objetivos de alcance mais setorial e imediato, em detrimento de ganhos de longo prazo que decorreriam do aperfeiçoamento da união aduaneira como tal e da construção de novas bases para uma integração ampliada e mais profunda. O resultado é que se foram acumulando problemas: as perfurações da Tarifa Externa Comum (TEC); o tratamento excepcional dado a setores específicos, como o de açúcar; a falta de avanços no arcabouço comum de investimentos, serviços, subsídios e defesa comercial; e a baixa internalização das normas aprovadas. Enquanto o comércio crescia, dificuldades como essas eram ofuscadas pelo sucesso; com a crise de 1999 e a queda do intercâmbio intrabloco, as imperfeições tornaram-se gritantes e passaram a afetar a própria credibilidade da iniciativa de integração diante da opinião pública e dos governos.

Por trás de todos esses problemas está a dificuldade, em ambos os países, de conviver com inevitáveis elementos de supranacionalidade e com um verdadeiro espírito de integração. De fato, o grande obstáculo, no Brasil e na Argentina, para um efetivo "investimento" no projeto Mercosul é a ambiguidade com que, para além da retórica do discurso pró-integração, diversos setores das duas sociedades e dos dois governos avaliam o bloco. Está longe de ser consensual a percepção de que o Mercosul é antes essência do que contingência para cada um dos dois países. É ainda precária a consciência de que a única maneira de fazer sobreviver o Mercosul é considerá-lo parte do projeto nacional brasileiro e do projeto nacional argentino e reconhecer que os sócios no bloco devem ser levados em conta no processo decisório nacional de diversos temas que têm profundas implicações para o vizinho. A opção estratégica, presente no Tratado de Assunção e no Protocolo de Ouro Preto, em favor de uma integração profunda, e não de uma simples área de livre-comércio, exige a assimilação, até agora incompleta nos quatro países e principalmente nos dois sócios maiores, de um enfoque efetivamente regional. Não há alternativa: ou se admite que o Mercosul é parte essencial de cada um dos quatro países e que, portanto, os governos nacionais não podem ignorar as eventuais implicações de suas decisões sobre os vizinhos, ou o Mercosul fracassará como projeto de integração profunda e, por extensão, como elemento aglutinador no Cone Sul.

Não se trata de desejar tolher a ação do Estado brasileiro ou do Estado argentino em função de interesses menores e particularistas do vizinho; tampouco se trata de compartilhar decisões em situações excepcionais em que o processo de consulta prévia bilateral ou intra-Mercosul é virtualmente impossível por motivos de força maior, como foi o caso da desvalorização cambial brasileira de 1999. Trata-se apenas de admitir que, por terem um alcance também regional, muitas das decisões e políticas devem passar, na medida do possível, por um processo prévio de informação, consulta e coordenação com os demais parceiros e, quando isso não for viável, devem ser levadas em conta num balanço total de custos e benefícios distribuídos aos quatro países.

Há diversos exemplos de relativa unilateralidade e de falta de coordenação intrabloco, tendo sido talvez um dos mais emblemáticos de todos o estabelecimento pelo Brasil do regime automotivo, em 1995 e 1996. A questão da conveniência da consulta e informação aos parceiros do Mercosul foi introduzida nas discussões internas, no Brasil, sobre a definição do regime, em função das evidentes implicações que a nova política tarifária setorial e de incentivos fiscais teria sobre os fluxos de investimentos na região. Prevaleceu, no entanto, a tese de que o tema não seria objeto de coordenação com a Argentina e demais parceiros no Mercosul, o que, sem dúvida, trouxe ganhos imediatos de agilização do processo decisório, mas acabou gerando um considerável passivo de desconfiança de longo prazo e proporcionou, aos demais países e, em particular, à Argentina, uma bandeira a ser desfraldada sempre que se vislumbrasse o aprofundamento do Mercosul: a necessidade de aceitação pelo Brasil de uma harmonização ou mesmo eliminação dos regimes de incentivos regionais. Esforços pelo Brasil de coordenação intra-Mercosul em 1995 e 1996 não teriam eliminado, é verdade, o interesse da Argentina, decorrente de sua própria orientação governamental de então, de "nivelar por baixo" a concessão de incentivos regionais no Mercosul, mas poderiam ter evitado a transformação do tema numa espécie de questão de honra e mote permanente dos parceiros brasileiros nas negociações subsequentes desse e de outros temas.

O que se vive hoje, no Mercosul, é um dilema crucial: está-se esgotando o espaço de manobra para a mentalidade de manter a integração a "meia marcha", com baixas concessões de parte a parte e escassos resultados concretos.

Seja por razões externas, como a multiplicação de iniciativas comerciais diluidoras de esquemas preferenciais prévios, seja por razões internas do bloco, como a crise de credibilidade decorrente da atual fragilidade econômica nos quatro países, as ameaças à sobrevivência do Mercosul são hoje consideráveis, e somente um firme compromisso do Brasil e da Argentina, como principais lideranças, para dar um passo adiante no processo de integração, poderá preservar o agrupamento. Adiar decisões e novas etapas de integração deixou de ser uma opção, pelo simples fato de que, com as atuais imperfeições da zona de livre-comércio e da união aduaneira e com a incipiência de acordos comuns em diversas áreas, o Mercosul como está corre o risco de perder relevância e sentido em muito pouco tempo.

Há sinais importantes de renovação do fôlego da iniciativa. A assinatura do Protocolo de Olivos, a criação da Secretaria Técnica, o compromisso do Brasil e da Argentina de trabalhar na direção de uma coordenação macroeconômica com vistas a uma futura moeda comum, o empenho em incluir o temário social e a prioridade atribuída pelo presidente Luiz Inácio Lula da Silva ao Mercosul como projeto estratégico para o país são, todos, passos muito relevantes, mas a verdade é que Brasil e Argentina precisam, concretamente, ir além, engajando-se na correção dos problemas acumulados e no estabelecimento de acordos comuns essenciais, como nas áreas de investimentos, serviços e defesa comercial. É também fundamental criar mecanismos de financiamento conjunto, à maneira de um Banco do Mercosul, que permitam ampliar a infraestrutura do bloco, para que a expansão dos intercâmbios entre os países não seja tolhida pela falta dos meios de integração.

Tanto a área financeira quanto a de coordenação macroeconômica, cambial e monetária abrem novos caminhos para o Mercosul, ao remodelar o desenho geral da integração entre os quatro países. Se a primeira década do Mercosul foi marcada fundamentalmente pela construção de um arcabouço de integração na área comercial (e o elemento fundamental é a união aduaneira), o período do qual agora tratamos poderá ser lembrado mais adiante como o de construção das bases de uma integração financeira e monetária. Há muito o que fazer ainda na área comercial, a começar pela eliminação das imperfeições da zona de livre-comércio (exclusão do açúcar, uso de defesa comercial intrazona) e da união aduaneira (lista de exceções, perfurações com terceiros países), mas é natural que os avanços mais significativos do Mercosul se concentrem daqui por diante em áreas novas, das quais a de coordenação das economias e de financiamento da integração estão entre as mais promissoras.

Esses novos passos não poderão ser dados, no entanto, se não houver o reconhecimento de que o Mercosul chegou a um estágio em que somente o aumento de sua institucionalização, e da incorporação de alguns elementos de supranacionalidade, poderá nos retirar do aguerrido encastelamento em torno de políticas nacionais isoladas e impermeáveis à vizinhança. Essa questão básica da institucionalização incide, ao mesmo tempo, na qualidade do funcionamento do Mercosul, no grau de engajamento dos quatro sócios e na própria credibilidade externa do bloco.

O Brasil tem adotado, desde os começos da construção do Mercosul, uma posição refratária às propostas de ampliação da estrutura institucional. O argumento tradicionalmente usado por nós é o da necessidade da manutenção de um Mercosul desburocratizado, ágil, assentado num processo decisório flexível, que teria funcionado bem desde o começo, sem que os países tivessem que gastar significativos recursos humanos e financeiros numa estrutura pesada e centralizadora. Argumento à parte, a motivação fundamental da resistência brasileira é uma preocupação muito justificada com os riscos de que o estabelecimento de estruturas independentes e supranacionais no Mercosul limite a liberdade de atuação do país mais forte do bloco e o subordine a interesses e posições ditadas pelos países menores.

Ocorre que essa posição do Brasil vem se tornando cada vez menos funcional, seja em relação ao propósito de fortalecer e aprofundar a integração entre os quatro países, seja quanto ao interesse específico brasileiro de manter as rédeas da evolução do bloco e evitar desvios indesejáveis. Em primeiro lugar, o argumento da flexibilidade, leveza e agilidade das instituições do Mercosul perdeu importância pelo simples fato de que o agrupamento tem sofrido nos últimos anos uma crise básica de credibilidade derivada dos sinais de descoordenação e paralisia. Sem querer menosprezar a dimensão dos fatores negativos que desencadearam a crise atual, a começar pela vulnerabilidade externa dos quatro países, com reflexos no nível de crescimento e na questão do câmbio, o fato é que a estrutura institucional vigente no Mercosul se mostrou muito limitada para evitar, abrandar ou remediar situações de impasse e de conflito entre os governos. A virtude da leveza institucional no momento da bonança se transformou no vício da inoperância no momento da crise.

Quanto aos receios do Brasil ante maior ingerência dos demais países sobre sua liberdade de ação, devemos avaliar cuidadosamente se os custos de resistir a um mínimo de supranacionalidade não estão se tornando elevados demais a essa altura da evolução do Mercosul, seja porque, com a atual estrutura institucional, tem-se avançado pouco na construção de acordos e normas comuns, seja porque o tema da institucionalização surge frequentemente como um dos tabus paralisadores das negociações como um todo.

Não se pode esquecer que, se certos aspectos de supranacionalidade embrionária no Mercosul poderiam incidir sobre a liberdade de ação brasileira, de igual maneira atingiriam os demais parceiros, o que poderia ter um efeito salutar de aumentar o grau de racionalidade das decisões no bloco e evitar desvios incompatíveis com o Mercosul. O exemplo da União Europeia é muito ilustrativo de uma incidência supranacional moderadora de comportamentos desviantes e dos efeitos positivos do estabelecimento de um padrão de racionalidade de políticas públicas em diversas áreas, sem suprimir no fundo o poder de influência dos principais países.

A imagem interna e externa do Mercosul é afetada de modo negativo pela percepção de que, na falta de instituições mais permanentes (ou de um "endereço" próprio), o bloco estaria refém da conjuntura, sem lastro de permanência. Como até mesmo a união aduaneira tende a perder relevância com o tempo, caso se concretizem as propostas de zonas de livre-comércio mais amplas (Alca, UE-Mercosul) e se avance na desgravação tarifária multilateral, a importância do Mercosul será diretamente proporcional ao alcance das disciplinas e acordos comuns nas mais diversas áreas, bem como ao amadurecimento e solidez das instituições do bloco.

É preciso um renovado e reforçado investimento do Brasil e da Argentina no projeto do Mercosul. Temos de dissipar quaisquer dúvidas remanescentes sobre a prioridade que, sem prejuízo de outras iniciativas e relacionamentos, atribuímos ao bloco e ao próprio entorno sul-americano. O Mercosul é e continuará a ser o nosso melhor instrumento para consolidar a estabilidade política sub-regional e para preparar os dois países para uma integração mais audaciosa na economia internacional.

OS PAPÉIS DO BRASIL E DA ARGENTINA

Há alguns importantes fatores de resistência a um maior engajamento do Brasil e da Argentina na consolidação da aliança estratégica bilateral, os quais têm de ser admitidos para que, na medida das possibilidades, sejam superados com o tempo.

O primeiro deles é a inércia burocrática. A aliança estratégica hoje implica um compromisso com uma integração mais profunda, e integração mais profunda significa por sua vez, como demonstrado pelo caso europeu, a paulatina renúncia de responsabilidade e poderes de decisão pelas burocracias dos países envolvidos em favor de regras consensuais e comuns. Brasil e Argentina não são exceções ao fenômeno universal do encastelamento das burocracias, e é preciso avançar no processo de conscientização interna dos governos de que a integração é um projeto de Estado e, portanto, exige certa ousadia de ações. No caso brasileiro, a determinação do presidente da República e do chanceler Celso Amorim de atribuir a mais alta prioridade às relações com a Argentina é o melhor ponto de partida possível, mas é necessário que essa determinação se infiltre burocracia abaixo e se traduza numa maior abertura dos diversos segmentos de governo ao diálogo bilateral.

O que é mais autêntico e justificado como resistência à aliança estratégica ou ao Mercosul são as pressões de setores específicos que se consideram ameaçados pela concorrência do vizinho. Nesse caso, cabe ao setor público desempenhar seu papel fundamental: avaliar o interesse específico à luz do balanço de perdas e ganhos, imediatos e de longo prazo, para o país como um todo. Aqui se encontram alguns dos maiores riscos de desgaste bilateral, como demonstra o caso do açúcar, e é preciso ter muita cautela e disposição para o diálogo, dos dois lados, para que controvérsias setoriais como essas não contaminem o projeto de integração e a própria ideia de que Brasil e Argentina devem consolidar uma aliança bilateral especial e privilegiada.

Outro aspecto é o da baixa sensibilidade para o regional. Falta uma cultura de vizinhança, o que é particularmente grave no caso brasileiro. Na Argentina, para o bem ou para o mal, o Brasil é um tema: é assunto cotidiano, matéria permanente de imprensa. No Brasil, em contrapartida, a Argentina desperta muito menor interesse, salvo em momentos de crise aguda, como a recente. É natural que esse desequilíbrio de atenção decorra do maior peso da economia brasileira para o vizinho, mas a verdade é que, se o Brasil já tem, tradicionalmente, uma visão um tanto autocentrada, resultado em parte da condição de país-continente, a nossa herança de excepcionalismo imperial lusófono entre repúblicas hispânicas se reflete até hoje na considerável ignorância do entorno, inclusive da Argentina. Daí a necessidade de conscientização, principalmente da burocracia governamental, a respeito do grau de interdependência e dos benefícios econômicos e políticos tanto da aliança com a Argentina como do Mercosul, para que se comece a criar entre os agentes de governo uma verdadeira cultura de integração com os países vizinhos.

Mais grave do que a indiferença é, no entanto, certo sentimento, decadente mas ainda presente em bolsões na burocracia dos dois lados, de rivalidade bilateral. Há setores que perseveram numa visão muito estreita e equivocada de nacionalismo, de espécie de jogo de soma zero, em que não é relevante, ou mesmo não convém, a prosperidade da vizinhança, como se isso não tivesse efeitos muito concretos sobre seu próprio país. No caso da Argentina, o sentimento antibrasileiro se manifesta de diversas formas, dos preconceitos de temores recentes, como o alarde sobre a "Brasil-dependência". No caso do Brasil, o sentimento antiargentino tampouco é irrelevante, estando presente nos segmentos menos prováveis, até mesmo entre diplomatas do Itamaraty. Não é raro perceber uma espécie de *gut-feeling diplomacy* ("diplomacia de vísceras"), em que, turvados por preconceitos ou experiências pessoais, comprometemos nossa visão mais racional e desapaixonada do interesse nacional de longo prazo. Isso se expressa de formas sutis, em especial na recorrente avaliação do Mercosul e da relação bilateral com a Argentina como ônus, em que estaríamos fazendo concessões demais, como nas compras de trigo e petróleo.

Essas predisposições culturais e ideológicas nos impedem de entender e aceitar as insatisfações alheias, que têm suas razões de ser. Muitos argentinos veem o Brasil como um país que louva retoricamente a integração e a aliança estratégica bilateral, mas raramente consulta ou informa o parceiro em questões cruciais, dos benefícios fiscais do regime automotivo às iniciativas na América do Sul, passando pela mudança no câmbio. Reclamam que o que queremos não é um trabalho de coordenação efetivo, mas de cooptação, em que esperamos que a Argentina assine, *a posteriori*, um contrato de adesão a iniciativas e medidas brasileiras que estariam tomadas de antemão.

Há algo que reconhecer aqui de nossa parte; por mais que exaltemos as relações bilaterais, a verdade é que a Argentina ainda não entrou inteiramente no "campo de visão" do funcionário governamental brasileiro na hora em que vai tomar uma decisão ou baixar uma medida. Isso se aplica a políticas públicas em geral e à política externa em particular, sempre com grandes riscos de desgaste. Um exemplo: o maior e necessário ativismo brasileiro no entorno sul-americano deverá levar em conta que a Argentina não apoiará facilmente o Brasil se não se sentir como coparticipante ou mesmo "coliderança" nesse processo. Por essa razão, é preciso aprofundar, como os chanceleres e os vice-chanceleres já começaram a fazer, o procedimento de consultas regulares e abrangentes no campo político, para que decisões importantes na política externa dos dois países sejam efetivamente compartilhadas.

Compartilhar decisões com a Argentina não significa abdicar de uma natural liderança que cabe ao Brasil no entorno. Na verdade, talvez seja a única maneira de exercer a liderança, já que alienar a Argentina desse processo implicaria uma perda de projeção brasileira tanto regional quanto mundial. Há uma agenda sul-americana imediata e muito delicada, que inclui a situação na Colômbia e a administração da Tríplice Fronteira, diante da qual, se não coordenarmos bem nossas posições com a Argentina, enfraqueceremos nossa capacidade de articulação e decisão no âmbito regional. Se, por força do desenho de hoje da balança de poder no Cone Sul, já seria naturalmente conveniente a um país como a Argentina buscar alianças externas que compensem certa dependência em relação ao Brasil, essa inclinação será tanto mais irresistível quanto menor for o interesse e a capacidade do Brasil de atribuir à Argentina a condição de verdadeiro aliado, no discurso e na prática. O Brasil é grande demais para não exercer certo ativismo regional, mas limitado em seus recursos e projeções para fazê-lo sozinho, e a Argentina é o parceiro mais natural nessa tarefa.

De acordo com essa concepção de aliança estratégica – profunda e abrangente –, cabe ao Brasil, no entanto, por razões estruturais e conjunturais, aí incluída a crise econômica e política que vive a Argentina, um papel propositivo e pró-ativo. Nunca o diferencial de poder do Brasil em relação aos vizinhos foi tão grande, em termos de tamanho e potencial da economia, de estabilidade e solidez das instituições políticas e de capacidade e iniciativa internacional, o que cria uma evidente oportunidade, quase obrigação, de maior ativismo do país.

É compreensível que, da mesma maneira que ainda subsistem preconceitos em relação à Argentina, persistam também algumas resistências domésticas a essa atitude mais propositiva e protagônica do Brasil. Por razões históricas, a atitude predominante da política externa brasileira sempre foi e continua a ser a da moderação do exercício de lideranças alheias, pela própria fragilidade e marginalidade do país no quadro mais amplo das relações internacionais. Acertadamente, o discurso e a mentalidade diplomática no Brasil ainda estão voltados para o desenvolvimento de instrumentos de contenção do poder e para a criação de mecanismos de universalização e equalização dos processos decisórios internacionais. Protagonismo e liderança são termos quase sempre interpretados de maneira negativa no nosso vocabulário diplomático, e a associação à ideia de imperialismo é quase automática.

Ocorre que, gradualmente, ao menos nos planos bilateral com a Argentina e regional na América do Sul, uma atuação mais ousada e propositiva do Brasil se vai tornando não só mais natural, pela crescente singularização do país como a economia mais promissora e a democracia mais madura na região, mas também mais necessária, pela maior interdependência regional em diversos aspectos, positivos ou negativos, da economia ao crime organizado.

Duas reflexões parecem necessárias sobre a natureza desse ativismo. A primeira é o reconhecimento de que um esforço de liderança regional não é incompatível com o maior papel do Brasil em outros âmbitos. As opções não são excludentes; ao contrário, a presença internacional do Brasil, sua imagem como ator relevante em contextos mais amplos, só tende a crescer quanto maior for o ativismo brasileiro nas relações com a Argentina e em seu entorno imediato. A criação do Mercosul e a convocação da Cúpula da América do Sul são dois exemplos disso: as duas iniciativas proporcionaram, em graus diferentes, um acréscimo de visibilidade e presença internacional do Brasil.

A segunda ideia é a de que custos há não somente para o exercício de liderança, mas também para a falta de liderança, embora esses casos sejam menos facilmente reconhecíveis e mensuráveis. É quase natural a resistência a pagar o preço de iniciativas comuns bilaterais e regionais que impliquem recursos significativos ou riscos de desgaste político entre um segmento ou outro de países da região, mas é preciso ter em conta que a falta de uma política que se poderia chamar de preventiva ou de longo prazo na construção de instrumentos de estabilidade regional pode gerar consequências muito negativas para o Brasil. Isso é particularmente visível na atual conjuntura, em que os destinos nacionais são cada vez mais interligados e em que a completa diferenciação de um país no contexto regional é cada vez menos provável, como se demonstra em questões específicas, de que são exemplos as tendências de contágio regional na área financeira, de aumento da porosidade das fronteiras nacionais ou de generalização e homogeneização da imagem dos países de uma mesma região pela imprensa internacional, agências de crédito e de *rating* e, muitas vezes, pelos próprios investidores diretos. Em outras palavras, é uma temeridade imaginar que o Brasil conseguirá alcançar plena estabilidade e desenvolvimento em meio a uma vizinhança empobrecida do ponto de vista econômico, instável do ponto de vista político e desequilibrada do ponto de vista social.

O ponto delicado aqui é a maneira como se exerce certo protagonismo sem que se suscitem demasiadas suspeitas de veleidades imperialistas. O exemplo do Mercosul mostra, no entanto, que eventuais ressentimentos para com o Brasil derivam mais de uma atitude de indiferença ou de desconsideração de efeitos das políticas brasileiras sobre o entorno do que propriamente de um papel mais ativo e protagônico do país como formulador e principal patrocinador de iniciativas comuns. Para usar uma imagem tosca, o Brasil incomoda mais quando se mexe sem notar a presença alheia, como foi o caso do estabelecimento do regime automotivo, do que quando busca carregar os demais consigo.

O que se deve ter em mente é que a capacidade nacional de cobrar da Argentina um compromisso com a aliança estratégica e com o Mercosul, e mesmo de condenar desvios que acarretem ao Brasil custos econômicos e políticos, é diretamente proporcional ao engajamento do país na aliança bilateral e à assimilação de uma genuína mentalidade de integração. Ainda persiste uma espécie de déficit de liderança brasileira, mesmo na hora de reivindicar lealdade da Argentina e dos demais países ao espírito de integração, porque subsiste também nossa ambiguidade sobre se queremos ou não investir numa aliança estratégica de fato e arcar com os custos de coordenação com a Argentina. No caso do Mercosul em particular, falta-nos certa determinação e "precedência moral" para resolver definitivamente questões fundamentais como comércio de açúcar ou aplicação de defesa comercial intrazona, porque, no fundo, falta-nos a convicção de que também de nossa parte nos adequaremos ao espírito e à norma de uma união aduaneira. Cobramos pouco da Argentina porque temos dúvidas sobre a conveniência de nossa própria lealdade ao vínculo bilateral.

Uma efetiva "aliança estratégica", que inclua o aprofundamento do Mercosul, a ampliação do temário de iniciativas bilaterais para os mais diversos campos, incluindo o social, e a estreita coordenação de posições no cenário regional e mundial, é algo indispensável tanto para o Brasil quanto para a Argentina. Durante quase duzentos anos, repetimos a herança histórica de rivalidade ou indiferença, ao custo do desgaste interno e externo e da falta de aproveitamento de potencialidades comuns. Aos poucos, mais pela ação de lideranças particulares do que por um convencimento generalizado, fomos aprendendo que a nossa circunstância é cada vez mais um dado da vida dos dois países, e a geografia, independentemente de preferências ou inclinações particulares, é uma realidade inexorável da evolução econômica e política de qualquer Estado. A intensa aproximação bilateral e o nascimento do Mercosul são a melhor prova disso: por seu surpreendente sucesso em termos de distensão política e de resultados econômico-comerciais, não deixam de ser uma vingança tardia da geografia contra a história. Parar de investir no aprofundamento da aliança estratégica seria lutar novamente contra a geografia, contra nossos interesses e contra a melhor história recente de Brasil e Argentina.

Os desafios do Brasil*

Luiz Felipe Lampreia

Os ciclos de poder, tão marcados e tão sincronizados na América Latina, vieram em diversas ondas desde o fim da Segunda Guerra Mundial. Em primeiro lugar, surgiu o populismo nacionalista, com Perón à frente, definido inteligentemente por Seymour Lipset como fascismo de esquerda. O modelo foi replicado em numerosos países, inclusive por Getúlio Vargas, com menos estridência.

Seguiu-se a proliferação de governos militares no contexto da Guerra Fria. Geralmente contavam com a bênção e até o incentivo de Washington. Durante algumas décadas, com diversos matizes, cobriram quase toda a região.

Nos anos 1990, restabelecida a democracia em todo o continente, à exceção de Cuba, numerosos governantes social-democratas puseram em prática políticas econômicas liberais e políticas sociais que podiam ser consideradas de esquerda, como foi o caso do Brasil. Era previsível que a esquerda latino-americana chegasse a ter sua vez, após a perda de vigência do anticomunismo militante como o instrumento de ação política que bloqueava seu acesso ao poder. A democratização generalizada fez do caminho eleitoral o veículo para que a esquerda vencesse em diversas eleições, carregada pela insatisfação das massas com a continuação da extrema

* Publicado em *Revista Política Externa*, vol. 17, nº 4, São Paulo, mar.-abr.-mai. de 2009.

desigualdade de renda e da pobreza generalizada que as apostas liberais não conseguiram superar.

Em diversos países, políticos de esquerda foram fiéis ao compromisso com as regras democráticas que possibilitaram sua eleição e têm governado com êxito. É o caso de Lula, Ricardo Lagos, Michelle Bachelet e Tabaré Vásquez, todos com longa trajetória de esquerda que, ao chegarem ao poder, seguiram políticas econômicas equilibradas.

Mas, como os males sociais e econômicos que castigam as populações da região continuam constituindo terreno especialmente fértil para o populismo nacionalista, surgiu na década corrente uma safra de líderes para os quais a chegada ao poder tem constituído um instrumento para violentar a democracia e implementar políticas econômicas que só poderão trazer retrocessos e profundas divisões na sociedade a que servem.

O presidente venezuelano Hugo Chávez constitui o paradigma dessa liderança e o epicentro dos processos radicais que sacodem a América do Sul. De seu êxito ou de seu fracasso dependerão em grande parte as experiências em curso na Bolívia, no Equador e no Paraguai. Por isso dedicarei uma parte considerável deste artigo a analisar sua trajetória política.

Conheço-o bem por ter tido longas e repetidas conversas com ele. Encontrei-o antes da tentativa de golpe de 2002, que marcou um ponto de aceleração de seu radicalismo e de aumento de seu poder discricionário. Ao chegar ao poder em 1999, Chávez era mais moderado em seus propósitos do que hoje, mas já demonstrava os traços de personalidade hipertímica que lhe são inatos. São três, a meu ver, suas características: o sentido militar de missão e a grande determinação de realizá-la; o fanatismo ideológico do recém-convertido combinado com bastante esperteza (ele próprio disse-me que só na prisão, cumprindo pena pela tentativa sangrenta de golpe contra o presidente Carlos Andrés, viera a ler com voracidade os clássicos da literatura de esquerda); finalmente, ele se sente o anjo vingador do povo mestiço e pobre da Venezuela contra as elites brancas que, a seu ver, monopolizaram os benefícios da riqueza do petróleo. Diz a historiadora venezuelana Margarita Lopez Maya:

> Chávez é um homem muito contraditório. Por um lado, é uma pessoa que tem capacidade política e que chegou ao poder para implementar um projeto de justiça social. Por outro lado, é uma pessoa irritável, de formação militar, de caráter autoritário, que não gosta de ser questionado. Sempre foi assim, só que nos primeiros anos ele não tinha tanto poder. (*O Globo*, 23-12-2008)

Não há dúvida de que algumas elites na América do Sul fizeram bastante por merecer a colheita amarga que lhes toca agora. No início da década de 1970 fui visitar Juan Pablo Perez Alfonso, o fundador da OPEP, já retirado em sua chácara, nos arredores da capital, e dele ouvi uma profecia pessimista: "Não sabemos e não vamos aprender nunca a semear o petróleo. Ao fim só vão restar os esqueletos dos elevados de Caracas e o povo vai querer que sejam prestadas contas". De fato, a Venezuela nunca foi capaz de gerar outros setores produtivos, nem de criar alternativas reais de exportação. O resultado foi que, desde a década de 1930, quando começou a produção em larga escala, o petróleo sempre foi a única âncora fiscal do Estado. Essa dependência levou a períodos de abundância, como na década de 1970 e início da década de 1980, quando os preços do petróleo estiveram muito elevados, ou de crise com o colapso das cotações, no restante dos anos 1980. Hoje ainda o petróleo responde por um terço do PIB venezuelano, 80% das exportações e mais de 50% da arrecadação governamental. Políticas econômicas equivocadas e o crescente desperdício da riqueza do petróleo levaram ao aumento da pobreza e à deterioração dos indicadores sociais. As classes favorecidas, entretanto, conseguiram amealhar grande riqueza protegida em contas e em imóveis no exterior, enquanto o fosso social nunca deixou de ser muito fundo. Com isso, já na década de 1990, houve um aumento da violência urbana e diversas crises políticas, como os golpes de Estado que o próprio tenente-coronel Chávez liderou em 1992. Após um período na prisão, Chávez foi anistiado (uma decisão tomada pelo presidente Rafael Caldera, que a deve lamentar) e posteriormente eleito presidente da República em 1998.

Chávez tem procurado usar as enormes receitas do petróleo com fins sociais e ninguém pode duvidar que, desde sua ascensão ao poder, sua prioridade principal tem sido promover a ascensão dos pobres da Venezuela. Entretanto, como comprova uma análise objetiva e completa de Francisco Rodriguez na edição de março/abril de 2008 da revista *Foreign Affairs*, as promessas de Chávez não foram cumpridas. Com precisão cirúrgica, o professor Rodriguez procede a uma verdadeira demolição dos mitos chavistas. Diz ele: "A maior parte dos indicadores do desenvolvimento humano e da saúde pública não demonstra nenhuma melhoria significativa. A hipótese de que Chávez é bom para o povo é inconsistente com os fatos". Ele demonstra que a pobreza só diminuiu marginalmente e que a desigualdade social só fez aumentar no regime chavista e afirma que "é notável que, dadas a reputação e a retórica de Chávez, os dados oficiais não demonstram uma mudança significativa na prioridade conferida às despesas sociais em sua gestão". Nesse aspecto fundamental de sua política, o presidente venezuelano é, portanto, um fracasso.

Com a queda dos preços do petróleo, desaparece o véu que mascarava os desastres da política econômica. As perspectivas políticas e econômicas são instáveis para os próximos anos. Tensões se multiplicam à medida que a oposição se enrijece e o coronel recrudesce. Na própria aliança que governa a Venezuela surgem divisões patentes, com uma vertente *light* que julga excessiva a radicalização em marcha. As pressões inflacionárias se intensificam e, como aprendemos duramente no Brasil antes do Plano Real, quem paga mais caro por esse descontrole é o povo. Ora, é esse segmento da população que Chávez alega defender e que até agora o sustenta politicamente. Não há dúvida nenhuma de que foi a deserção parcial desse mesmo povo – insatisfeito e frustrado – que levou à derrota no referendo de dezembro de 2007 do projeto de perpetuação no poder de

Chávez. O povo virou as costas ao profeta. Essa derrota foi muito importante, pois revelou que a sociedade civil venezuelana resiste à imposição de um modelo ditatorial de governo. Como todo líder autoritário, Chávez imaginou que sua vontade iluminada ecoaria como a promessa de um paraíso terrestre. De repente, os venezuelanos disseram-lhe "não". A partir daí, malgrado o poderoso sistema de poder que dá ao governo o pleno controle de todas as instituições políticas, a sociedade venezuelana começou a reagir e conseguiu bloquear algumas das maiores arbitrariedades do governo, como o currículo socialista obrigatório nas escolas. Entretanto, essa derrota não foi o fim do projeto de "socialismo bolivariano" do líder venezuelano. Chávez é obstinado e inteligente. Já está procurando empurrar novamente seu projeto totalitário cerceando as candidaturas de opositores às eleições municipais vindouras e fazendo crescer o movimento por novo referendo sobre um mandato presidencial perpétuo, provavelmente porque sabe que a bonança está no fim e é oportuno colher seus frutos políticos antes que venham os anos magros.

Chávez tem pesquisas cada vez mais desfavoráveis em toda a América Latina, como atesta o Latinobarômetro. Sua pregação bolivariana só vinga na Bolívia e no Equador – países andinos com fortes populações indígenas – e na Nicarágua do requentado Ortega. Todos esses países são governados por discípulos de Chávez e também se beneficiam de sua generosa ajuda em petróleo e em dinheiro, o que naturalmente reforça sua fidelidade ao venezuelano. No resto da América do Sul, Chávez não tem apoio significativo e, ao contrário, encontra forte rejeição.

A primeira e maior mensagem dessas pesquisas é que nossa América Latina já amadureceu e dá preferência ao equilíbrio democrático sobre as propostas excessivamente voluntaristas e cerceadoras das liberdades públicas. Em nosso tempo, quando a primazia é dada, na maior parte dos países, ao respeito do pluralismo político, à tolerância com a diversidade e à gestão correta da coisa pública, cada vez haverá menos espaço para governantes prepotentes como Hugo Chávez.

O mais grave para o futuro da Venezuela é a profunda divisão que Chávez introduziu na nação. Mesmo que seu regime autoritário termine em breve, ele terá marcado seu país com uma carga de ódio político e de divisão social que demorará muito a cicatrizar. Esse país amigo, cujo povo tanto se parece com o brasileiro em muitos aspectos, está hoje emparedado num imenso fosso. Tardará muito até que possa sair dessa armadilha.

Com uma obsessão digna de Macbeth, Chávez vê em toda parte uma conspiração para derrubá-lo e denuncia tentativas de assassinato e conspirações. Os que o acompanham nos últimos anos dizem que sua paranoia se acentuou desde a tentativa de golpe contra ele em 2002. Chávez aprendeu com seu grande mentor Fidel Castro que a melhor tática unificadora é gritar contra a ameaça externa, particularmente dos Estados Unidos. Mas sua liderança intrusiva e o curso errático de política externa que persegue têm levado a um isolamento internacional crescente da Venezuela, que rompe as pontes com aliados potenciais na região e no Ocidente em geral. Sua posição diplomática é hoje muito fraca, como comprova seu fracasso na tentativa de se eleger para uma cadeira transitória no Conselho de Segurança da ONU em 2007, por exemplo. Em diversas ocasiões, tem havido desaires para sua atitude intrusiva e impertinente. Tome-se o caso do incidente na fronteira equatoriana, em que a aviação colombiana atacou e destruiu um acampamento das FARC. O presidente do Equador reagiu com muita ênfase, como é de seu estilo, e bastante razão, mas Chávez teve um comportamento especialmente vociferante e ameaçador nos primeiros momentos do conflito. O presidente venezuelano deu mais uma prova de sua falta de equilíbrio e de seu aventureirismo. Em primeiro lugar, porque o incidente militar (grave, sem dúvida) se passou na fronteira do Equador com a Colômbia, ou seja, a mais de mil quilômetros da fronteira da Venezuela. Em segundo lugar, porque – embora a Venezuela interfira sistematicamente nos assuntos internos da Colômbia, dando suporte e dinheiro a uma organização clandestina e criminosa como são as FARC – a Colômbia não intervém na Venezuela. Chávez ordenou o envio de tropas e regimentos de tanques para a fronteira, porém, dessa vez, sua postura belicista caiu num vácuo. O presidente colombiano Uribe respondeu friamente que não mobilizaria tropas do seu lado da fronteira e, gradualmente, à medida que a OEA iniciou um processo de investigação e solução da controvérsia, Chávez sofreu o desmoralizante processo de não ser levado a sério por ninguém e terminou por ordenar o recuo encabulado de suas tropas.

Na Bolívia, Chávez passou há pouco tempo por nova desmoralização. Interferindo diretamente no grave enfrentamento do governo de seu pupilo Evo Morales com as províncias autonomistas do oriente boliviano, ele ofereceu apoio militar a Morales e criticou o comandante-chefe das Forças Armadas bolivianas. Esse gesto recebeu uma firme contestação do militar boliviano e a condenação, mesmo que discreta, dos governos da região. Afinal, o princípio da não intervenção é uma coluna mestra na ordem jurídica internacional e, em especial, no continente. Na reunião da Unasul de 15 de setembro de 2008, Chávez tentou, mas fracassou em introduzir na declaração final uma violenta condenação aos Estados Unidos.

No final de setembro, Chávez esteve em Pequim e tentou, novamente sem sucesso, convencer os chineses a tomarem uma posição antiamericana. Em discurso emotivo, o líder venezuelano conclamou a China a se juntar a seu país na criação de uma ordem mundial multipolar. A reação foi fria, tendo-lhe sido indicado que as relações bilaterais entre os dois países não têm conteúdo ideológico. A política externa da Venezuela tem sido assinalada por esses arroubos e desatinos. Os resultados geralmente são pífios. No campo internacional, só na América Latina, Chávez já se incompatibilizou com os presidentes da Colômbia, do México, do Peru e do Chile, para não mencionar a Espanha, mãe pátria da Venezuela, e o famoso "*por que no te callas?*" do rei. Os únicos que o recebem de braços abertos são os governantes radicais do Irã e da Bielorrússia, além naturalmente do decano dos ditadores, Fidel Castro, seu mestre, e dos dirigentes russos que com grande eficiência lhe vendem toda sorte de armamentos e o utilizam para irritar os Estados Unidos.

Creio que, por tudo isso, já começou o ocaso do coronel. Esse político – que se considera Bolívar reencarnado e está no poder há nove anos – queria ter um mandato popular para ficar perpetuamente na presidência. Usou todo o repertório da mais barata demagogia para embrulhar seu delírio de ambição em embalagem sedutora para o povo. Mas Chávez faz um governo desastroso e, contra os fatos, a demagogia e a mentira só são eficazes por um tempo. A inflação já supera a casa de 20% ao ano, o déficit público sobe a galope, a empresa estatal de petróleo PDVSA é sangrada e não consegue evitar uma queda crescente da produção, por não poder investir na medida necessária na manutenção e no desenvolvimento de seus campos petrolíferos.

As contribuições da estatal venezuelana de petróleo para programas de desenvolvimento social – as "missões", na linguagem bolivariana – caíram 47% no primeiro semestre de 2008. É bom recordar que o preço do petróleo só começou a cair em julho, quando estava na faixa de 140 dólares por barril. Isso sugere que, como a receita bruta subiu muito devido à alta do petróleo no período, a PDVSA procura aumentar seu investimento destinado a recuperar capacidade produtiva. Com a queda do preço para 40 dólares, o governo de Caracas terá de fazer escolhas difíceis entre gastos sociais domésticos, compromissos internacionais e investimentos na produção de petróleo.

Malgrado todos os cerceamentos e adversidades, o povo venezuelano já mostrou que não se resigna. A oposição, que durante vários anos foi politicamente inábil, agora criou alma nova, pois conseguiu passar à sociedade venezuelana a mensagem de que o coronel é um mau governante e um perigo para as liberdades públicas. Surgiram novos protagonistas na resistência a Chávez: estudantes, jornalistas, muitos de seus ex-companheiros vieram às ruas por vontade própria e não arrebanhados em ônibus, como as multidões de vermelho, à semelhança dos antigos currais eleitorais dos nossos grotões. Eles não tiveram medo da polícia política, das tropas de choque chavistas, da truculência de um governo que fecha órgãos da imprensa que o criticam e confisca a propriedade privada. O coronel já começa a descida irrefreável, mas não vai desaparecer suavemente no horizonte. Vai fazer de tudo, como, aliás, já anunciou horas depois da derrota, para virar o jogo a favor de seu projeto "bolivariano" de perpetuação no poder. Além da resistência que os venezuelanos saberão opor-lhe, agora que o derrotaram, é essencial que do exterior lhe cheguem sinais de moderação e espírito democrático.

Os nove anos de chavismo marcaram fundamentalmente a Venezuela, criando ódios e rancores que hoje dividem uma sociedade antes cordial e democrática. É necessário evitar que o coronel jogue com mais empenho a carta da divisão e do antagonismo social. O declínio do coronel começou, mas a História está repleta de finais trágicos.

O Brasil – sociedade e cada vez mais, creio, governo – não acha graça nas excentricidades do coronel, nem se dispõe a segui-lo em seus devaneios. Aqui Chávez não tem poder de convocatória. Sem advogar nenhum tipo de intervencionismo, que contrariaria nossas tradições mais consagradas, faríamos realmente bem em manter uma distância crescente do coronel. É certo que as relações com a Venezuela são muito importantes e que o volume do comércio bilateral só tem feito crescer. Nossas exportações, que eram de 753 milhões de dólares em 2000, passaram em 2007 a 4,7 bilhões, com saldo de 4,3 bilhões para o Brasil. Há, portanto, interesses reais a conferir relevância às relações bilaterais. Mas o comércio e a proximidade política são coisas bem distintas, como demonstra o fato de que o principal cliente do petróleo venezuelano são os Estados Unidos.

Creio que o presidente Lula já se deu conta há algum tempo de que Chávez não é boa companhia. Não toma uma postura contundente – e talvez seja melhor assim, pois o Brasil jamais deve ser truculento com seus vizinhos –, mas estamos felizmente nos afastando da postura que vigorou no primeiro mandato presidencial, quando o coronel era o parceiro predileto para nossas fantasias: gasodutos gigantescos, FMIs caboclos, superempresas binacionais de petróleo e outros arroubos. As intervenções venezuelanas no processo de nacionalização do gás boliviano são uma realidade indiscutível cujas lições não podem ser esquecidas. Chávez é um rival de Lula na medida em que preconiza métodos e ações radicalmente diferentes e lidera a ala radical da esquerda latino-americana. Na recente reunião em Costa do Sauípe, o presidente venezuelano mostrou uma ponta de seu pensamento ao afirmar:

> "O Brasil exerce uma liderança importante na América Latina, mas na região não há um líder único, há vários líderes. Sem dúvida, o Brasil exerce uma liderança importante, mas não se trata de que haja um líder na região". (*UOL Notícias*, 17 de dezembro de 2008)

Existe um outro aspecto preocupante que deve ser analisado. A Venezuela está engajada numa escalada armamentista que não pode deixar de ser vista com preocupação por nossos analistas e planejadores militares. Esse programa de armamento supera muito uma proporção razoável para o país e cobre uma ampla variedade de materiais bélicos, como submarinos, navios de guerra, caças aéreos de última geração, blindados e uma quantidade enorme de fuzis automáticos. O alvo preferencial venezuelano não é, obviamente, o Brasil neste momento, mas sim os Estados Unidos, como declara incessantemente o próprio Chávez. Porém, um programa da amplitude do que vem sendo levado adiante há vários anos cria um desequilíbrio estratégico na região e precisa ser analisado nessa perspectiva. Ele transforma a Venezuela numa ameaça potencial para os vizinhos com os quais esse país tem diferenças históricas e rivalidades presentes, em particular a Colômbia. Em nosso caso, embora não existam disputas fronteiriças ou conflitos políticos, há uma crescente tensão subjacente, como já referido, pela liderança regional que, em virtude da opção "bolivariana" do presidente venezuelano, projeta-se sobre as próprias opções nacionais e interfere com interesses nacionais.

Em suma, Chávez é um fator de instabilidade e perturbação na América do Sul, inclusive porque serve de referência e modelo para outros políticos da região em cujos países estão dadas as condições para a eliminação das estruturas políticas tradicionais e o surgimento de plataformas populistas e nacionalistas. Cada um, segundo as características nacionais em que surgiram, lançam projetos políticos inspirados por ele e apoiados pelos petrodólares venezuelanos. Vejamos os três casos mais nítidos.

A Bolívia foi o primeiro país sul-americano a seguir o rumo socialista de Chávez, sob a liderança do líder *cocalero* Evo Morales. Desde sua surpreendente performance nas eleições presidenciais de 2002, em que chegou em segundo lugar, Evo demonstrou que o tempo dos partidos tradicionais – o Movimento Nacional Revolucionário (MNR), o Movimento de Esquerda Revolucionária (MIR) e a Aliança Democrática Nacional (ADN) – estava próximo de esgotar-se e que o movimento indigenista surgia como a nova força dominante no cenário político boliviano. Depois de quinhentos anos servindo apenas de massa de manobra a outros interesses, os índios que formam a maioria da população boliviana assumiram um papel protagonista. Segundo a Fundação Jubileo, 3,7 milhões de pessoas vivem em condições de extrema pobreza de um total de cerca de 10 milhões de habitantes. Essa é a base política de Evo Morales, que se transformou em porta-voz dos desvalidos, em especial dos seus iguais, os índios aimarás do altiplano boliviano.

O primeiro episódio da rebelião de massas na Bolívia – em que Morales atua como agitador – é a chamada "guerra das águas de Cochabamba", no ano de 2000, em que se produz uma rebelião popular contra uma companhia multinacional que havia ganhado o contrato de exploração dos serviços de água e esgotos. O movimento de contestação termina por obrigar à revogação da concessão, em resultado inédito no país. O segundo capítulo, ainda mais dramático, ocorre em 2003 com a "guerra do gás". Movimentos populares contra o regime de exploração do gás natural levam a uma escalada de violência que conduz a um bloqueio com barricadas da principal artéria que liga La Paz à cidade satélite de El Alto, ao aeroporto e ao resto do país. O presidente Sánchez de Losada, já muito acossado, determina a repressão militar do bloqueio, da qual resultam oitenta mortos. A situação tornou-se insustentável e o presidente foi forçado a deixar o país, sendo substituído pelo vice Carlos Mesa, um político sem luz própria e com pouca experiência. Em fins de 2005, um crescente descontentamento popular e protestos agressivos levaram Mesa a renunciar, abrindo caminho para a eleição de Evo Morales em dezembro desse ano. Assim, o líder de massas que havia inspirado e liderado a campanha contra Sánchez de Losada e o seu sucessor Carlos Mesa tornou-se presidente da República.

Na presidência, Evo Morales tem-se caracterizado por dividir o país profundamente. Desde sua independência, a Bolívia é um país em que as forças centrífugas atuam fortemente, visto que existe uma grande diversidade na geografia, na história, na orientação econômica e na composição étnica entre o altiplano árido e as planícies férteis do leste. Nas províncias de Santa Cruz, Beni, Pando e Tarija há uma configuração econômica muito parecida com o nosso Centro-Oeste. Predominam a agricultura e a pecuária extensivas, frequentemente com participação de capitais e gestão de brasileiros, portanto a economia é movida por interesses privados. A população é, em boa parte, mestiça ou de origem europeia. Aí se situam as reservas de gás natural e as atividades ligadas ao setor de hidrocarbonetos. Já o altiplano – de geografia impiedosa – é habitado em sua maioria esmagadora por índios e possui poucas riquezas econômicas: a agricultura é apenas de subsistência (com exceção da coca, produzida sobretudo no Chapare); há minas, mas não foram encontrados nem petróleo nem gás. Em La Paz, o pensamento dominante é estatizante. Como o país é unitário, a despeito de sua grande diversidade, o governo central tem peso dominante na condução dos rumos nacionais, ou seja, na arrecadação fiscal e nos investimentos públicos, na manutenção da ordem pública, controlando a polícia e as Forças Armadas, e nas políticas energética e mineral.

A ascensão social das massas miseráveis é o principal objetivo de Evo, e os recursos do gás são o lastro desses programas. Nesse quadro, Morales introduziu diversas políticas que contrariam profundamente os interesses das províncias orientais, como a reforma agrária e a canalização das receitas muito ampliadas do gás (em virtude da nacionalização da indústria e da enorme ampliação dos impostos) para programas sociais beneficiando os índios do altiplano. Por outro lado, buscou alterar profundamente a Constituição – um dos instrumentos prediletos de Chávez e seus seguidores para perpetuar uma nova ordem jurídica, chegando ao absurdo de fazê-la aprovar apenas com o voto de partido, o MAS, e dentro de um quartel militar em Sucre, para evitar incidentes violentos entre aliados e opositores.

É nesse contexto de reorientação dos recursos do gás que deve ser vista a nacionalização dos ativos da Petrobras Bolívia em 2006. Após a realização anterior de diversos aumentos de *royalties* e impostos, o governo de Evo Morales promoveu de modo sub-reptício e agressivo a invasão dos campos de San Alberto e San Andrés, que a Petrobras havia descoberto e explorava eficazmente.

O mais chocante nesse episódio foi a passividade do governo brasileiro, que não moveu uma palha sequer para impedir a expropriação, que era facilmente previsível por qualquer observador atento da realidade boliviana. Ao contrário, em todas as declarações expressou-se a "compreensão" e o "direito soberano da Bolívia". Ora, isso ocorreu com uma empresa controlada pelo governo brasileiro e numa área de grande importância para o suprimento energético do Brasil. É difícil encontrar um exemplo mais nítido de interesse nacional no exterior; no entanto, a atitude de nossos governantes foi de completa omissão.

Situação diferente, mas igualmente delicada, ocorreu há pouco no Equador. As recentes manifestações do presidente Rafael Correa constituem um fato grave. A expulsão da Odebrecht do país e a ameaça do presidente Rafael Correa de não pagar um empréstimo do BNDES afetam diretamente os interesses brasileiros e atingem o sistema de pagamentos do Convênio de Crédito Recíproco (CCR), que é a base do comércio entre países sul-americanos. A Odebrecht é certamente uma empresa privada, ao contrário da Petrobras, mas operava no Equador com o incentivo e apoio direto do governo brasileiro. Portanto, as ações truculentas do governo equatoriano sinalizam uma falta de respeito para com o Brasil. Até aqui, embora o tom brasileiro tenha sido um pouco mais afirmativo, não houve contestação clara da postura equatoriana.

Com a eleição de Fernando Lugo, existe agora um quarto integrante da esquerda populista no poder. Como Chávez, Evo Morales e Rafael Correa, o ex-bispo se comprometeu a levar adiante políticas de combate à pobreza e ascensão social das massas miseráveis do Paraguai. A principal fonte de recursos para esses programas é certamente, na óptica de Lugo, o aumento substancial da arrecadação com a venda da energia de Itaipu ao Brasil.

O Paraguai é um país com o qual o Brasil tem relacionamento muito próximo e especial. Sobre essa relação paira ainda o espectro da guerra que terminou em 1870 e que tão fundas consequências gerou em ambos os países. Existe no Brasil uma certa culpa pela destruição que a guerra causou no Paraguai. É uma culpa que não tem fundamento, pois o Brasil não iniciou esse conflito que terminou a cerca de 140 anos. Não há motivo para que esse sentimento atue na relação com o Paraguai.

Devemos contribuir na medida de nossas possibilidades para que esse país renove sua economia, tornando-a menos dependente do comércio eufemisticamente chamado de "triangular" e até de atividades ilícitas. Temos todo o interesse em que a economia paraguaia se fortaleça e que haja melhor distribuição de renda, capaz de permitir um efetivo progresso social. Mas o Brasil não é culpado pelo subdesenvolvimento do Paraguai. Por isso a ideia de uma renegociação que rompa o equilíbrio do Tratado de Itaipu é inaceitável. O argumento de que o tratado foi celebrado por governos militares não tem nenhuma vigência. Tampouco é verdade que o tratado não dê todas as garantias e não remunere adequadamente a parte paraguaia. Um reajuste da tarifa ou de algum outro modo uma modificação do preço da energia criaria para o consumidor brasileiro uma penalização injusta. Nesse caso, o governo brasileiro vem até aqui demonstrando alguma firmeza e espera-se que assim possa continuar.

O Brasil sempre foi um país diferente na América do Sul, o único a falar português. Sua independência originou-se em um acordo dinástico da Casa Real portuguesa em vez de em uma luta contra a metrópole colonial, como ocorreu com os demais países. Em resultado, nos primeiros 67 anos de nossa vida independente, o Brasil foi a única monarquia constitucional da região. As circunstâncias históricas mantiveram nossa unidade territorial, enquanto a maior parte dos países sul-americanos resultou de fracionamentos de estados ou territórios anteriores. Tudo isso concorreu para que o Brasil tivesse que dar ênfase, desde o início, ao relacionamento diplomático com nossos numerosos e variados vizinhos. Cessado o período de conflitos locais no Cone Sul, nossa diplomacia pautou-se rigorosamente pela regra da não intervenção em assuntos internos dos países próximos e gradualmente foi construindo, pela mão segura do barão do Rio Branco, um arcabouço jurídico que permitiu solucionar todas as controvérsias de fronteiras que subsistissem. Esse legado extraordinário de paz e segurança permite que o Brasil seja o único país da América do Sul a não ter tido, desde o começo do século XX, nenhum litígio territorial. Mas, embora o nosso relacionamento formal e diplomático tenha sido impecável desde então, não havia densidade no relacionamento com nossos vizinhos. O comércio era prejudicado por barreiras protecionistas de parte a parte, os investimentos eram nulos, a presença de agentes econômicos era muito limitada. Assim, disputas econômicas eram impossíveis entre nós. O comércio de mercadorias começou a tomar algum impulso com a criação da Associação Latino-Americana de Livre-Comércio (Alalc) em 1960, mas sua monta era pequena. Como o quadro seguinte revela, só após a criação do Mercosul o comércio com os países do Cone Sul veio a tomar proporções significativas.

Comércio Brasil-Mercosul									
	Argentina			Uruguai			Paraguai		
	Exportação	Importação	Saldo	Exportação	Importação	Saldo	Exportação	Importação	Saldo
1991	1.476	1.610	-133	337	412	-75	496	220	275
2000	6.237	6.843	-605	669	601	67	823	351	481
2004	7.390	5.570	1.820	670	522	147	873	297	575
2007	14.416	10.404	4.012	1.288	789	502	1.650	434	1.214

Mais dramático ainda é o crescimento dos investimentos brasileiros na região. Partindo de um nível próximo de zero, as cifras anuais são hoje consideráveis. Só nos países da região andina foram investidos cerca de 1 bilhão de dólares em 2007 ("Investimentos brasileiros na América do Sul: as perspectivas dos países andinos", em *Síntese dos estudos nacionais*, Funcex, jul. de 2008).

Atualmente, os interesses brasileiros na América do Sul (políticos, econômicos, de segurança e defesa e culturais) são mais significativos e mais diversificados do que no passado, e a região passa por um período de importantes mudanças econômicas, políticas e sociais que, se geram novas oportunidades, também podem vir a representar ameaças para os interesses do país.

Essa nova dimensão do relacionamento com os vizinhos gera um dilema que, até agora, tem criado mais perplexidade e hesitação do que clareza no governo brasileiro: como defender com firmeza os interesses comerciais e econômicos legítimos das empresas brasileiras, estatais ou privadas, sem parecer que estamos praticando uma política de truculência que possa finalmente gerar má vontade generalizada e caracterizar uma atitude prepotente do país? A questão não é trivial nem simples de resolver, pois nunca se havia colocado em nossa trajetória de nação independente que teve a reputação de ser um gigante benigno.

Não creio que se possa utilizar o conceito de generosidade com os vizinhos como princípio norteador de nossa conduta internacional. Raríssimos países o fazem. A política externa do atual governo tem um substrato ideológico que leva a essa simplificação, mas não parece ser satisfatória para lidar com os problemas e desafios que os brasileiros – pessoas físicas ou jurídicas – enfrentam quando se lançam a atividades econômicas nos países vizinhos. É indispensável fazer uma reflexão capaz de conduzir à formulação de uma doutrina que atue na defesa dos interesses nacionais. O governo brasileiro precisa ter uma política coerente que não seja meramente de reações protelatórias ou de dissimulação dos problemas. Até aqui, a evolução lamentável dos casos da Petrobras na Bolívia e da Odebrecht no Equador demonstra que o governo brasileiro não tem uma estratégia política para enfrentar situações como essas. E elas devem repetir-se, pois a participação da economia brasileira na região só tenderá a aumentar. Agora mesmo, neste tempo de crise econômica, está-se produzindo uma postulação argentina de acionar o mecanismo de salvaguardas, em má hora aceito pelo Brasil sob o nome de Mecanismo de Adaptação Competitiva, que nada mais é do que a aplicação de restrições às importações oriundas do Brasil, suspendendo os efeitos do Mercosul, além de outras medidas arbitrárias que prejudicam os interesses brasileiros. Isso ocorre porque o real se desvalorizou diante do dólar e os produtos brasileiros ameaçam a pouco competitiva indústria argentina. Eis um teste importante para a política externa brasileira, pois a Argentina é nosso maior parceiro na região.

Os ataques a interesses brasileiros poderão também multiplicar-se, especialmente se a falta de energia do nosso governo demonstrar que não há sanções para arbitrariedades contra empresas brasileiras. Não é desejável nem viável que nosso país seja uma potência imperial em sua região, mas tampouco é aceitável que haja a disseminação do paradigma do Brasil como o "gigante bobo", a quem se pode ofender e prejudicar sem consequências.

No início do seu governo, o presidente Lula comprazia-se em dizer que não entendia por que o Brasil em quinhentos anos nunca havia assumido a liderança da América do Sul, quando existia, segundo ele, um clamor nesse sentido. O tempo terá ensinado que essa declaração infeliz era apenas fruto da inexperiência e do voluntarismo. A expressão "liderança brasileira" provoca reações de desconforto e alergia em muitos países vizinhos. Seu uso deve ser evitado cuidadosamente. Por outro lado, parece claro que a sociedade brasileira não prioriza o exercício dessa posição dominante na região, a ponto de julgar válidos os programas econômicos, comerciais e militares que dariam substância efetiva a uma verdadeira liderança do Brasil. Há um regozijo justificado com a posição cada vez mais destacada que nosso país desfruta na região e isso é certamente motivo de orgulho para todos os brasileiros. Entretanto, tal posição não se traduz em uma liderança efetiva, tendo em vista a falta de assertividade de nosso governo em disputas econômicas como as que tivemos com a Bolívia e o Equador, ou a incapacidade de desempenhar um papel relevante em querelas regionais, como a que opôs recentemente o Equador à Colômbia.

A própria tomada de posição favorável a um candidato contra outro em eleições presidenciais – como foi o caso na Argentina, na Bolívia e em outros países – enfraquece a isenção que o Brasil manteve, desde o barão do Rio Branco, em processos políticos internos de países vizinhos e que sempre nos deu respeitabilidade. Essa solidariedade ideológica leva também a claras opções em situações de tensão política como as que vivem a Bolívia ou a Venezuela. Com isso o Brasil deixa de ser um possível fator de equilíbrio e entendimento para se colocar de um lado da arena política.

A liderança brasileira tem procurado exercer-se com a criação de novas instituições. É uma velha prática que confunde nova ordem com novas instituições. Evidentemente, por exemplo, a Unasul não poderá reinventar a integração econômica e comercial que estagnou por outras razões. Mais valeria reestruturar o Mercosul, cuja concepção permanece válida e importante, em lugar de organizar uma *fuite en avant* com a Unasul. Essa preferência por atitudes meramente declaratórias não confere legitimidade a uma liderança do Brasil, posto que não acarreta consequências benéficas para nenhum país, nem promove maior integração regional. Como lê-se na respeitada revista inglesa *The Economist* (edição de 18-12-2008): "A política externa do Brasil: ritmo de samba com passos em falso. O Brasil pode ser o poder emergente nas Américas, mas está verificando que sua ambição diplomática gera ressentimentos".

Em conclusão, creio que será necessária uma reflexão aprofundada e um debate amplo sobre os desafios que o novo quadro político da América do Sul traz para o Brasil. Por seu ineditismo, esses desafios têm um efeito por vezes paralisante sobre nossa diplomacia, que hoje não encontra o caminho certo para ter uma linha clara e equilibrada de defesa dos interesses nacionais. A postura não deve ser certamente a de procurar impor-se aos demais países da região, mas tampouco deve ser defensiva e concessiva. Azeredo da Silveira dizia, com muita propriedade, que "o Brasil não deve fingir que é um paiseco".

Essas situações, sem dúvida, são fruto da conjuntura e da atuação de alguns líderes regionais já citados. Mas os desafios não vão desaparecer subitamente. Ao contrário, à medida que nosso país for crescendo e, portanto, tornando-se mais forte, os problemas serão mais complexos. Além das dificuldades já referidas com nossos vizinhos, surgirão competidores de peso, como a China e mesmo os Estados Unidos, que, acabrunhados pela desastrosa presidência Bush, haviam-se omitido cada vez mais na região. Agora, com Barack Obama, existe a clara possibilidade de que esse país volte a ser a referência principal para muitos países latino-americanos, como foi por décadas no século XX. Dependerá muito da prioridade que Washington der à região. Sabe-se que, com duas guerras em curso e uma seriíssima crise, o novo presidente americano não voltará para a nossa região suas atenções prioritárias. Por isso, os radicais já deram sinais de que cobrarão agressivamente atos claros, como o fim do embargo a Cuba. Evo Morales chegou a propor, com sua maneira tosca, que todos os países latino-americanos retirassem seu embaixador da capital americana, se o embargo não acabasse em um prazo curto. Mas gradualmente, ao sair da profunda crise atual, os

Estados Unidos intensificarão sua presença política e econômica na região e, com isso, competirão por oportunidades.

Lidar com todos esses desafios de forma inteligente e responsável será a grande missão da diplomacia brasileira nas próximas décadas. A tarefa não será fácil, mas é inescapável.

O Brasil comete erro de avaliação em Honduras*

Luiz Felipe Lampreia

O episódio da deposição do presidente de Honduras é, sem dúvida, menor no conjunto dos eventos políticos que estão pondo à prova as instituições e as relações de alguns países da América Latina. Permite, porém, uma reflexão interessante sobre o momento histórico da região e sobre a política externa do governo brasileiro.

Desde o final do ciclo dos regimes militares, nos anos 1980, houve um grande cuidado em proteger a democracia e construir anteparos que evitassem a repetição dos golpes tão frequentes do passado. Já o encerramento da Guerra Fria em 1991 havia retirado uma das motivações centrais dos generais – o anticomunismo. Subtraíra também o apoio frequente dos Estados Unidos aos golpes de Estado.

O empenho dos novos governos eleitos foi consubstanciado na cláusula democrática inserida no Mercosul, na reunião presidencial de Ushuaia. Ela funcionou eficazmente no primeiro teste que se apresentou: a tentativa do general Lino Oviedo de depor o presidente Juan Carlos Wasmosy, do Paraguai. Mas, por prudência, ou para evitar deliberações prolongadas que impedissem um acordo, a redação foi simples, evitando definir parâmetros de democracia muito precisos.

* Publicado em *Revista Política Externa*, vol. 18, nº 3, São Paulo, dez./jan./fev. de 2009.

Por exemplo, a cláusula democrática prevista no Protocolo de 24 de julho de 1998 do Mercosul está vazada nos seguintes termos: "A plena vigência das instituições democráticas é condição essencial para o desenvolvimento dos processos de integração entre os Estados Partes do Protocolo". Em torno dessa ideia central formou-se um consenso que serviu como dissuasor de qualquer aventura golpista em nossa área. Já em 2001 (por coincidência, no dia 11 de setembro, tragicamente marcado pelo ataque terrorista às Torres Gêmeas de Nova York), a OEA aprovou uma Carta Democrática Interamericana que foi adiante na explicitação do que é democracia:

> **Artigo 3**
> São elementos essenciais da democracia representativa, entre outros, o respeito aos direitos humanos e às liberdades fundamentais, o acesso ao poder e seu exercício com sujeição ao Estado de Direito, a celebração de eleições periódicas, livres, justas e baseadas no sufrágio universal e secreto como expressão da soberania do povo, o regime pluralista de partidos e organizações políticas, e a separação e independência dos poderes públicos.
>
> **Artigo 4**
> São componentes fundamentais do exercício da democracia a transparência das atividades governamentais, a probidade, a responsabilidade dos governos na gestão pública, o respeito dos direitos sociais e a liberdade de expressão e de imprensa. A subordinação constitucional de todas as instituições do Estado à autoridade civil legalmente constituída e o respeito ao Estado de Direito por todas as instituições e setores da sociedade são igualmente fundamentais para a democracia.

A evolução política da América Latina na presente década vem criando questionamentos e dificuldades de interpretação do que seja, de fato, a vigência democrática em nossa região. Surgiu o fato novo do hiperpresidencialismo, uma nova realidade muito mais profunda do que a dos golpes militares do passado. Hugo Chávez, com seu programa "bolivariano", é o paradigma desse movimento. Caracteriza-se pela criação de um modelo verdadeiramente revolucionário, com características autoritárias e concentradoras de poder, visando a implantar "o socialismo do século XXI". Na claríssima definição de Rubens Ricupero: "Uma prática histórica e um corpo de doutrina em formação que voltam a afastar-se do incipiente consenso e sustentam a legitimidade superior de uma nova alternativa: os regimes que se autodenominam refundadores".

Como complicação adicional, Hugo Chávez sente-se habilitado a influir no destino de outros países da região, seja apoiando dissidências, mesmo que armadas, como é o caso das FARC na Colômbia, seja encorajando aliados a seguir suas estratégias de poder. A chamada Alba, Alternativa Bolivariana para as Américas, expressa a concepção divisiva e preconiza uma internacionalização das confrontações internas.

É o caso da Bolívia, em que Evo Morales foi fortemente ajudado pelo governo venezuelano a consolidar seu poder, até nacionalizando os ativos da Petrobras no país.

Trata-se de uma prova das qualidades de persuasão e atração de Chávez que ele tenha conseguido atrair Manuel Zelaya para suas ideias. A ajuda financeira venezuelana e o apoio às tentativas de reforma política contribuíram para reforçar esses laços e puseram em relevo a influência do presidente Chávez, o que acirrou os ânimos políticos em Honduras. O presidente constitucional dessa república centro-americana era um alvo improvável para uma proposta revolucionária. Sempre foi um político do partido mais à direita no espectro político local, rico proprietário de terras e empresário poderoso. Chegando ao poder em 2006, Zelaya iniciou um programa de reformas econômicas e sociais que o levaram a uma rota de colisão com seus correligionários conservadores de Honduras.

Após fazer seu país ingressar na Aliança Bolivariana para as Américas (Alba), Zelaya acelerou o processo político e, seguindo o modelo de seu inspirador, preconizou que as eleições de 29 de novembro incluíssem uma consulta sobre a convocação de uma assembleia constituinte para reformar a Constituição. O propósito mal disfarçado era possibilitar sua reeleição. A Constituição hondurenha proíbe isso expressamente e declara em seu artigo 239: "Qualquer presidente que tentar quebrar essa disposição deve ser imediatamente afastado do cargo e considerado inelegível por dez anos".

À medida que se configurava o impasse entre Zelaya e as instituições – Congresso, Poder Judiciário e Forças Armadas –, o presidente optou pelo confronto com os militares e demitiu o chefe do Estado-Maior. Essa decisão causou o golpe. Até então, era compreensível que as instituições do país condenassem o presidente que estava infringindo a Constituição. Mas a prisão humilhante de Zelaya e sua expulsão para a Costa Rica foi o ápice desse processo de tensões acumuladas e pôs em relevo a fragilidade da consolidação democrática em Honduras e na América Central. Com essa decisão impensada, os líderes do movimento anti-Zelaya perderam a razão e a legitimidade.

É um equívoco dar importância excessiva à conexão Chávez no episódio de Honduras. Ele com certeza influenciou fortemente Zelaya e o estimulou na aventura política de abrir caminho para a reeleição. Não há dúvida de que a aproximação do presidente com Chávez infundiu temor aos conservadores. Mas uma análise realista aponta para as limitações institucionais e para a fragilidade da democracia hondurenha como os elementos principais na precipitação da crise em Tegucigalpa.

Honduras é um país marcado por disfunções graves. Existe aí uma situação de iniquidade social em que 64% da população vive abaixo da linha de pobreza, a segunda mais alta taxa do continente, acima apenas do Haiti. O resultado tem sido um elevado grau de descontentamento e de violência, mesmo por parte de organizações criminosas de alta periculosidade. As estruturas políticas do país não conseguiram canalizar as demandas e aspirações dos movimentos sociais, tendo ficado sempre dominadas pelos mesmos dois partidos que controlam o poder político há cem anos. Zelaya pretendeu romper com essa situação tentando construir, fora do sistema, uma base política entre a massa dos excluídos sociais, a exemplo de Chávez na Venezuela, que visava a criar novas categorias operacionais políticas capazes de forçar mudanças institucionais profundas. Encontrou forte resistência do *establishment* hondurenho, do qual sempre fez parte, mas tentou ainda assim levar a cabo seu projeto de modo impositivo. Foi incapaz, porém, de construir uma coalizão de apoio as suas ideias e propostas.

À medida que se criou essa polarização, não foi possível encontrar uma composição entre rivais. A própria Constituição de Honduras é rígida, proibindo explicitamente qualquer reforma constitucional e vedando qualquer tentativa de reeleição. Não possui, por exemplo, o instituto do *impeachment*, que poderia ter sido utilizado contra Manuel Zelaya quando uma maioria de parlamentares considerava que suas ações e propostas iam contra a Carta Magna do país. Na sua ausência, ficou disponível apenas o caminho do golpe de Estado para retirar Manuel Zelaya do poder, mesmo que fosse inevitável uma condenação internacional generalizada.

Minha convicção é de que os principais fatores que geraram a crise política hondurenha foram principalmente de natureza local. As profundas desigualdades sociais criaram um clima propício para o messianismo populista de Zelaya. As rivalidades políticas e pessoais dele com Roberto Micheletti contribuíram para o enfrentamento de posições, e certamente a classe dominante não aceitava a possibilidade de um reforço da bandeira populista que o presidente passara a empunhar. A própria rigidez das normas constitucionais não permitia que essa controvérsia encontrasse espaço para uma solução política, negociada ou não. Embora não tenha dúvida da influência de Hugo Chávez sobre Manuel Zelaya, creio que é excessivo ver nisso o estopim e a causa principal do imbróglio hondurenho.

Uma vez consumado o ato de força, nenhum país podia reconhecer o governo *de facto* de Micheletti. Não existe mais, como no passado, espaço para matizes nesse ponto. A reação mundial foi unânime. Honduras tornou-se um caso emblemático. Ainda que as condições que deram lugar ao golpe pudessem ser discutidas, a maneira brutal como foi realizado alienou todo resquício de dúvida por parte dos governos do continente.

Uma vez consumada sua deposição, Zelaya contava com o apoio moral diferenciado dos países do continente. Hugo Chávez e seus aliados fizeram a estridência costumeira. Diversos países centro-americanos tiveram postura cautelosa. Muitos outros países sul-americanos condenaram o golpe, entre eles o Brasil, mas preferiram não adotar uma linha mais atuante.

Enquanto isso, o governo *de facto* controlava os principais instrumentos de poder no país, cerceava a liberdade de imprensa e mobilizava um forte dispositivo militar. Com o passar dos dias, a deposição de Manuel Zelaya parecia um fato consumado, caracterizando-se seu esvaziamento progressivo. Para sair do impasse, ele decidiu retornar a Honduras. Tinha provavelmente a expectativa de que seus correligionários fossem às ruas e que o governo de Micheletti entrasse em colapso. Para isso precisava de duas coisas: um modo de chegar a Honduras e uma base da qual pudesse operar em Tegucigalpa.

Hugo Chávez já falou publicamente do apoio logístico que deu ao retorno de Zelaya. Afirmou ter ajudado a "despistar" as autoridades sobre o paradeiro de Zelaya, enquanto este fazia a viagem de retorno a Honduras em avião venezuelano. Chávez gabou-se também publicamente de ter monitorado sua entrada em Honduras e foi o primeiro a anunciar a notícia. Com isso, Manuel Zelaya rompia o isolamento e voltava à cena em seu país. Sua avaliação terá sido que a nossa embaixada em Tegucigalpa constituía a melhor forma de abrigá-lo, visto que a missão diplomática venezuelana caracterizaria uma radicalização excessiva, suscetível de exacerbar as tensões políticas.

O Brasil tinha posição confortável até então. Assumira uma postura jurídica inatacável e acompanhava a evolução do processo político sem nenhum desgaste. Por que o governo brasileiro decidiu entrar diretamente no imbróglio hondurenho? As circunstâncias da chegada de Zelaya à nossa embaixada são ainda nebulosas, mas a versão oficial de que ele "materializou-se" na porta é de credibilidade muito duvidosa. O próprio Zelaya fez referência a conversas suas com o presidente Lula e com o ministro Celso Amorim. Tudo indica, a meu ver, que o governo brasileiro concordou em dar abrigo ao presidente deposto, assumindo um ônus político com o qual não precisaria arcar e deixando de prever as dificuldades que o consentimento acarretaria.

Tomada essa decisão, teria sido necessário negociar com Zelaya as condições de seu abrigo na embaixada brasileira em Tegucigalpa. Era óbvio que a estratégia do presidente deposto passava pela mobilização de seus seguidores em movimento de massa para trazê-lo de volta ao poder. Para nós, teria sido muito importante evitar que a embaixada se tornasse parte do conflito. Não houve claramente esse entendimento que assimilaria a condição de Zelaya a um asilo diplomático, ou seja, o compromisso de abstenção de atos políticos. Ao contrário, foi-lhe permitido instalar-se ali e fazer da varanda uma tribuna para arengar à massa de seus partidários, em lugar de manter a discrição que é obrigatória em quem recebe guarida diplomática. Essa postura agressiva de Zelaya provocou uma radicalização do quadro político em Tegucigalpa, com uma escalada de repressão da parte do governo de Micheletti.

Com isso, o Brasil foi catapultado ao centro da questão hondurenha um tanto a contragosto. Disse o ministro Celso Amorim: "Não tínhamos alternativa a deixá-lo entrar". Os argumentos da "materialização" e da inevitabilidade são muito difíceis de aceitar, visto que houve, da parte de Zelaya, clara indicação de que conversou com o presidente Lula e com o chanceler antes de seu retorno. Uma interpretação possível é que tais argumentos apresentados pelo governo brasileiro serviriam como um seguro para o caso de complicação de um quadro que tinha, à partida, poucas chances de sucesso e constituiu um embaraço para o Brasil. A conclusão, nesse caso, seria que o Brasil não teve um papel ativo na volta de Zelaya e sua "hospedagem" em nossa embaixada. Pessoalmente, creio que houve pelo menos um consentimento.

Por que o governo brasileiro aceitou o arriscado encargo de abrigar um político voluntarioso e agressivo como Zelaya?

A resposta, a meu juízo, está no desejo de ter um maior protagonismo na defesa da democracia em Honduras, não deixando que essa bandeira fosse primazia de Hugo Chávez. Foi um erro de avaliação. Para que o papel do Brasil fosse efetivamente muito valorizado, teria sido necessário que o retorno de Zelaya gerasse um apoio popular tão grande que ele retomasse logo o poder e que o governo de Micheletti, vergado por sua ilegitimidade e pelas sanções que sofreu, caísse rapidamente. Como isso não ocorreu, tendo falhado o cálculo, qualquer possibilidade de atuar como mediador no conflito e influir positivamente na solução do impasse ficou anulada. Ao contrário de granjear-nos prestígio, o episódio só evidenciou os limites breves de nossa influência em Honduras, um país distante e com o qual temos um relacionamento muito tênue.

Alegam alguns que o abrigo a Zelaya acabou por forçar uma negociação. Não é verdade. O retorno de Zelaya a Honduras tirou-o do limbo em que ficara ao ser enviado para o exterior *manu militari*, mas a radicalização que sua presença na nossa embaixada causou, inclusive com as arengas que ele fez à massa de seus apoiantes, conduziu a um endurecimento da posição do governo *de facto* e a um impasse que parecia intransponível até a iniciativa diplomática americana.

No momento em que a integridade da embaixada parecia colocada em risco pelas confrontações que se produziam a sua frente, o Itamaraty cometeu um erro tático. Precipitou-se, pedindo uma reunião do Conselho de Segurança da ONU para tratar do assunto, e teve o dissabor de ouvir da embaixadora americana Susan Rice que aquele não era o lugar para examinar a questão. Além de inapropriada, essa decisão passou por cima da Organização dos Estados Americanos, que precisava ser o fulcro de toda a ação em Honduras no momento em que o episódio punha em evidência a grande limitação da OEA como mediadora em controvérsias internas.

No passado, o embaixador americano, com seu imenso peso na vida política do país, teria dissuadido Micheletti e seus parceiros de consumar o golpe. Dessa vez não foi assim. Os Estados Unidos já não têm a política de intervenção e arbitragem que praticaram por muitas décadas, em especial na América Central. Mas continuam sendo a maior influência política – como sempre foram – e o maior fator econômico para os países da região.

O Departamento de Estado terá visto que o impasse existente em fins de outubro apresentava uma boa ocasião para demonstrar o peso da diplomacia americana e para desmentir as críticas já existentes da falta de uma política latino-americana do governo Obama. A partir do momento em que foi tomada a decisão de mandar uma missão diplomática de alto calibre a Honduras, ficou claro que os Estados Unidos atuariam decisivamente para romper o impasse. O competente embaixador Thomas Shannon foi despachado a Tegucigalpa depois que falharam as gestões que o secretário-geral da OEA e a missão de embaixadores vinham realizando.

A influência americana revelou-se essencial para estimular um acordo entre Micheletti e Zelaya. A posição americana foi a de insistir em que houvesse um acordo entre as partes hondurenhas na base do que vinha sendo discutido, fazendo-as ceder de sua posição intransigente, mas não sem lhes impor uma receita. Foi uma posição inteligente, porque, pelo acordo conseguido por Shannon, a classe política hondurenha recuperou a faculdade de decidir sobre o futuro do país.

A participação brasileira foi nula. Não é possível ter certeza de que o acordo solucionou definitivamente a crise hondurenha. As rivalidades e desconfianças que os últimos episódios só terão agudizado podem ainda fazer descarrilar o entendimento. A OEA deverá continuar tendo um papel importante para garantir a verificação do acordo e a lisura das eleições de novembro. E o governo americano estará certamente vigilante para evitar o descarrilamento do acordo.

Por que a Alca fracassou?*

José Botafogo Gonçalves

Como acontece habitualmente com os eventos históricos de alguma importância, é preciso procurar não só um fator ou causa, mas um composto de fatores que em conjunto expliquem o evento, seu sucesso ou seu fracasso.

Para relacionar, senão todos, pelo menos os fatores mais importantes presentes na história das negociações da Área de Livre-Comércio das Américas (Alca), é necessário referir separadamente os objetivos, os pressupostos e as visões dos principais países ou grupo de países que desde o começo foram parte ativa e comprometida com as negociações. Comecemos pelos Estados Unidos da América.

A Cúpula das Américas de Miami foi uma iniciativa muito ambiciosa e positiva do governo americano para renovar, modernizar e democratizar a realidade política e econômica do hemisfério ocidental por meio da adoção, pelos países latino-americanos, do modelo de prosperidade dos EUA nos campos político, econômico, comercial, financeiro e até mesmo cultural, principalmente no âmbito da democracia representativa. Por trás da agenda de trabalho da Cúpula das Américas existia a ambição de organizar, nas três Américas, um universo político ordenado (Pax Americana) e um universo econômico dinâmico e aberto (Prosperitas Americana). Tais objetivos, em

* *Paper* redigido, em espanhol, para o Foro de Biarritz, 2010. Publicado em *Revista Escenarios*, nº 3, Bogotá, mai. de 2012. Tradução de Liliana Beatriz Lopez para a presente edição.

si mesmos legítimos e até desejáveis, continham alguns enfoques limitados e errôneos que só vieram à luz no curso das negociações.

A limitação mais importante aos sonhos de livre-comércio hemisférico reside na norma constitucional americana que atribui ao Congresso Nacional o poder de definir a política comercial do país. Os negociadores americanos, naquele momento no exercício da Alca, ou ainda hoje na Organização Mundial do Comércio, trabalham segundo limites rigidamente definidos nos artigos do mandato negociador outorgado pelo Congresso, com *fast track* (via rápida) ou sem ele. O Representante Comercial Americano (RCA, no original USTR – US Trade Representative), sob a autoridade da Casa Branca, deve de fato fidelidade e obediência ao Capitólio. Todos sabemos que, historicamente, o Capitólio foi o principal foro em que colidiram as correntes protecionistas e liberalizantes do comércio internacional. Em função da predominância de uma ou outra corrente, o mandato negociador outorgado ao RCA permite menor ou maior flexibilidade.

Mas as consequências desse sistema americano vão além do texto do mandato. Para vencer as resistências e críticas dos congressistas protecionistas, os negociadores esforçavam-se no objetivo de conseguir dos negociadores dos outros países disciplinas não tarifárias (subsídios, salvaguardas, propriedade intelectual, solução de controvérsias, compras de governo) mais avançadas do que as então aprovadas na Rodada Uruguai. No jargão negociador, essas eram as disciplinas "OMC Plus". O poder demarcado do RCA continua sendo um fator limitador de negociação de acordos comerciais, como fica evidente no caso do Tratado de Livre-Comércio com a Colômbia. Além da responsabilidade compartilhada pela Casa Branca e pelo Congresso em termos comerciais, os Estados Unidos padecem de um erro de perspectiva com relação à América Latina como um todo e que ainda continua influenciando, talvez em menor proporção, no campo das relações hemisféricas.

O erro consiste em considerar a América Latina um corpo quase homogêneo, com características culturais e políticas que apresentam um modelo único de organização da sociedade no campo político (democracia representativa) e que no campo econômico (capitalismo liberal) pode e deve ser vendido "em bloco" para todo o hemisfério. Com isso, não queremos dizer que os valores democráticos e capitalistas são negativos. Ao contrário, acreditamos que a América Latina e o Brasil caminham decididamente para uma sociedade organizada com os valores da democracia representativa e para um capitalismo em que a liberdade se associa à sustentabilidade ambiental e à inclusão social. Mas isso não implica que o caminho para chegar a consolidar esses valores deve ser percorrido por todos ao mesmo tempo, no ritmo e nas modalidades impostas pelo país líder. Mais adiante se verá como alguns países ou grupo de países tinham seu próprio "mapa de rota".

Todos conhecemos a caricatura feita do americano comum, segundo a qual ele acredita que ao sul do rio Grande os homens se sentam preguiçosamente na calçada com camisa de algodão e chapéu largo, falam espanhol e cantam bolero tocando violão. Os mais instruídos desses americanos assim padronizados vão além do México e sabem que na América do Sul há uma cidade chamada Buenos Aires, que é a capital do Brasil... Felizmente, essa caricatura não está mais na moda. Os políticos e acadêmicos fizeram grande progresso no conhecimento da América Latina. Entretanto, em 1994, na Cúpula de Miami, os americanos acreditaram ser possível organizar uma negociação com 34 países diferentes, na qual Estados Unidos, Canadá, México e Brasil, por exemplo, seriam convidados a partilhar objetivos industriais, agrícolas e de serviços com o Uruguai, Bolívia, Barbados, Santa Lúcia e Haiti. Os objetivos finais dos 34 países negociadores eram semelhantes, isto é, mais comércio e mais desenvolvimento, mas o impacto das concessões liberalizantes, tarifárias e não tarifárias, afetava os países grandes, médios e pequenos em proporções disparatadas.

Por outro lado, os negociadores americanos padeciam de uma fragilidade básica em sua capacidade de oferta de vantagens às maiores economias latino-americanas, como as representadas pelo Mercosul.

A fragilidade originava-se do fato de que as tarifas industriais americanas já eram muito baixas para a maioria dos capítulos da Nomenclatura de Bruxelas. Esses mesmos produtos tinham tratamento tarifário bem mais elevado na estrutura de importação dos países do Mercosul. Para tais países, o *trade-off* (contrapartida) só se concretizaria se os Estados Unidos fizessem concessões importantes na agricultura ou nos produtos industriais em que se praticava a política de escaladas ou de picos tarifários. Infelizmente, esses produtos não entravam na lista de bens que os americanos estavam dispostos a negociar.

Por último, o governo americano, ao lançar a iniciativa negociadora em 1994, não considerou a hipótese de valer-se dos acordos de integração regional que porventura já existissem no hemisfério, sobretudo na América do Sul. Tome-se o caso do Mercosul. Para o RCA, a negociação da Alca fazia-se com os quatro países do bloco separadamente. O Mercosul deixava de existir como entidade negociadora e também não era bem visto ao apresentar-se nessa condição. A visão de que os mecanismos de integração regional eram as bases fundamentais para uma zona ampla de livre-comércio não foi nunca formalmente aceita, pelo menos até 1997, quando, na reunião ministerial de Belo Horizonte, os ministros reconheceram no parágrafo 5, letra "d" da declaração conjunta, que os países poderiam negociar e aderir à Alca individualmente ou como membros de um grupo de integração sub-regional que negocia como uma unidade.

A esse propósito, vale mencionar um episódio ocorrido na reunião de vice-ministros em Cartagena das Índias, na Colômbia, no ano de 1996. Na sessão inaugural, as cadeiras dos países-membros se dispuseram em ordem alfabética, de A a V. O delegado do Mercosul informou à comissão organizadora que os quatro países-membros queriam sentar-se juntos para facilitar o intercâmbio de opiniões, tendo em vista que o Mercosul adotava internamente o princípio de que só se faria ouvir no plenário por uma única voz. A proposta foi rejeitada por quase todos os presentes, sob o argumento de que os 34 países negociadores constituíam unidades políticas autônomas.

No fim da sessão matinal, aproveitando o intervalo para o almoço, os delegados do Mercosul trocaram unilateralmente seu cartão nacional e sentaram-se juntos. Daí em diante, ninguém se opôs mais a essa prática.

Depois de examinados alguns fatores importantes da visão sul-americana da Alca, cabe descrever a visão dos outros países negociadores, começando pelo Canadá e pelo México. Esses países já participavam do Tratado Norte-Americano de Livre-Comércio (Nafta) com os Estados Unidos e tinham interesse em que a Alca fosse um sucesso. Os canadenses procuravam melhores condições jurídicas e financeiras para aderir ao mercado latino-americano de mineração. O México queria aumentar sua capacidade competitiva nos negócios da América Central e Caribe, bem como nos dos países andinos, e ambicionava fazer um acordo comercial com o Brasil, já então um mercado muito atraente. A América Central mirava com grande interesse a Alca, não só como forma de ampliar o acesso ao mercado dos Estados Unidos como também para consolidar seus objetivos migratórios e de remessa de recursos para esse país. Entre os países andinos é preciso destacar o Chile, que já praticava uma política de livre-comércio *erga omnes*. Os países da Comunidade Andina de Nações viviam a ambiguidade de, por um lado, desejar ampliar significativamente o acesso ao mercado americano e, por outro, manter os acordos supranacionais de organização produtiva da Junta de Cartagena. Os países caribenhos, mais a Guiana e o Suriname, definiam-se, como de fato são, economias menores, interessando-lhes obter tratamento diferenciado tanto no comércio quanto no campo financeiro.

Assim sendo, é fácil imaginar que as grandes divergências de interesses, objetivos, medos e ambições se dariam entre os Estados Unidos e os países do Mercosul, em particular o Brasil, a principal economia do bloco, com fortes pretensões comerciais na agricultura e na indústria.

A Argentina e o Brasil são reputadamente duas economias muito competitivas no campo agrícola. A Argentina por seus produtos de zona temperada e o Brasil pelo domínio tropical. Os dois países sofrem muito, até hoje, com as políticas protecionistas e repletas de subsídios governamentais nos Estados Unidos e na Europa. Infelizmente, nesse campo a capacidade de oferta americana era muito limitada ou nula (por exemplo, a de suco de laranja). No campo industrial, os atrativos de um acordo hemisférico eram teoricamente enormes, dadas as dimensões quase ilimitadas do mercado dos Estados Unidos. Cabe perguntar, então, por que o Mercosul não aproveitou com entusiasmo a oportunidade que a Alca oferecia no campo industrial. É necessário fazer um parêntese no tema da Alca para explicar os pontos fortes e sobretudo as fragilidades da produção industrial do Brasil e da Argentina. O processo de industrialização da economia brasileira tomou impulso ainda nos anos 1940, quando, depois de autorizar os Estados Unidos a estabelecer uma base militar aérea na cidade de Natal, no Nordeste do país, o presidente Getúlio Vargas obteve financiamento americano para a primeira siderúrgica nacional, no estado do Rio de Janeiro.

Daí em diante, o Brasil adotou a política sugerida pela Comissão Econômica para a América Latina e o Caribe (Cepal), ainda que com algumas distorções, de industrialização acelerada por meio da substituição de importações, subsídios fiscais às inversões brasileiras ou estrangeiras aprovadas por órgãos estatais, de proteção do mercado interno mediante controle estatal do comércio exterior (licença de importação) e de altas tarifas para os bens de consumo duráveis e não duráveis. Ao longo dos trinta anos seguintes, essa política transformou a estrutura produtiva brasileira, mesmo levando em conta que o grande fornecedor de recursos em moeda forte sempre foi o setor agrícola, com as exportações de café, açúcar, cacau e, mais para a frente, soja e carnes. A Argentina seguiu um caminho similar. É importante salientar que os processos industriais argentino e brasileiro foram concomitantes e paralelos, mas não se comunicaram. Ambos tinham por objetivo fornecer produtos industriais ao mercado interno. Como consequência, a Argentina e o Brasil aplicavam-se reciprocamente altas tarifas e controles estatais de importação. Essa guerrilha sub-regional só começou a mudar depois de 1991, quando os quatro países do Cone Sul assinaram o Tratado de Assunção, que fundou o Mercosul, três anos antes da Cúpula de Miami.

No final dos anos 1980, o modelo de substituição de importações com as características descritas esgotou-se. As políticas de liberalização comercial e seus atrativos de maior eficiência produtiva, crescente competitividade internacional, inovação tecnológica e internacionalização de cadeias produtivas começaram a ser adotadas pelos governos nacionais, mas com grande moderação, cautela e forte oposição das empresas estabelecidas nos territórios brasileiro e argentino, independentemente da propriedade do capital financeiro. O resultado final foi a criação de uma situação paradoxal, em que o grande volume e o valor da produção industrial agregada da Argentina e do Brasil escondiam sua extrema fragilidade estrutural (obsolescência logística e tecnológica) e a falta de competitividade internacional.

Em tais circunstâncias, era compreensível a atitude defensiva dos países diante de uma proposta muito ambiciosa de liberalização comercial. O acordo de livre-comércio e de união alfandegária negociado em 1991, em Assunção, já representava uma abertura comercial de impacto, assim mesmo sujeito a restrições representadas pela lista de exceção, pelo regime de adequação e por exclusões de setores produtivos como a cana-de-açúcar e o setor de automóveis.

Como conciliar as atitudes defensivas dos grandes países do Mercosul com as propostas liberalizantes na Alca?

A solução foi negociar a linguagem, nas declarações ministeriais, que incorporasse dois princípios, a saber, o de empreendimento único (acordo único indivisível ou acordo indivisível – *single undertaking*)* e o do consenso, que procurasse preservar e promover os interesses essenciais dos 34 países de maneira equilibrada e exaustiva.

Com a chegada de Luiz Inácio Lula da Silva à Presidência do Brasil, o Ministério das Relações Exteriores tomou, por razões ideológicas, uma atitude de aberta oposição ao acordo hemisférico.

* A expressão significa que, virtualmente, cada item da negociação é parte de um pacote integral e indivisível e não pode ser acertado separadamente. "Nada é acertado até que tudo se acerte". (N. T.)

A proposta de uma zona de livre-comércio no hemisfério foi definida como iniciativa imperialista dos Estados Unidos com o duplo objetivo de limitar, por meio do tratado, a liberdade que então tinham as autoridades nacionais de praticar políticas públicas desenvolvimentistas, não conformes com as disciplinas em curso de negociação, e também de provocar a desindustrialização do Brasil, tudo em benefício das exportações industriais dos Estados Unidos.

Se, por um lado, o antiamericanismo juvenil e anacrônico do Itamaraty suscitou muito debate e oposição no Brasil, por outro lado o protecionismo existente por trás da oposição política contava, se não com o apoio, pelo menos com a simpatia do empresariado brasileiro, de muitos economistas e de políticos nacionalistas de esquerda e direita que ainda sentiam a nostalgia do velho modelo de substituição de importações que tanto conforto lhes proporcionava. Em fins dos anos 1990, na Argentina, os ventos políticos mudaram de direção e tudo despencou com uma crise econômica de proporções catastróficas no ano de 2002.

É muito importante salientar as diferenças entre a política externa antiamericana – que foi além da Alca – e a simpática aprovação do empresário brasileiro ao abandono da política de liberalização comercial. As duas correntes de opinião "surfaram" nas ondas anti-Alca enquanto duraram as negociações. As coincidências foram meramente temporais, sem representar, do ponto de vista político e ideológico, uma mesma unidade de pensamento.

A ideologização antiamericana nas negociações da Alca teve dois efeitos negativos que persistem até hoje. O primeiro é o fato de ter legitimado a percepção internacional de que o fracasso da Alca aconteceu devido à sabotagem brasileira e subsidiariamente argentina. Nada mais desnecessário. Os ventos contrários à política de livre-comércio já sopravam forte nos Estados Unidos, onde muitos consideravam que o Nafta provava ser um perverso mecanismo a impedir a criação de empregos no interior do país. Mesmo sem a oposição do Brasil e mantidos os princípios gerais acertados de consenso, acordos globais equilibrados e *single undertaking*, muito dificilmente o Congresso americano aprovaria a criação da Alca.

Em outras palavras, o veto brasileiro legitimou a nova política americana de negociar acordos bilaterais de livre-comércio com vários países, o que não necessariamente convém aos interesses exportadores do Brasil, em particular no campo industrial e de serviços. O segundo efeito negativo foi ressuscitar o gosto, tanto no Brasil como na Argentina, pela adoção de medidas de restrição ao comércio internacional, sempre para "proteger" as indústrias nacionais. Contra a "infecção" americana, tomou-se a vacina protecionista. Desaparecida a Alca, Brasil e Argentina "vacinam-se" reciprocamente com medidas protecionistas, paralisando institucionalmente o Mercosul.

Passaram muitos anos desde o encerramento das negociações da Alca. As ideias neoliberais e livre-cambistas perderam força. O Brasil e a Argentina continuam crescendo, favorecidos pelos altos preços de suas *commodities* exportadoras. A emergência da China, da Índia e da África do Sul, apenas para mencionar alguns membros do BRICS, tem provocado mudanças importantes no eixo mundial do poder econômico. Os Estados Unidos já não mais parecem ser uma entidade tão ameaçadora.

Mas o mundo desenvolvido está doente. A recuperação, que sem dúvida virá, será lenta e doída. Os países latino-americanos, sem a Alca, têm de cumprir um "dever de casa" de reformas políticas e sociais que os habilitem a tirar vantagem de sua nova condição de emergentes, sem poder culpar os Estados Unidos por sua própria incapacidade de modernização.

A modernização política e social do hemisfério continua sendo um imperativo. A Alca é um capítulo curto e encerrado desse enredo histórico. Por ocasião da IV Cúpula das Américas, que teve lugar em Mar del Plata em novembro de 2005, já era evidente que o projeto da Alca fazia água por todos os lados.

O presidente Bush, ainda mantendo o apoio formal à Alca, indicou que os Estados Unidos consideravam mais prioritário concentrar esforços nas negociações da Rodada Doha, que procurava uma liberação comercial em nível mundial, enquanto a Alca se limitava ao hemisfério ocidental. Por outro lado, Bush solicitava ao Brasil que fizesse pressão sobre a União Europeia para que essa instituição aceitasse, na Rodada Doha, a eliminação dos subsídios agrícolas. Essa foi uma forma indireta de avisar o Brasil que os Estados Unidos não teriam condições de política interna para fazer concessões agrícolas no exercício da Alca sem o correspondente esforço por parte da Europa.

Em tais circunstâncias, o clima político em Mar del Plata não poderia ser mais propício a alguns dos governos latino-americanos que desejavam afirmar, com grande eficiência mediática, sua rebelião antiamericana. Para Chávez e Fidel, o banquete anti-ianque estava pronto. Só faltava se servirem. O Mercosul procurou distanciar-se claramente do espetáculo "anti--imperialista", mas nenhum esforço foi feito, na cúpula e depois dela, para salvar as negociações. Desde então, a Alca ficou como um cadáver insepulto.

A única desavença com a Argentina*

Luiz Felipe Lampreia

Há uma constante nas relações comerciais entre Brasil e Argentina: ao aproximar-se cada eleição presidencial, intensifica-se o protecionismo contrário a mercadorias brasileiras, que já é frequente. Essa questão é penosa porque, entre sócios e vizinhos, não são normais os litígios constantes. Nesse terreno reside a única desavença significativa entre nós.

Desapareceram os riscos de uma absurda corrida armamentista nuclear, assim como os planos B que teciam cenários de guerra convencional. Foram-se os preconceitos recíprocos que criavam entraves à aproximação e à amizade. Não se discute mais acirradamente a questão da futura indicação de um dos dois países para uma cadeira permanente no Conselho de Segurança da ONU. Existem profundos vínculos econômicos que geraram grandes investimentos brasileiros e argentinos nos respectivos países e não ocorre a ninguém considerar que há aí um desígnio de dominação. Segundo as variações do câmbio ou das estações, um enorme fluxo de turistas se desloca para o destino mais atraente em um dos dois países. O presidente argentino Saenz Peña pronunciou, um século atrás, sua famosa frase: "Tudo nos une e nada nos separa". Hoje é quase assim, com a notória exceção do comércio. Vale a pena investigar o assunto. Sem cansar o leitor, vejamos alguns poucos números.

* Publicado em *O Globo*, Blog do Lampreia, 8-9-2011.

Em 2010, o Brasil exportou um total de 79,6 bilhões de dólares de produtos industriais e a Argentina foi o destino de 16,8 bilhões, ou seja, 21% do total. Isso faz de nosso vizinho o principal comprador de nossos manufaturados.

As empresas brasileiras investem gerando empregos e impostos na Argentina. Esse investimento representa 30% do setor siderúrgico, 42% do cimento, 25% do têxtil, 20% do setor de alimentos, 18% do petróleo, 11% da mineração.

Como afirmou recentemente um grande analista do comércio internacional, Ricardo Markwald,

> a característica argentina é a alta volatilidade no uso dos instrumentos de política e periódica subordinação da estratégia de inserção internacional a urgências e objetivos de política doméstica. A relação bilateral com o Brasil é administrada em função de demandas de curto prazo, essencialmente interesses defensivos.

A arbitrariedade não se restringe ao comércio com o Brasil. No plano internacional, o país continua insolvente e, portanto, excluído do crédito internacional. No nível interno, são sobejamente conhecidas as medidas casuísticas do governo em relação às reservas do Banco Central, à Previdência Social, à grande imprensa e até ao televisionamento do futebol. Essas são as regras do jogo interno na Argentina dos Kirchner.

Contudo, os números significativos das exportações brasileiras não refletem benevolência ou voluntarismo do governo argentino – atual ou passado – ou de seus importadores, mas a competitividade no mercado e a qualidade de nossos produtos, malgrado as enormes dificuldades, amplamente conhecidas, que as empresas brasileiras enfrentam internamente para exportar.

Desde 2003, o governo brasileiro vem tratando dos problemas comerciais com a Argentina mediante um critério principal: a leniência. O fundamento errôneo dessa política é que, por ser um parceiro estratégico, nosso grande vizinho do sul precisa ser compreendido e acatado mesmo quando decide contra interesses importantes do Brasil. Por exemplo, aceitamos a aplicação de salvaguardas (autorização de barreiras às importações) em relação a produtos brasileiros em 2006, isto é, firmamos um documento que representa uma ilegalidade no Mercosul e que dá ao governo argentino a faca e o queijo na mão para paralisar exportações de produtos brasileiros. Em 1999, havíamos rejeitado com energia essa fórmula e a Argentina acabou por conformar-se, abdicando de sua decisão unilateral de criar salvaguardas.

O jornalista Sergio Leo escreveu em maio passado no jornal *Valor Econômico*: "Discretamente, o governo brasileiro começou a adotar retaliações comerciais à Argentina, em represália à retenção de produtos brasileiros nas alfândegas do país vizinho". Não ficou claro para mim até onde foi essa nossa firmeza. Em suma, diante de um parceiro da importância da Argentina, aceitamos timidamente que sejam dirigidas a nós medidas que violam as regras da Organização Mundial do Comércio e do Mercosul, prejudicam nossas empresas e vão na contramão da chamada relação estratégica. Creio, porém, que nosso acatamento de cada medida distorsiva do comércio só provoca o aumento da fatura que nos apresentam, posto que é corretamente interpretada pelas autoridades de Buenos Aires como predisposição nossa de acabar aceitando qualquer agravo de política comercial e pagando a conta.

Desenvolvimento e infraestrutura na América do Sul*

*José Botafogo Gonçalves e Daniel Oliveira***

INTRODUÇÃO

É inegável a contribuição do aumento do comércio internacional para o crescimento mundial em todo o período do pós-guerra. Esse processo acelerou-se nas últimas três décadas, impulsionado em grande parte pela extraordinária expansão verificada no Sudeste Asiático.

O processo de globalização tem sido acompanhado por um movimento paralelo de regionalização, ou seja, pela formação de grandes blocos com regras diferenciadas em termos de isenções tarifárias, criação de áreas de livre-comércio ou, mesmo, de uniões aduaneiras e econômicas.

A *rationale* para a regionalização fundamenta-se em três argumentos principais: a) a obtenção de economias de escala proporcionadas por um mercado expandido e integrado, o que permite um aumento da eficiência das empresas, facilita a incorporação de novas tecnologias e ganhos advindos de integração de cadeias produtivas; b) a melhoria das condições de

* Publicado em *Infraestrutura e desenvolvimento*. Cadernos Adenauer. Vol. 1. Ano XII (Rio de Janeiro: Fundação Konrad Adenauer – KAS, 2011).

** *Ph.D.* em Economia pela London School of Economics, trabalhou no Banco Internacional do Desenvolvimento como representante na Argentina (2003-2010) e como diretor-executivo, também do BID, no Brasil (1999-2002).

negociação para acesso aos mercados globais; e c) o aumento de investimentos externos diretos, atraídos pela expansão do mercado e por regras estáveis garantidas por acordos multinacionais.[1]

A América Latina e a América do Sul em particular têm sido *late comers* no processo de globalização. A abertura comercial dos países dessa região ocorreu, basicamente, nas duas últimas décadas, depois de ficar patente o esgotamento do modelo de crescimento baseado na substituição de importações e a vulnerabilidade externa demonstrada nos anos 1980.

Apesar dos progressos obtidos nos últimos vinte anos na incorporação da América do Sul ao comércio mundial, muito resta por fazer. A liberalização comercial global e regional observada nesse período ainda não produziu os frutos esperados, e a participação da região nos mercados mundiais se encontra aquém da que se verificou no início dos anos 1960, quando os impactos negativos das políticas autárquicas de substituição de importação não se faziam notar por completo.

Paralelamente, a expansão do comércio inter-regional não parece ter atingido todo seu potencial, não somente intrablocos mas, principalmente, entre o Mercosul e a Comunidade Andina. É nesse contexto que se faz necessária uma nova estratégia de integração que incorpore a adoção de políticas comuns, a compatibilização de marcos regulatórios e uma visão coerente de inversões em infraestrutura regional.

A agenda de reformas políticas e regulatórias é bem conhecida e inclui, além da eliminação de barreiras não aduaneiras, a harmonização e simplificação de: regimes de regras de origem, procedimentos aduaneiros e regras sanitárias, legislação sobre investimentos, práticas antimonopolísticas e regimes impositivos que provoquem distorções na alocação espacial dos investimentos. *Last but not least*, há ainda muito que fazer no sentido de regular a migração de trabalhadores, não só para promover uma boa

---

1 Para uma visão mais completa dos argumentos e informações apresentados nesta seção, ver BID (2010).

utilização das disponibilidades profissionais existentes, mas também para proteger seus direitos.

Tendo em vista a complexidade dessa agenda e a dificuldade de estabelecer acordos de livre-comércio, deve ser concedida a prioridade possível à integração física e à busca de investimentos para infraestrutura. A necessidade de fortes inversões em infraestrutura é ilustrada pela constatação de que os custos de transporte são o principal entrave ao desenvolvimento do comércio inter-regional. Eles são superiores aos observados nos países desenvolvidos e também superam em muito os custos impostos pelas tarifas aduaneiras.

Se os ganhos de uma maior integração física são tão evidentes, resta perguntar por que as iniciativas nesse sentido foram tão tímidas. A busca das soluções aos entraves requer um bom entendimento de sua origem. As dificuldades da integração física da América do Sul decorrem de uma série de diferenças que abrangem quatro aspectos: históricos, geográficos, políticos e econômicos. Esse é o tema que será examinado a seguir.

BARREIRAS À INTEGRAÇÃO

Primeiramente, a questão histórica: desde o início, o processo de colonização portuguesa foi centralizado, ao contrário do modelo espanhol que incluía distintos vice-reinados. No começo do século XIX, quando ocorreram os movimentos de independência em nossa região, a reação das coroas espanhola e portuguesa à invasão francesa da península ibérica foi completamente distinta, resultando em evoluções históricas que tiveram consequências definitivas na formação das nações que compõem o continente sul-americano.

O processo de independência do Brasil começou em 1808 com a chegada ao Rio de Janeiro de dom João, príncipe regente de Portugal, acompanhado da corte e da burocracia desse país. O Brasil tornou-se, então, sede do Império. Ao mesmo tempo que deixava de ser uma colônia, adotava todas as instituições e sistemas de controle necessários à administração dos domínios portugueses.

Esse fato marcou profundamente a história política do Brasil, em contraposição ao que ocorreu no resto da América Latina, em que o processo de independência se deu no contexto de uma grande fragmentação que resultaria na conformação de nove países distintos de língua espanhola somente na América do Sul.

A independência do Brasil, ocorrida em 1822, deu-se sob o comando da casa real portuguesa, o que resultou na conformação de uma monarquia que durou até 1889. Os sonhos de integração da América, propagados por San Martín e Simon Bolívar, tinham inspiração republicana e não encontravam eco na realidade brasileira da época. Em resumo, o Brasil, que representa cerca de metade da área do continente, teve uma evolução histórica completamente distinta da evolução dos países vizinhos, o que agravou o distanciamento natural resultante de diferenças linguísticas, culturais e geográficas.

No século XIX, o reinado de dom Pedro II teve a preocupação primordial de consolidar a unidade interna. Caxias, o herói da unidade brasileira, conduziu operações militares de grande envergadura e derramamento de sangue, tanto no Sul do Brasil quanto no Norte e no Nordeste. O controle de movimentos separatistas foi, portanto, muito mais importante em nossa história do que qualquer sonho de integração com o resto do continente.

A afirmação da soberania nacional e o ideal de preservar a unidade interna permearam a política externa brasileira no começo da República, quando foi feito um grande esforço, comandado pelo barão do Rio Branco e por outros, para demarcar as fronteiras. A solução das questões fronteiriças, principalmente com os vizinhos do norte, levou, ironicamente, seu afastamento do Brasil, já que os limites nessa região contavam com baixíssima densidade demográfica e escassa interação econômica, situação que prevalece até hoje.

No Sul do Brasil, a situação era completamente distinta. As possibilidades de integração física eram muito mais tangíveis. Foram dificultadas, até período recente, pela rivalidade existente entre o Brasil e a Argentina. Aliás, durante boa parte do século XX questões geopolíticas geraram fortes empecilhos a uma maior integração continental, como provam os diversos conflitos potenciais e reais nesse período. Essa lógica perversa impede, até hoje, uma integração energética altamente desejável do Chile com a Bolívia.

Ao contrário da Europa ou da América do Norte, onde a geografia facilita a integração, na América do Sul ela favorece a desagregação e a desunião. A combinação da Amazônia e da cordilheira dos Andes representa obstáculo que dificulta enormemente, até os nossos dias, a integração com os países vizinhos. Mesmo internamente, no Brasil, se de um lado a geografia plasmou a delimitação territorial, de outro pouco ajudou na integração interna. A bacia amazônica, ao mesmo tempo que permite a navegação em grandes extensões, ocorre em uma área inóspita, de difícil ocupação humana, e por isso mesmo permanece bem preservada até o presente. O trecho navegável do rio São Francisco está situado basicamente na região do semiárido, área de aproveitamento econômico muito limitado.

Finalmente, a bacia do rio da Prata apresenta limitações à navegação em parte de seu percurso, principalmente na porção brasileira, representando antes um elemento de separação do que de união com os vizinhos. Até o presente, são limitadas as pontes existentes. Há também que recordar que as disputas pelo controle de sua navegação resultaram em vários conflitos, o mais importante dos quais foi a Guerra do Paraguai.

A moderna tecnologia, a maior disponibilidade de recursos financeiros e, principalmente, uma visão distinta já estão ajudando a superar os obstáculos impostos pela geografia.

Do ponto de vista político e econômico, principalmente no âmbito do Mercosul, destacam-se três dificuldades históricas ligadas à falta de coordenação de políticas macroeconômicas, industriais e agrícolas entre os países. Desde os seus primórdios, esse bloco tem sofrido problemas relacionados com o descompasso cambial dos sócios principais, Brasil e Argentina. Tal questão permeia boa parte das disputas comerciais que permanecem até hoje.

No início dos anos 1990 era muito difícil o tratamento desse tema com alguma racionalidade, por causa das incertezas geradas pelo ambiente inflacionário então vigente. Com o sucesso dos programas de estabilização lançados na Argentina, em 1991, e no Brasil, em 1994, esses países passaram a contar com políticas macroeconômicas mais racionais, o que permitiu um diálogo visando à implementação de uma coordenação ou mesmo de uma convergência macroeconômica.

A questão básica é que a estabilidade monetária *per se* não garante a eliminação dos descompassos cambiais. O papel das políticas cambiais nos modelos macroeconômicos adotados é parte essencial dessa questão. Por exemplo, os modelos de meta de inflação adotam, geralmente, taxas flutuantes. Se o câmbio for utilizado como âncora de políticas de estabilização, estaremos lidando com taxas fixas ou com flutuação administrada pelas autoridades monetárias.

Se, de um lado, a adoção de políticas econômicas similares pode levar a menores flutuações na relação entre taxas de câmbio real, de outro não garante a solução do problema. Isso pode ser constatado pela evolução diversa do câmbio em países que adotam políticas de meta de inflação na América do Sul. Mesmo a criação de uma união monetária que pareceria, em princípio, ser a solução definitiva para a questão, não está livre de sérios problemas, como demonstra a crise enfrentada atualmente pela União Europeia.

Obviamente, certo grau de coordenação macroeconômica é altamente desejável para minimizar os desajustes e propiciar uma discussão mais racional de dois temas estratégicos, quais sejam: políticas industriais calcadas na produtividade e na realidade dos mercados e a coordenação de políticas agrícolas com vista à adoção de posições comuns nas negociações internacionais.

INFRAESTRUTURA

Possivelmente, o maior potencial de avanços para a integração e o desenvolvimento do continente está na área de infraestrutura, tanto no que tange ao *hardware*, ou seja, a investimentos regionais em transportes, energia e telecomunicações, como ao *software*, que compreende a adoção de políticas coordenadas e de marcos regulatórios compatíveis entre si.

Estudo recente do transporte na região indica importantes deficiências que afetam o custo do comércio exterior.[2] Sua primeira constatação é de que os custos de transporte são bastante superiores aos observados no mundo desenvolvido. Quando se elimina a influência do efeito da composição (relação peso/valor) do comércio exterior, questões relativas à ineficiência da infraestrutura de transporte aparecem como o principal determinante dos elevados custos de frete.

Três fatores contribuem significativamente para elevar os custos do transporte marítimo da América Latina: a ineficiência portuária, o baixo grau de competição das empresas e elevadas tarifas de importação. Estas últimas permitem aos transportadores cobrar fretes mais elevados que ficam diluídos nos custos mais altos dos produtos.

Os efeitos desses fatores são muito significativos: se a eficiência portuária, as tarifas e o grau de competitividade estivessem no patamar norte-americano, haveria uma redução de fretes da ordem de 20%, 9% e 4%, respectivamente. Ou seja, seria possível diminuir em 33% os custos do transporte.

A situação do transporte aéreo de cargas é ainda pior. Os custos dos fretes na região são duas vezes os observados nos Estados Unidos. Aproximadamente 40% dessa diferença se explica pela ineficiência

---

[2] As estimativas de custos de transporte apresentadas nesta seção foram elaboradas por M. M. Moreira, C. Volpe e J. S. Byde, *Desobstruindo as artérias. O impacto dos custos de transporte sobre o comércio exterior da América Latina e Caribe. Estudo especial sobre integração e comércio exterior* – síntese (Cambridge: BID/D. Rockefeller Center for Latin American Studies – Harvard University, 2008). Apesar de a análise referir-se à América Latina como um todo, suas conclusões parecem integralmente válidas para os países da América do Sul.

aeroportuária. Ainda que não tenha sido possível estimar os custos da falta de competitividade nos transportes aéreos, é inegável a necessidade de estimular o aumento da concorrência nessa área. Faz-se preciso uma revisão dos acordos bilaterais e multilaterais que, seguramente, têm efeitos prejudiciais sobre a viação civil em geral.

Ainda que não se conte com boas análises quantitativas dos custos do transporte terrestre intrarregional, estudos de caso mostram que, no Brasil, as rendas extraordinárias das subidas de preço dos produtos primários são muitas vezes desperdiçadas pelo uso de uma logística ineficiente.[3]

Uma visão gráfica dessa deficiência são as filas de caminhões trazendo cereais do Centro-Oeste para os portos, que muitas vezes atingem dezenas de quilômetros.

Na realidade, até hoje o país não está adequadamente integrado, principalmente o Norte/Nordeste com o Sul. Há carência de estradas e existem pouquíssimas ferrovias. Ademais, o estado de conservação da estrutura rodoviária deixa muito a desejar.

As interconexões terrestres com os países vizinhos são insuficientes ou inexistentes. Como já se viu, a geografia não ajuda. Contudo, mesmo em regiões favoráveis e com altíssima demanda de tráfego, os investimentos estão atrasados. A ligação terrestre com a Argentina, um dos nossos principais parceiros comerciais, só agora está sendo duplicada.

O caso do Brasil é paradigmático no que se refere à integração terrestre. A pergunta que se coloca é: por que investir na integração regional, se o país não está adequadamente integrado? É possível que a mesma questão seja relevante na maioria dos países vizinhos.

Por fim, estima-se que os gastos com transporte correspondam a mais de 70% do custo do comércio, mesmo não considerando os efeitos do tempo (despesas relativas à depreciação e ao carregamento de estoques). Tendo em vista que uma diminuição de 10% nos custos do comércio gera

[3] M. M. Moreira; C. Volp; Byde, 2008.

aumento potencial de 60% nas exportações intrarregionais, é possível ter ideia da relevância do tema para favorecer a integração regional.

Na área de energia são múltiplas as vantagens de um processo de integração. Além de aumentar a segurança energética dos países, esse processo pode levar à redução de custos operacionais, à otimização de investimentos, à complementação hidrológica e térmica, ao uso racional da energia excedente, etc.

O principal foco de um processo de integração nessa área reside naturalmente na energia elétrica. Um exemplo dos benefícios potenciais é a melhoria na eficiência, que resultaria da maior interligação de sistemas. A forte dependência regional da hidroeletricidade gera, como consequência, a necessidade de fortes inversões em energia termoelétrica, decorrente, entre outros fatores, das imprevisibilidades climáticas. Como os diferentes países contam com regimes pluviométricos distintos, a interligação de sistemas permitiria administrar de maneira mais econômica os riscos meteorológicos, além de possibilitar a diminuição de custos de geração e transmissão.

O ponto de partida para acelerar o processo de integração energética é auspicioso. A América do Sul tem uma história de êxitos na construção e operação de empreendimentos binacionais e de contratos de importação e exportação de energia.[4]

A interligação hoje existente de todo o sistema elétrico brasileiro e a natural expansão dos sistemas em direção à Amazônia abrem grandes oportunidades a uma maior integração com os vizinhos do norte e oeste do país. Um exemplo concreto ilustra bem essa afirmação: o complexo hidrelétrico Santo Antônio/Jirau, em construção em Rondônia, está muito mais perto das capitais da Colômbia, Peru e Bolívia do que de São Paulo, maior centro consumidor do Brasil.

4 Para informações e análises adicionais sobre a integração energética da América do Sul, vale consultar as apresentações de uma série de seminários a respeito do tema organizados pelo Grupo de Estudos do Setor Elétrico (Gesel), UFRJ, realizados no segundo semestre de 2010, disponíveis em www.nuca.ie.ufrj.br/gesel. Ver, em especial, M. Tolmaskin, 2010.

Adicionalmente, a interligação dessas usinas ao sistema nacional abre a possibilidade de importação de energia do Peru e da Bolívia. Encontra-se em fase avançada de estudos a construção de pelo menos dois empreendimentos em suas cercanias, quais sejam as hidrelétricas de Inambari e Cachoeira Esperança, localizadas no Peru e na Bolívia, respectivamente.

Mais ao sul, na bacia do Prata, nas fronteiras da Argentina com o Brasil e o Paraguai, há também o potencial de construção de três empreendimentos hidrelétricos binacionais de peso, as usinas de Garabi, Panambi e Corpus.

Existem, em pleno funcionamento, vários convênios bem-sucedidos de importação e exportação de eletricidade, como, por exemplo, os do Brasil com o Paraguai e a Argentina e os da Colômbia com o Equador e a Venezuela. Em suma, a experiência histórica indica que processos de integração binacional são altamente factíveis.

Resta perguntar se é possível caminhar para a implantação de um mercado regional integrado. A resposta é que o potencial existe e deveria haver um esforço para perseguir esse objetivo, no longo prazo. A parte mais fácil de um processo de integração multinacional são as interligações físicas. O difícil é a compatibilização de sistemas regulatórios, a criação de segurança jurídica e, principalmente, a vontade política para superar dificuldades relativas a questões de soberania.

A INICIATIVA PARA INTEGRAR A INFRAESTRUTURA REGIONAL SUL-AMERICANA (IIRSA)

Ao se ter certeza da necessidade e das vantagens de maior integração da infraestrutura regional, chegou-se à proposta de criação da IIRSA, formulada no primeiro encontro de chefes de Estado da América do Sul, realizado em agosto de 2000 em Brasília.

A proposta inicial incluía: a) a construção de uma visão compartilhada da infraestrutura, trabalhando sinergicamente com três setores: energia, transporte e telecomunicações; b) a utilização do conceito de eixos de integração e desenvolvimento; e c) a identificação de uma carteira de projetos e o estabelecimento de marcos regulatórios e normas compatíveis para os países.[5]

No conceito de eixos de integração, a infraestrutura representa o elemento de ligação física que potencializa o desenvolvimento das áreas que atravessa. A partir de 2005, começa uma nova etapa metodológica da IIRSA, incorporando a articulação da infraestrutura a outras iniciativas do processo de desenvolvimento, como projetos produtivos e logísticos, programas de preservação ambiental e políticas de comércio e investimentos.

Até 2009 haviam sido identificados 510 projetos na carteira da IIRSA, com um investimento total estimado de 74,5 bilhões de dólares. Entre esses, 183 encontravam-se em execução e 52 concluídos, representando investimentos da ordem de 37,3 bilhões de dólares e 6,3 bilhões, respectivamente. A carteira da IIRSA conta com forte concentração na área de transportes, que representa 62,1% das inversões previstas, ficando a área da energia com a quase totalidade do restante. Finalmente, as atividades públicas, público-privadas e privadas representam, respectivamente, 49,3%, 31,4% e 19,3% da carteira.[6] A ordem de grandeza dos investimentos, tanto em número de projetos quanto em montantes monetários, parece impressionante. Sua importância do ponto de vista exclusivo da integração deve ser relativizada, pois apenas uma parcela pequena (pouco mais de 15%) dos projetos é binacional ou multinacional. Os projetos nacionais que constam do inventário IIRSA necessitam ser complementados por outros, no mesmo país ou por países vizinhos, para que seu potencial de integração regional se realize.

Por exemplo, a construção do Rodoanel, em São Paulo, deve ser complementada pela duplicação da rodovia que une o Brasil à Argentina, dos dois lados da fronteira, e por obras adicionais nos passos fronteiriços, para que atinja seu potencial integrador regional. Aliás, o conceito de eixos de

5 Ver BID, 2005.

6 As informações sobre a carteira da IIRSA foram obtidas no site www.iirsa.org. Ver também IIRSA (2010).

integração tem essa grande vantagem de dar organicidade territorial e regional a uma série de projetos que, de outra forma, poderiam ser levados a cabo de maneira desconexa.

Passados dez anos, a iniciativa IIRSA ainda não parece ter atingido o potencial que parecia ter quando de sua criação. Grandes avanços foram feitos na área técnica, principalmente no que tange à identificação e análise de projetos em um arcabouço metodológico unificado. No tocante aos investimentos, muito resta por fazer. Os atrasos na execução dos projetos têm a ver, antes de tudo, com a escassez de recursos para financiar os investimentos em infraestrutura na América do Sul.

Finalmente, deve ser mencionado que a IIRSA está passando por importante modificação política em virtude de decisão tomada na terceira reunião da Unasur realizada em Quito, em 2009, que decidiu incluí-la, a partir de 2010, como foro técnico de infraestrutura, no então criado Conselho de Infraestrutura e Planejamento (Cosiplan). Resta ver se essa decisão terá impacto relevante na tomada de decisões relativa às prioridades de investimentos em infraestrutura, ou se será apenas uma medida de caráter burocrático, como muitas que têm sido tomadas no âmbito multilateral regional, nos últimos anos.

CONCLUSÕES

A crescente regionalização do comércio mundial traz um grande desafio para a América do Sul: sua integração é hoje uma necessidade para que a região aumente a absorção tecnológica, a eficiência produtiva e as economias de escala, para competir nos mercados de bens e serviços de alto valor agregado, criando vantagens competitivas que permitam ultrapassar a excessiva especialização nos tradicionais mercados de *commodities*.

Passados mais de vinte anos de sua criação, pode-se afirmar que nem a Comunidade Andina nem o Mercosul atingiram o potencial de integração esperado. O comércio entre os dois blocos é pífio, não alcançando, no agregado, 5% das transações dos países que os compõem. Se, de um lado, enorme esforço tem sido despendido em construções institucionais diversas, reuniões de cúpula, declarações de cunho político, etc., de outro lado são acanhados os ganhos em termos comerciais e, principalmente, na integração das economias regionais.

A integração na área de infraestrutura, incluindo tanto a parte física quanto a normativa e regulatória, é o grande desafio deste momento histórico. A constatação de que os custos de transporte na América do Sul são muito superiores aos observados nos países desenvolvidos e representam, em média, cerca de cinco vezes o valor das tarifas de importação dá uma ideia dos ganhos que podem ser obtidos nesse setor. Além das conexões físicas, há que atacar o conjunto de normas e legislações arcaicas e protecionistas que afetam o transporte terrestre, aéreo e marítimo e as modalidades multimodais.

Na área da energia elétrica, a implantação de um mercado regional interligado deveria ser o objetivo a perseguir no longo prazo. As oportunidades de crescimento das cooperações binacionais devem ser entendidas como importantes passos nesse sentido. É preciso conscientizar a população e a classe política da necessidade da integração. O mundo não tem mais lugar para o isolamento e a falta de solidariedade. Ser mais forte juntos implica, também, ajudar a incorporação dos países mais pobres do continente a um processo de desenvolvimento compartilhado, no qual os frutos do progresso estejam distribuídos de maneira equânime.

Em recente visita de Estado ao Peru, o presidente do Chile, Sebastian Piñera, utilizou um conceito segundo ele aplicável às relações bilaterais mas também com validade no âmbito regional. A frase usada por Piñera é: "Individualmente vamos mais rápido, integrados vamos mais longe".

As dimensões brasileiras justificam o objetivo de se ir tão longe quanto sugere a importância do país no mundo.

No ritmo do tango*

José Botafogo Gonçalves

O recente pacote de medidas adotado pelo governo brasileiro para conter as importações crescentes de veículos asiáticos parece ter sido inspirado, na sua filosofia, mais em Buenos Aires do que em Brasília, por motivos que a seguir são expostos.

As autoridades econômicas brasileiras justificaram o pacote com a alegação de ser necessário proteger a criação de empregos no Brasil, pressupondo que cada carro importado gere empregos no exterior e cada carro exportado gere empregos no Brasil.

Com tal objetivo, as autoridades econômicas adotaram dois instrumentos, a saber: o aumento do custo de importação e o aumento do índice de nacionalização do veículo. Segundo tal raciocínio, o real valorizado nada tem a ver com as condições macroeconômicas brasileiras, mas, sim, é o resultado de manipulações cambiais provocadas por forças ocultas (talvez os países desenvolvidos; talvez a China) com o objetivo de desindustrializar o país por meio da prática de concorrência desleal.

O castigo fiscal não se aplicará se a empresa importadora garantir um índice de nacionalização de 65% associado a mais investimento em inovação tecnológica.

A Argentina vem, há décadas, praticando esse tipo de política, só que no caso portenho o alvo eram as exportações industriais brasileiras.

* Publicado em *O Globo*, coluna Opinião, 29-9-2011.

As desvalorizações cambiais brasileiras, especialmente a de 1999, eram de caráter competitivo e visavam a desindustrializar a Argentina para puro benefício das empresas paulistas. As restrições às importações brasileiras se justificavam como corretivas da competição desleal, seja por via da taxa de câmbio, seja pelos financiamentos "subsidiados" do BNDES.

Hoje, num curioso passe de mágica, o governo brasileiro optou por adotar, como antídoto à crescente importação de veículos asiáticos, o mesmo princípio ativo do velho protecionismo comercial que *los hermanos* sistematicamente nos aplicam nos últimos anos.

A inspiração portenha não para aí. Dizem os jornais que as autoridades fazendárias querem propor em escala mundial, via OMC, um sistema de "gatilho cambial", que seria disparado cada vez que as cotações de uma moeda nacional ultrapassassem limites razoáveis de uma banda de flutuações.

O "gatilho cambial" esteve presente na pauta das discussões bilaterais argentino-brasileiras desde os anos 1990, tempos do ministro Domingo Cavallo, o genial formulador da paridade cambial argentina, de triste e melancólica memória.

Mesmo após a eclosão da crise argentina em 2002 e o fim da paridade cambial, a ideia da adoção de um mecanismo de compensação tarifária pelas continuadas desvalorizações brasileiras continuava presente nas conversas bilaterais. O Plano Real, o controle da inflação e a valorização do real em nada arrefeceram o fervor protecionista argentino.

A lição a tirar-se desse "surto" protecionista brasileiro é clara: no mundo globalizado de hoje, o que se almeja é o aumento da produtividade com o consequente incremento da competitividade no nível mundial.

O aumento de impostos de importação, ou o aumento de impostos internos, ou o aumento dos índices de nacionalização de elos da cadeia produtiva tem aritmeticamente efeito oposto ao desejado, que é aumentar a competitividade da indústria nacional. Os ganhos de curto prazo por meio da proteção fiscal são largamente neutralizados pelo aumento da ineficácia competitiva do produto industrial.

Vamos defender o emprego dos brasileiros? Sim, e para tanto vamos reduzir o custo Brasil para poder exportar mais produtos industriais, em vez de brigar com os importadores e consumidores brasileiros de veículos asiáticos.

Relação Brasil-Estados Unidos*

Luiz Augusto de Castro Neves

A visita da presidente Dilma Rousseff a Washington, em março de 2012, poderá sinalizar com maior clareza qual vai ser o tom das relações entre o Brasil e os Estados Unidos para o futuro próximo. Os dois países, além de serem os mais populosos, constituem as duas maiores economias das Américas, e não há absurdo em imaginar que um entendimento amplo e frutífero entre ambos seja elemento essencial para uma cooperação hemisférica em bases mais próximas do equitativo.

Em termos formais – alguns diriam "em linguagem burocrática" –, a relação Brasil-Estados Unidos é intensa, diversificada e apresenta uma agenda com assuntos estrategicamente importantes para os dois países e para as relações internacionais em geral, como é o caso, entre outros, do tema da energia. Parece, todavia, faltar nos dois lados o convencimento de que a parceria entre os dois países deve ser "para valer".

Alguns importantes políticos americanos, como o ex-presidente Richard Nixon em 1971, fizeram declarações do tipo: "Para onde for o Brasil, vai o resto do continente". Tais afirmações foram, como era de esperar, mal recebidas na América hispânica. E mesmo no Brasil, a despeito do ufanismo oficial, foram recebidas com certa desconfiança também pelas autoridades de então. Recorde-se que o governo militar tinha uma retórica antiesquerdista

* Publicado em *O Estado de S. Paulo*, coluna Opinião, 13-2-2012.

e anticomunista, o que, por si só, já serviria para alinhar inequivocamente o Brasil com os Estados Unidos em tempos de Guerra Fria.

Na verdade, contudo, a desconfiança mútua permeou com frequência as relações bilaterais. Os Estados Unidos reagiam com ambiguidade e, às vezes, com mal disfarçada hostilidade a iniciativas brasileiras destinadas a reforçar a cooperação hemisférica, como foi o caso da Operação Pan-Americana, lançada por Juscelino Kubitschek em 1958, que acabou substituída pela Aliança para o Progresso, fruto de uma ação unilateral dos Estados Unidos. A ambiguidade em relação à iniciativa de Kubitschek transformava-se em hostilidade quando os temas comerciais vinham à baila. Quando o Brasil, juntamente com a Argentina, o Paraguai e o Uruguai, buscava fortalecer a integração regional por meio do Mercado Comum do Sul (Mercosul), a então secretária de Estado Madeleine Albright criticou o empreendimento, dizendo que o Brasil deveria focalizar sua atenção na Área de Livre-Comércio das Américas (Alca), iniciativa americana. (Albright foi posteriormente desmentida pelo presidente Bill Clinton em entrevista à imprensa nos jardins do Palácio da Alvorada, mas suas declarações davam uma boa medida da atitude de "indiferença benigna" que caracterizava as relações bilaterais.)

As relações entre os dois países ainda dão a impressão de que estão presas à mentalidade que predominou durante a Guerra Fria. Parece haver no Brasil uma percepção generalizada de que o *establishment* americano de política externa não atribui a devida prioridade às relações com o Brasil. As atenções americanas são frequentemente percebidas como uma reação a questões que irritam Washington, como certas manifestações localizadas de nacionalismo populista em alguns países da região.

Assimetrias de poder e de estágio de desenvolvimento à parte, não parece haver razões que impeçam os dois principais países do hemisfério de buscar estabelecer uma relação estratégica, positiva, importante e que, quando necessário, seja também, para usar uma frase do ex-embaixador soviético em Washington, Anatoly Dobrynin, "um compromisso frutífero de interesses". Os dois países, além das características já mencionadas em matéria de tamanho territorial, demográfico e econômico, compartilham valores políticos e culturais essenciais. A sociedade brasileira, assim como a americana, tem origem multicultural e multiétnica; é também um *melting pot* que, não obstante os problemas sociais que enfrenta, tem uma mobilidade econômica e social raramente encontrada em outros países.

Do lado de Washington, é de esperar que a importância da parceria com o Brasil receba os devidos reconhecimento e prioridade. Parcerias não excluem eventuais discrepâncias em relação a certos assuntos. Na realidade, diferenças ocasionais de percepção constituem a essência da convivência de duas nações democráticas, em que os valores básicos que predominam são comuns a ambas.

Do lado de Brasília, parece oportuno promover uma ampla reavaliação das relações entre Brasil e Estados Unidos, exercício fundamental no mundo pós-Guerra Fria, globalizado e interdependente e que assiste, entre maravilhado e apreensivo, à emergência de novos gigantes no cenário das grandes decisões internacionais.

O fim da Guerra Fria e o extraordinário aumento da velocidade do fenômeno conhecido como globalização trouxeram uma grande instabilidade às relações internacionais. Bastaria citar, à guisa de exemplo, que a internacionalização dos processos produtivos tornou o protecionismo, que foi uma ferramenta bem-sucedida da industrialização brasileira, um instrumento ineficaz e obsoleto de proteção dessa mesma indústria.

No mundo da razão, 2012 poderia ser o ponto de partida de uma nova fase, de uma nova parceria menos assimétrica entre as duas mais populosas nações democráticas do mundo ocidental. O caminho poderá ser complexo e, às vezes, eivado de dificuldades de lado a lado. O êxito da empreitada dependerá da capacidade de cada um dos lados de avaliar os desafios e as oportunidades de um oportuno relançamento das relações bilaterais com uma visão estratégica de longo prazo e, sobretudo, sem os preconceitos do passado.

O futuro da Venezuela*

Luiz Felipe Lampreia

Hugo Chávez tomou posse pela primeira vez em 1999, em cerimônia a que compareci, e já então deu o tom do que seria seu governo. Na plateia do Congresso venezuelano, assisti entre constrangido e divertido ao ritual do novo presidente. Começou com um teatral sinal da cruz, que completou beijando sonoramente seu próprio anel e jurando "por esta Constituição defunta". Do lado de fora, a multidão em peso envergava boinas vermelhas dos paraquedistas. Aquilo era um mau presságio para a democracia venezuelana.

Segundo uma máxima de Giulio Andreotti, o poder desgasta muito a quem não o tem. Mas no caso de Hugo Chávez parece não ser assim. Há vários meses, o presidente pouco apareceu em público, reduziu sua agenda de compromissos e parou de apresentar o programa semanal *Aló Presidente*, que durante anos moldou o diálogo nacional e garantiu seguidores. A fragilidade política de Hugo Chávez é agravada pela perda de popularidade, decorrente de um conjunto de crises estruturais, dentre elas: o colapso da segurança (desde 2007, houve 43.792 homicídios na Venezuela) e do sistema carcerário, a escassez de produtos básicos, o racionamento de energia e a inflação, que é hoje a maior da América Latina, alcançando 30%.

Chávez terá agora a mais desafiadora campanha de reeleição. Enfrentará uma oposição fortalecida pela inédita união em torno de um único

* Publicado em *O Globo*, Blog do Lampreia, 4-3-2012.

candidato, Enrique Capriles. Sua imagem de invencibilidade, que o fez descrer de sua doença e mesmo ocultá-la, está agora destruída. Chávez tem prognósticos médicos negativos e talvez nem sequer possa concorrer às eleições de outubro. Mas não é meu propósito fazer especulações sobre o resultado das eleições. Importa, sobretudo, tentar antever como será a Venezuela no futuro próximo. Como todo ditador, Chávez nunca quis designar claramente um sucessor. Basta dizer que, em doze anos de poder, designou sete diferentes vice-presidentes, sem deixar que nenhum se fixasse como alternativa potencial. O resultado é que, como avalia Pedro Burelli, "não há ninguém aceitável para a sua sucessão, num governo feito à medida para um só homem". Daí resultaria uma crise de governabilidade no caso de sua morte ou incapacitação, com diversas facções digladiando-se pelo espólio político.

Chávez desorganizou a economia venezuelana a tal ponto, que repô-la nos trilhos será muito difícil. Até pouco, ele andava pelas ruas de Caracas com um grupo de assessores e apontava com o dedo para diversas empresas pequenas e médias ordenando sua nacionalização. Há pouco tempo também fez uma ameaça de nacionalização das minas de ouro e dos bancos, além da implementação de uma nova política de preços de bens de consumo. Essas medidas são típicas da tática de pressionar empresas privadas no propósito de obrigá-las a contribuir com recursos para os programas populistas do governo e não contribuem em nada para gerar um clima de confiança no investimento. A própria Petróleos de Venezuela S/A (PDVSA), a grande estatal petrolífera da Venezuela, detentora das maiores reservas do continente, tem uma capacidade de produção de 4 milhões de barris por dia, mas só consegue gerar em torno de 2,8 milhões de barris, porque é sempre sangrada para atender às pressões governamentais e também porque foi objeto de expurgos que se seguiram a uma grande greve em 2003. Tudo isso representa obstáculos ao crescimento do país, que é igualmente dificultado pela ausência de reformas estruturais e por má gestão. Quem quer que ganhe as eleições de outubro deste ano vai encontrar uma economia desequilibrada, uma infraestrutura caótica e uma distribuição inadequada de bens de consumo.

Pela primeira vez desde que Chávez assumiu o poder, a oposição está organizada em torno de Enrique Capriles, cuja escolha foi legitimada por primárias nacionais. Chávez havia subestimado o resultado e, uma vez consumado, tentou invalidá-lo com ameaças. O que reforçou a posição de Capriles, porque militares fizeram valer a legitimidade e impediram uma violência governamental.

Os resultados das disputas dos próximos meses são imprevisíveis, embora seja provável que ocorra algum tipo de transição de poder. Porém, a Venezuela nunca mais será a mesma depois da passagem do furacão Chávez. Em nome de uma causa indiscutível – a da justiça social –, ele desorganizou a economia e introduziu uma profunda discórdia entre os venezuelanos, que só o tempo poderá superar.

As cinco verdades a respeito do Mercosul

PARA UM DEBATE SOBRE AS DIFICULDADES E PERSPECTIVAS DO BLOCO*

José Botafogo Gonçalves

Apesar de ser um forte defensor do Mercado Comum do Sul (Mercosul), confesso que existem inúmeros problemas a resolver antes que seja possível alardear os pontos positivos desse pacto dos países sul-americanos. Entre os diversos críticos do Mercosul, há os que o consideram um total fracasso. Não me insiro entre eles e acredito que essas críticas, além de repetitivas, reduzem por demais a discussão do tema. Assim, as críticas que pretendo levantar aqui remetem aos bastidores dessa problemática e visam a compreender por que existem, de fato, questões fundamentais a resolver antes que se possa pensar no Mercosul como uma alternativa viável para todos os participantes.

As causas do insucesso, os fatos contribuintes para a lentidão de resultados e os motivos pelos quais o Mercosul não caminha como deveria são questões que precisam ser compreendidas de forma sistemática e profunda, para além do reclamatório geral.

---

* Publicado em *EXIM-BR – Revista de Comércio Exterior, Logística e Oportunidades*, nº 00, Brasília, jul. de 2012.

Minha primeira crítica com relação aos comentários gerais sobre o Mercosul remete-se à alienação dos críticos quanto ao tema. Explico-me utilizando uma metáfora futebolística bem compreensível a todos os brasileiros. Imaginem um time de futebol, em uma final de campeonato, fazendo uma reunião no vestiário. Os jogadores, conversando, começam a explicitar suas críticas ao time; alguns dizem: "nosso time precisa de uma defesa mais fechada, o meio-campo precisa construir melhor as jogadas, os atacantes têm que se posicionar melhor". Entra o técnico no vestiário e ouve as críticas. Retruca aos jogadores: "vocês estão criticando o time, mas esquecem que o time são vocês. Se a defesa, o meio-campo e o ataque não têm bons resultados, a culpa é, antes de tudo, de vocês que fazem parte do time. Então, antes de criticar o time, tratem de jogar melhor!".

Estou recorrendo a essa metáfora porque acredito que reflete com perfeição a situação de impasse do Mercosul. Todos se referem ao Mercosul, os brasileiros entre esses, como se fosse uma entidade estranha aos participantes, ou, no mínimo, como algo externo aos participantes. De fato, o Mercosul é aquilo que seus sócios desejam. Esta é minha primeira observação, a que vou chamar de primeira verdade acerca do Mercosul.

Farei aqui, para exposição do problema, a enumeração de cinco verdades a respeito do Mercosul, das quais a primeira, ressalto, é a constatação de que o Mercosul é aquilo que os países participantes desejam que ele seja.

Obviamente, o Brasil, sobretudo neste momento em que se descola da Argentina, converte-se no participante mais importante do bloco. Paraguai e Uruguai são parceiros menores em relação à Argentina e ao Brasil. Assim, é possível entender que não só o Mercosul é resultado dos anseios de seus participantes como o Brasil, por sua posição de relevo entre os quatro, possui influência ainda maior sobre o bloco. Podemos então entender que, em grande parte, o Mercosul é o que o Brasil quer que ele seja.

Não podemos esquecer que o Mercosul é, antes de tudo, um acordo intergovernamental. Isto é, ele não existe além do acordo entre os governos dos países participantes. Dentre os debates gerados desde o Tratado de Assunção, notamos que Paraguai e Uruguai, sobretudo este último, por ser mais organizado que os demais e mais preocupado com as formalidades jurídicas, têm insistido na conveniência ou necessidade de que o bloco tenha característica supranacional. Ou seja, que possua uma secretaria ou uma sede internacional que seja responsável pela implementação das decisões do bloco. Essa autoridade supranacional prevaleceria, então, sobre as autoridades nacionais. Brasil e Argentina nunca aceitaram essa posição. O Brasil, mais influente no momento que a Argentina, tem posição contrária à defendida por Uruguai e Paraguai e, notoriamente, pensa cada vez menos na supranacionalidade como um instrumento eventual para implementar o Mercosul.

Desse modo, o Mercosul como entidade separada não existe. A secretaria administrativa, agora secretaria técnica do Mercosul, no momento ocupada por um brasileiro, o embaixador Samuel Pinheiro Guimarães, não tem nenhum poder, não exerce nenhuma atividade mandatória. É o que as burocracias nacionais permitem que o Mercosul seja, não? Então, essa é a primeira observação. O Mercosul é o que o Brasil quer que ele seja, e o Brasil acho que até hoje não entendeu bem o que quer que o Mercosul seja. Flutua entre tendências e variedades, e o Mercosul não é uma entidade supranacional. Se vale a pena ser, ou não, é um problema muito mais complicado, não só pelas dificuldades constitucionais e jurídicas, como também pela dificuldade política, que seria tema para uma discussão que não esta.

E quais são as principais consequências disso? O Mercosul se reúne por meio de vários órgãos, mas o principal desses, o Conselho de Ministros, reúne-se pelo menos a cada seis meses e toma as chamadas decisões. Decisão é a Lei do Mercosul. A cada vez que os ministros se reúnem, vão-se enumerando as decisões. Essas, já que não existe supranacionalidade, têm que ser implementadas pelas burocracias nacionais, do Paraguai, do Brasil, da Argentina e do Uruguai. Essas burocracias cumprem ou não as decisões.

Há vários estudos que têm sido feitos por entidades, por meio de contrato com a secretaria administrativa do Mercosul, e não sei se são os últimos números, mas as decisões do Mercosul, ao que me parece, são aplicadas na ordem de 50% ou pouco mais. A metade do que os ministros decidem não se torna efetiva, não é cumprida, porque as burocracias nacionais, e nisso em particular a brasileira, não se consideram na obrigação de cumprir.

Lembro-me de uma reunião, há algum tempo, cujo assunto principal foi um tema de saúde, e os ministros de saúde do Mercosul tinham tomado uma decisão. No momento de admitir a decisão, um representante da Anvisa disse: "Não estou de acordo com isso e não vou tomar decisão, não vou implementar". E não havia nenhuma força coercitiva que o impedisse de agir assim.

Então, a pergunta é: por que as burocracias nacionais não cumprem as decisões do Mercosul? Já que é a nossa única saída, não havendo a supranacionalidade, tem que ser um acordo que as burocracias nacionais cumpram. A minha explicação, que acho a única aceitável até hoje, é o fato de que as burocracias nacionais, em particular a burocracia do Brasil, como a da Argentina também, são soberanistas e nacionalistas. Essa é uma característica ainda das burocracias nacionais. Elas não aceitam a ideia de que uma decisão tem de valer para o conjunto dos quatro países. Se a burocracia nacional entende que a decisão não está de acordo com a sua visão também nacional do programa, não a cumpre. Então, existe esse problema que é uma tradição nossa, que é jurídico, que é político e é sobretudo cultural, em minha opinião. A cultura do brasileiro olha para as fronteiras políticas e toma decisões, ou não as toma, em função do contorno político, das fronteiras políticas do Brasil, sem imaginar decisões que possam ir além.

Vou citar um caso antigo que ocorreu quando eu era subsecretário do Itamaraty e um juiz, um belo dia, proibiu o Brasil de importar arroz e trigo dos países do Mercosul. Do mundo inteiro, aliás, mas do Uruguai em particular. Não podia mais importar arroz, da noite para o dia. Ele tomou a decisão por achar que o Brasil, sobretudo no caso do arroz, tinha produção suficiente para abastecer o mercado, não tendo por que importar. Tomou essa decisão de acordo com seu próprio critério. Pouco importava que houvesse uma tarifa aduaneira comum, pouco importava que houvesse uma zona de livre-comércio; simplesmente, a partir daquele dia, o juiz achou que o Brasil não tinha mais que importar arroz do Uruguai nem da Argentina. Isso criou uma enorme complicação política, demorando quatro meses para derrubar-se a decisão: foi preciso liminar, foi-se ao Superior Tribunal de Justiça; enfim, demorou. Ainda hoje, volta e meia vocês veem no jornal notícias de que produtoras brasileiras querem proibir a entrada de lácteos do Uruguai, ou de qualquer produto não só do Uruguai, mas de outros países. Então nós ainda temos essa mentalidade nacionalista, cujo nome não sei bem, que persiste e não aceita as decisões do Mercosul como válidas para os quatro países. Mais do que isso. Essas decisões, não só da justiça mas da burocracia nacional, têm um razoável respaldo dos setores público e privado brasileiros. É uma coisa que as pessoas não dizem, mas pôr a culpa no governo é sempre fácil, dado que na maior parte das vezes a gente tem razão.

Mas, nesse caso, é preciso não esquecer que as medidas de caráter protecionista ou soberanista têm com frequência um bom respaldo do setor privado brasileiro. Recentemente, tocando em um assunto sempre controverso, o governo brasileiro resolveu aumentar o IPI de carro importado. Houve protesto do setor privado brasileiro? Nenhum. Uma questão até duvidosa, não só do ângulo jurídico, mas do ponto de vista da eficácia da medida. Mas, como foi uma iniciativa provavelmente movida pelo *lobby* automobilístico, ninguém reclamou. Chamo a atenção para o fato de que essas características de comportamento das burocracias têm um respaldo muito grande do setor privado brasileiro. Tanto na área da agricultura quanto na da indústria. E na área de serviços o caso é ainda muito mais dramático, porque nós herdamos toda legislação e prática administrativa corporativa. O Estado Novo de Getúlio Vargas não foi desmantelado ainda nesse campo: somos seguidores da Carta del Laboro de Mussolini. O que significa que advogado aqui só pode ser brasileiro, engenheiro só pode ser aprovado por universidade brasileira e assim por diante. Para você autorizar que um estrangeiro exerça sua profissão no Brasil é necessário passar por uma *via crucis.*

É preciso debater essa questão, sobretudo agora que o Brasil pretende crescer 5% ao ano. O que é uma opção ultramodesta. Mas, ainda que modesta, essa meta vai criar forte pressão sobre os setores de mão de obra qualificada. Pressão que já existe hoje e tende a aumentar.

Como isso se concilia com uma legislação corporativa e protecionista? É um tema que precisa ser discutido. Essas verdades devem ser ditas a partir da experiência que se tem no Mercosul, e que vai muito além do Mercosul. Num fórum como esse da Confederação do Comércio é mais importante ainda. Estou convencido de que temas como esses devem ser tratados na área das federações e confederações de comércio, que têm uma visão mais clara e perceptiva do assunto. Estão menos comprometidas com os interesses corporativos, ou de um determinado setor de agricultura, ou de um setor de indústria.

Essa é a segunda verdade, digamos assim: somos protecionistas, nacionalistas, somos soberanistas, e o setor privado está feliz com isso.

A terceira verdade, como já mencionei aqui, é voltar a discutir se existe alternativa ou não para a questão da supranacionalidade. Será que o Mercosul só vai avançar se tivermos que adotar o princípio da supranacionalidade, ou há alternativa intermediária?

Em várias das minhas intervenções no passado antevi que pode haver soluções intermediárias que não cheguem a esse problema da supranacionalidade. Mas na verdade você tem mecanismos que seriam perfeitamente aceitáveis. Vou citar um, que pode multiplicar-se em outros. O combate à febre aftosa, por exemplo, não é assunto controvertido dos quatro sócios do Mercosul, porque, qualquer que seja sua origem, ela afeta a todos em sua capacidade de exportar carne para o resto do mundo.

Nós ainda temos quatro instituições nacionais que controlam, ou não, as respectivas aftosas, como se a aftosa do Paraguai parasse na fronteira do Paraguai. Então, para esse problema poderia haver uma autoridade comum. Como existe uma *port autority* nos Estados Unidos, poderia existir uma autoridade sanitária comum. Uma só. Evitando problemas de supranacionalidade, mas simplificando bastante. E isso pode ser multiplicado em outras áreas. É um assunto que as pessoas não discutem.

Já a outra verdade, que eu chamaria de quarta verdade, é um pouco mais complicada porque não depende tanto dos governos; quero dizer que o ponto de partida não tem a ver tanto com os governos, tem a ver com a geografia econômica. A geografia econômica da América do Sul não favorece a integração. O fato de sermos vizinhos não quer dizer que tenhamos uma geografia boa; muito pelo contrário, a geografia brasileira, do ponto de vista econômico, é muito ingrata não só em relação à cooperação com os vizinhos como também no Brasil. Basta pegar o nosso sistema hidrográfico: todos os nossos rios importantes correm para a direção errada, correm para a bacia do Paraná-Paraguai, em vez de correr para o Atlântico. A bacia do Amazonas, que corre para o Atlântico, é a que tem menos aplicação do ponto de vista econômico, comercial, e é complicado produzir agricultura de massa e cultura extensiva na região amazônica, o que espero que ocorra. O único rio nacional que nasce no Brasil e corre para o Atlântico é a bacia do São Francisco, que tem catorze cachoeiras no meio e, portanto, é difícil de navegar. Compare essa geografia com a dos Estados Unidos, em que os rios e lagos todos estão nos lugares certos, e vemos que a nossa geografia é muito ruim. Se fizermos o mesmo com relação aos vizinhos, não só do Mercosul, mas também os outros países da América do Sul, como Colômbia, Peru, Equador e Venezuela, veremos que a nossa geografia é absolutamente ingrata. Esse problema marca muitos fracassos no Mercosul. É um problema geográfico.

Até hoje não existem no mundo inteiro obstáculos mais importantes do que a sucessão da Amazônia pelos Andes, razão pela qual o Brasil, depois de quatrocentos, quinhentos anos de dependência, tem com seus vizinhos no Pacífico uma relação extremamente tênue. Agora começa a mudar um pouco, com a criação da primeira estrada Bolívia-Peru, que sofre dificuldades devido à questão indigenista na Bolívia.

Esse é um ponto importante, que precisa ser examinado, estudado e revisto por meio de obras de infraestrutura. Mesmo no Brasil, vamos esquecer o Mercosul, o Brasil não está integrado fisicamente. Nós ainda sofremos muito, pela geografia e pela geografia econômica, o fenômeno de áreas paralelas. Quero dizer, tanto no Nordeste quanto no Sudeste, em virtude sobretudo do comércio exterior, os rumos do comércio são oeste-leste, do interior do Brasil para o Atlântico e do Atlântico para o hemisfério Norte.

A integração norte-sul é muito ruim no Brasil. Não conseguimos duplicar ainda a BR-101. A transnordestina, uma ligação ferroviária, não está pronta. Logo, não é só o Mercosul que necessita de correções da geografia inconveniente; o Brasil, em suas fronteiras, também precisa disso. O impacto de ainda não ter as correções é muito grande e vai continuar assim na medida em que o país se desenvolva. Se não houver um esforço de infraestrutura e de investimentos nesse contexto, tiraremos muito pouco proveito das potencialidades de integração, não só com os quatro países do Mercosul mas também com os países da costa do Pacífico.

Várias vezes ouvi a observação, quando viajava para o Nordeste, de que os nordestinos não queriam um Mercosul; queriam, sim, um "merconorte". Diziam isso de forma tecnicamente incorreta, mas inteligível do ponto de vista econômico. O que queriam dizer com isso? É que, na opinião deles, o Mercosul funcionava de São Paulo para baixo: São Paulo, Rio de Janeiro, até Buenos Aires. Não chegava lá. Há certa verdade nisso. Embora as regras do Mercosul se apliquem a todo o território brasileiro, na prática um produtor de Sergipe, ou mesmo da Bahia, que queira exportar para Montevidéu ou para Buenos Aires, e vice-versa, terá dificuldades logísticas porque não está ligado direito nem a São Paulo nem ao Rio. Essa é outra verdade que precisa ser dita e estudada.

Agora, a infraestrutura implica três tipos de ação: a integração física, a integração energética e a das comunicações. Não só entre os quatro países do Mercosul, mas em relação aos outros países da costa do Pacífico. A quinta observação que faço é a seguinte: você precisa primeiro estabelecer programas, vamos supor, na área rodoviária ou ferroviária. Você tem que ter programas em que as ferrovias e rodovias não parem na fronteira; não faz sentido você fazer uma rodovia que para somente na fronteira do Brasil com o Paraguai, como era o caso da Argentina em relação às ferrovias, por razão militar. Quer dizer, o Brasil tinha medo de que os argentinos invadissem o Brasil pelos trilhos; então, até hoje não há uma ligação ferroviária do Brasil com a Argentina. As bitolas são diferentes. Por incrível que pareça, isso ainda é uma realidade, quando o problema político não existe mais. Desde os presidentes Sarney e Alfonsín o problema não existe mais, mas isso ainda funciona na prática: temos deficiência no transporte rodoviário e ferroviário.

Mais uma vez é aquela visão soberanista, nacionalista. Há um investimento nas políticas de governo, as leis estabelecem rodovias e ferrovias que param nos limites, dali para a frente é outro problema; tem de haver uma discussão, tem de haver um acordo com os países mas os financiamentos são complicados.

O BNDES mudou seu comportamento até certo ponto. Hoje investe no financiamento de rodovias, mas ajuda em termos. Ajuda na venda de bens e serviços brasileiros, mas não financia custos locais, na Venezuela, no Peru, na Argentina. Afirmar se deveria ou não financiar esses custos é outro problema, mas são temas nunca discutidos, e que têm impacto muito grande não só em relação ao Mercosul como também nos processos de integração com os vizinhos da América do Sul.

Não basta o investimento físico, construir estradas, construir hidrelétricas, termelétricas, seja o que for, ou redes de comunicação ou transmissão. É importante negociar o quadro regulatório – muito mais importante talvez. Porque não adianta você ter uma linha de transmissão que liga o Brasil à Argentina ou ao Paraguai, se as normas de utilização dessas linhas de transmissão não são consistentes, não são coincidentes.

Nessa seara, surgem mais complicações. É preciso discutir a legislação brasileira e a norma de aplicação no campo da produção, da distribuição e da remuneração de energia. Ela tem que deixar de ser nacional para ser regional. Esse tema ninguém discute também.

Vejam que é complexo, eu pessoalmente acho que deveríamos discutir. Acho que o Brasil ganha muito mais se levantar essas questões, porque sua importância é cada vez maior na comunidade sul-americana fará com que normalmente esses quadros regulatórios sejam adaptados à capacidade produtiva brasileira. Esse assunto não é levado à discussão e é preciso que seja discutido, inclusive no Mercosul e em países que não fazem parte do Mercosul, mas que a ele estão ligados geograficamente, como é o caso do Chile e um pouco da Bolívia.

A última verdade, e talvez aqui a mais oportuna e a mais necessária para se discutir hoje, é esta quinta: o fenômeno da globalização em geral é conhecido de todo mundo, mas o da China em particular, que é um fenômeno absolutamente avassalador, devia levar todos, setor privado e setor público, a fazer um exercício de análise para saber se as nossas práticas, tanto na agricultura quanto na indústria, podem ser melhoradas, tendo em vista em primeiro lugar a natureza globalizante.

Enfim, a globalização exige que as estruturas produtivas considerem a capacidade de abastecimento e fornecimento além da fronteira nacional. De novo o soberanismo e o nacionalismo. Vocês devem ter visto recentemente na imprensa a propaganda de uma mala alemã de policarbonato, na qual se dizia que oito países tinham entrado na sua fabricação. A fechadura da mala era de um país, a junção era de outro país, o policarbonato de mais outro – enfim, eram oito países na mala, que é alemã. Uma coisa insignificante, uma mala, para ser eficaz e ter pretensão mundial, envolve o fornecimento de oito países!

Primeira coisa: hoje não é possível ter uma indústria eficaz que não tenha participação importante de outros países produtores de componentes e partes de qualquer natureza. Para vinte elos da cadeia produtiva, talvez dez ou doze tenham que ser importados. Nós ainda trabalhamos com o conceito de nacionalização das cadeias produtivas. Produto bom é aquele em que

80% seja fabricado no Brasil. É um conceito errado, atrasado. Pode ser útil em alguns casos, mas pode não ser útil em outros.

A Embraer, um exemplo de eficácia e do maior sucesso, importa mais da metade dos componentes de seus aviões. Nem por isso é um exemplo malsucedido; pelo contrario, é um exemplo a ser copiado. Mas nós ainda temos a mentalidade nacionalista segundo a qual importar é um mal necessário.

É o problema da Petrobras com as plataformas. Lula exigiu que o índice de nacionalização fosse maior. Você investe uma quantidade enorme de recursos para produzir no Brasil, quando esses recursos poderiam ter sido aplicados em outras áreas para ganhar mais eficiência.

Todos se queixam hoje em dia da chamada primarização da exportação brasileira. O Brasil está vendendo mais *commodities* do que produtos industriais. Mas uma das soluções não é impedir a importação, é baixar o custo Brasil, e uma das maneiras de baixar o custo Brasil é justamente permitir que a cadeia produtiva seja composta com o olho na eficiência, não na nacionalidade do elo.

Assim, o exemplo do Mercosul é importante para isso, porque nós temos as normas de rede de origem, sessenta-quarenta, e nem sempre é possível cumprir essas normas, mesmo quando se dispõe da integração tão próxima. Em virtude disso é que, em vez de você unificar ou convergir políticas industriais, por exemplo, de Brasil e Argentina, estamos simplesmente trocando chumbo protecionista. A Argentina impõe restrições às exportações brasileiras, o Brasil impõe restrições às exportações da Argentina, e todo mundo fica muito satisfeito porque há uma vontade política de não aumentar a briga. Ora, francamente, isso é uma visão muito limitada. É melhor que haja entendimento, sem dúvida, do que briga, mas isso não está tornando a indústria argentina mais competitiva nem a indústria brasileira mais competitiva. Então, acho que esse aspecto da globalização e da necessidade de ter vantagens logísticas e de escala são importantes, sobretudo com a presença da China.

O que é que a China faz? A China faz exatamente o que nós deveríamos fazer no Brasil, que é estabelecer em sua cadeia produtiva o fornecimento de produtos que vêm de seu entorno. O Vietnã e outras áreas fornecem os insumos para a China, e ela combina isso com a infraestrutura física absolutamente eficiente. As estradas chinesas são de primeiríssima qualidade, não é essa buraqueira brasileira. A China não está preocupada em nacionalizar a cadeia produtiva chinesa: ela importa do Vietnã, importa da Indonésia, importa de seu entorno, e com isso se transformou no primeiro exportador mundial de produtos industriais.

Os exemplos estão aí, é só copiá-los e adaptá-los, e não insistir nas velhas regras e em princípios que já não são eficazes. Por que é que isso não ocorre? Aqui há um paradoxo: a política de substituição de importações no Brasil deu certo, só que terminou. Já não tem mais as condições para continuar, é preciso modificá-la. Nós ainda não nos convencemos de que está na hora de fazer uma modificação importante da política de substituição das importações. Ainda achamos que substituir a importação é a solução, porque vale a pena, quando às vezes não convém. Convém até, por vezes, aumentar a importação, não substituí-la sistematicamente. Isso naturalmente permitiria maior integração não só do Mercosul como também com os países vizinhos.

A conclusão: este debate tem de ser levado com essas considerações, quer dizer, tratando de coisas que vão além dos fracassos ou dos logros do Mercosul, ou dos problemas de integração regional, e tem de ser debatido pelos setores privados.

A minha última mensagem é lembrar que a Confederação Nacional do Comércio, no Rio de Janeiro, e a Associação Comercial têm uma grande responsabilidade por essa discussão, até mesmo pela história. Porque o Brasil passou a ser Brasil quando em 1808 abrimos os portos aos países estrangeiros. Nós temos uma origem e uma herança cultural que fazem com que o Rio de Janeiro seja o estado que mais percebe e mais "experiencia" a abertura comercial. Então, essa deveria ser a casa em que assuntos como esse fossem debatidos mais além das conjunturas e mais além das limitações do Mercosul atual.

Mercosul e a integração regional*

José Botafogo Gonçalves

Em 1991, Brasil, Argentina, Paraguai e Uruguai assinaram o Tratado de Assunção, que criou o Mercado Comum do Sul (Mercosul), uma ambiciosa aliança comercial, econômica e política que buscava unificar os mercados dos quatro países do Cone Sul que representavam mais da metade política e econômica da América do Sul.

Após uma década de forte expansão do comércio intrazona, especialmente entre Brasil e Argentina, o Mercosul começou a perder dinamismo. As práticas de desrespeito ao livre-comércio e à união aduaneira aumentaram. As políticas macroeconômicas dos quatro países caminhavam para rumos divergentes. As práticas populistas e nacionalistas, sobretudo da parte do Brasil e da Argentina, se multiplicaram. Finalmente, em 2012, a crise institucional paraguaia conduziu o Mercosul a um imbróglio político do qual ainda não se vislumbra uma saída, com a suspensão temporária do Paraguai e a entrada, pela porta dos fundos, da Venezuela.

Por que será que o mais ousado projeto de integração regional de que o Brasil participou não chegou a bom termo?

O Mercosul morreu ou está simplesmente hibernando, à espera de conjunturas mais favoráveis para seu reaquecimento?

---

* Palestra proferida em sessão do Conselho Técnico da Confederação Nacional do Comércio de Bens, Serviços e Turismo (CNC). Rio de Janeiro, 27-11-2012.

Mais importante será perguntar: para o Brasil, os projetos de integração regional, de que o Mercosul é no mínimo o terceiro da série, são sonhos irrealizáveis que convém abandonar ou foram projetos bem concebidos, porém mal executados? O Brasil precisa se integrar aos vizinhos ou deve conduzir seu caminho de desenvolvimento como um cavaleiro solitário, cuja força, valor e coragem são suficientes para garantir a chegada ao destino final e glorioso?

Este texto buscará mapear algumas possíveis respostas às perguntas formuladas, reconhecendo desde já sua incapacidade de dá-las de forma abrangente, categórica e definitiva. Habitualmente, o fracasso do projeto de integração regional Mercosul é atribuído à incompetência de seus administradores, ou à falta de vontade política dos governantes de respeitar os compromissos assumidos na Carta de Assunção, ou às recorrentes crises econômicas internacionais cujos efeitos atingiram os países do Cone Sul. Tais explicações, provavelmente corretas, sempre me pareceram insuficientes para explicar por que, após mais de século e meio de sonhos integracionistas, desde a consolidação das independências nacionais na América Latina até os dias de hoje, os países ibero-americanos, com raras exceções, só tenham sido capazes de firmar acordos de livre-comércio – primeiro passo importante para qualquer projeto de integração com potências econômicas de fora da zona, como com os Estados Unidos da América, a União Europeia ou, mais recentemente, com a China. Somos nós, na América Latina, ou mais precisamente na América do Sul, essencialmente ou existencialmente avessos à integração, ou não será essa incapacidade integracionista senão uma manifestação recorrente na história hemisférica, de que o nosso Nelson Rodrigues chamou de "complexo de vira-lata"? A busca de respostas a tantas indagações nos leva a abordar a realidade latino-americana após o complexo processo de ruptura com as metrópoles ibéricas sob o ângulo da geopolítica física, da geografia econômica, da história política e da evolução tecnológica.

GEOGRAFIA FÍSICA

A América Latina, entendida como transplante ibérico para o hemisfério ocidental, oferece uma extraordinária continuidade e contiguidade geográfica, do Rio Grande do Sul à Patagônia e do Atlântico ao Pacífico. Falamos duas línguas parecidas. Temos valores culturais semelhantes. O sincretismo religioso é o amálgama do cristianismo, componente majoritário com elementos culturais ameríndios ou africanos, o que exclui a ocorrência de conflitos religiosos ou étnicos de gravidade muito comuns em outros continentes. Tantas semelhanças escondem, porém, a existência de uma geografia profundamente hostil à integração ibero-americana. A geografia da América do Norte favoreceu a travessia do imigrante europeu da costa leste para a costa oeste. As vias lacustres e fluviais ofereceram uma rede de infraestrutura física natural facilmente aproveitável pelos meios de transporte disponíveis a partir do século XVI, tais como cavalo, carroças, barcos a vela e posteriormente a vapor. O advento da ferrovia permitiu rasgar o miolo do continente norte-americano com relativa facilidade. Os indígenas e os búfalos, vítimas do colonizador branco, foram facilmente massacrados. Não é por outra razão que o México, após prolongada e infrutífera resistência cultural e política, finalmente se viu forçado a se integrar ao poder anglo-saxão representado pelos outros dois países existentes na região.

A geografia da América Central e da América do Sul, infelizmente, não apresentam características favoráveis à integração dos países nelas constituídos. Vamos falar da América do Sul.

A leste e a oeste temos os oceanos Atlântico e Pacífico, mas, diferentemente do que ocorre na América do Norte, o regime fluvial da América do Sul não só não favorece com força a desintegração, ou, se preferirmos, a dispersão. A bacia Amazônica ocupa aproximadamente 40% do subcontinente sul-americano. Seu clima, solo, regime pluvial e a fragilidade do ecossistema, em contradição com sua imponência territorial, não favorecem a ocupação humana intensiva, nem mesmo sua integração com o resto do país.

Entre a costa leste e a costa oeste da América do Sul encontram-se dois dos maiores obstáculos à integração física dos dois oceanos, isto é, a floresta Amazônica sucedida pela Cordilheira dos Andes. A tecnologia do século XXI permite superar esses obstáculos, mas a um custo ambiental elevado. A geografia física dos países andinos, Bolívia, Peru, Colômbia e Equador, por sua vez, recorta seus territórios entre costa marítima, serras, vales internos e planície amazônica de tal maneira que as populações locais tendem a adotar objetivos econômicos, comerciais e mesmo políticos com vetores mais divergentes que convergentes.

No Brasil, ao sul da floresta Amazônica, a geografia física também não favorece a integração, tanto regional como nacional. Com exceção do rio São Francisco, que corre todo em território nacional e que deságua no Atlântico, mas não é navegável em toda a extensão por causa de sucessivas quedas-d'água no seu terço inferior, somente a bacia hidrográfica do Paraná-Paraguai, a segunda maior do país, corre em direção leste-oeste – formando no final o rio da Prata, que deságua no Atlântico, bem além das fronteiras brasileiras. Restam as redes fluviais da costa brasileira, que, embora corram para o Atlântico, têm menos impacto econômico e ademais não favorecem a integração nacional no sentido norte-sul. Poderia ser argumentado que a bacia hidrográfica Paraná-Paraguai, à diferença da bacia Amazônica, favorece a integração dos países ribeirinhos, como Bolívia, Argentina, Paraguai, Uruguai e Brasil, sem falar no Chile, que, embora isolado da Argentina pela Cordilheira dos Andes, pode facilmente alcançar a bacia do Paraná-Paraguai por infraestrutura não muito complexa de natureza ferroviária ou rodoviária. Esse argumento é verdadeiro e, na minha opinião, será cada vez mais importante nas próximas duas ou três décadas do século XXI. Infelizmente, até a segunda metade do século XX essa realidade da geografia física estava em descompasso com a geografia econômica que norteou a atividade produtiva dos países que hoje constituem o Mercosul.

GEOGRAFIA ECONÔMICA

A partir do século XVI, a atividade econômica dos países da América do Sul estava voltada fundamentalmente para a exportação de matérias-primas do subsolo e do solo destinadas ao mercado europeu, por intermédio das matrizes colonizadoras Espanha e Portugal. O Brasil começou a ser fornecedor de pau-brasil, de açúcar, de borracha, de cacau, de tabaco e, mais recentemente, de grãos e de carnes de frango, de porco e de boi.

No campo mineral, o Brasil exportou em curto período, nos séculos XVII e XVIII, ouro e diamantes. A Argentina, por sua vez, produzia charque e cereais para o mercado europeu e brasileiro. Porém, em fins do século XIX, com a invenção do navio frigorífico, a Argentina passou a exportar carne para a Europa, o que levou à extraordinária prosperidade do país.

Por outra parte, o porto de Buenos Aires era a via de escoamento de produtos minerais de origem de países andinos que utilizavam os caminhos terrestres ou fluviais ao longo da bacia do rio Paraná. Para usar uma linguagem gastronômica, a Argentina se encarregava de exportar produtos consumidos nas entradas ou nos pratos principais, enquanto o Brasil se especializava em produtos de sobremesa. Uruguai e Paraguai eram economias subsidiárias das duas maiores da região. Os modelos exportadores argentino e brasileiro foram os responsáveis pelo crescimento e a prosperidade de ambos os países. Contudo, seu grau de especialização e a infraestrutura de exportação, baseada em eixos de oeste-leste paralelos, desde o Nordeste do Brasil até o rio da Prata, pouco contribuíram para integrar as respectivas economias. Do lado do Pacífico, o fenômeno era semelhante, embora o dinamismo e a prosperidade dos países andinos estivessem amparados com mais força na extração do subsolo de riquezas minerais de alto valor comercial, como ouro, prata, cobre, estanho e zinco, ou petróleo e gás, mais recentemente.

A natureza essencialmente exportadora das economias dos países andinos criava fluxos de mercadorias do interior para a costa do Pacífico e de lá para o resto do mundo, pouco contribuindo para a integração das economias nacionais ou regionais. A partir da segunda metade do século XX os países sul-americanos, sob o impacto das teses industrializadoras da Comissão Econômica para a América Latina e o Caribe (Cepal), decidiram alterar as características essencialmente primárias das respectivas economias. O modelo adotado foi o de substituição de importações de produtos industriais, combinado com a proteção e estímulo ao mercado interno, por meio de mecanismos tarifários e não tarifários, em um sistema de administração pública do comércio. Ora, a adoção de políticas comerciais, industriais e agrícolas com foco no mercado interno, que, no caso do Brasil, alcançaram sucesso, é, por sua natureza nacionalista, incompatível com propostas integracionistas que implicam, em maior ou menor grau, compartilhar mercados de bens, serviços e pessoas. Em tais circunstâncias, fica fácil entender o porquê das frustrações dos dois projetos regionais: o da Associação Latino-Americana de Livre-Comércio (Alalc), em 1960, e o da Associação Latino-Americana de Integração (Aladi), em 1981. A Comunidade Andina de Nações, ou Grupo Andino, procurou compensar as políticas industriais nacionalistas com acordos regionais de cadeias produtivas decididas por órgãos supranacionais de planejamento. A pequenez dos mercados consumidores, isolados dos grandes centros de consumo, mesmo de natureza nacional, não teve força suficiente para alterar a geografia econômica da região, o que gerou indústrias não competitivas e tecnologicamente obsoletas.

HISTÓRIA POLÍTICA

Os países hispano-parlantes da América do Sul costumam apresentar as lutas pela independência da Espanha como resultado de um trabalho coordenado ou convergente de líderes republicanos de grande estatura militar ou política, como Bolívar e San Martín. A verdade é que a independência do México resultou de um longo período de conflito da colônia com a metrópole espanhola, sem muita ligação com o processo independentista da América do Sul. A independência do Brasil, como sabemos, resultou da genial decisão de dom João de transferir a sede do Estado português para o Rio de Janeiro em 1808 e do reconhecimento, por parte de esclarecidos portugueses e brasileiros, de que a colônia aquém-mar já era, no limiar do século XIX, muito mais importante economicamente do que a metrópole europeia. Não surpreende, pois, a ausência de estímulos integracionistas quando a quase metade da vertente atlântica da América do Sul adotou o sistema monárquico de governo, enquanto um pedaço do Cone Sul e a vertente pacífica adotaram uma dispersa variedade de regimes republicanos. Não era apenas a forma monárquica que nos separava dos vizinhos hispano-parlantes. O Brasil independente teve de enfrentar, ao longo do século XIX, várias tentativas republicanas e sececionistas dominadas a ferro e fogo pelo governo imperial, do que resultou um país politicamente centralizado em sua capital Rio de Janeiro. A preservação da unidade territorial ajudou a consolidar o Brasil como nação, no amplo sentido cultural e político do termo. É preciso acrescentar dois outros componentes da realidade brasileira que, se por um lado contribuíram para a promoção da nacionalidade brasileira, por outro ajudaram a nos afastar dos vizinhos continentais. Refiro-me à língua portuguesa e ao instituto da escravidão.

Não nos enganemos com a fácil comunicabilidade do português com o espanhol. As duas línguas são diferentes, refletem culturas secularmente diferentes no continente europeu e prosseguem, no novo mundo, seu processo de diversificação com vigor renovado. Em resumo, os luso-parlantes fazem política diferentemente dos hispano-parlantes. No que se refere à escravidao, o Brasil, embora tardiamente, dela ficou livre em fins do século XIX. Mas, enquanto durou como parte integral do mundo político e econômico da monarquia bragantina, teve como efeito afastar ainda mais o país de seus vizinhos sul-americanos. Uma última observação sobre a história política: o barão do Rio Branco, ao fixar de maneira definitiva as fronteiras do Brasil com seus vizinhos do sul e do oeste e com as potências europeias colonizadoras do norte da América do Sul, conseguiu alcançar dois resultados aparentemente contraditórios entre si. Pacificou as áreas em conflito e ao mesmo tempo congelou as relações bilaterais, sobretudo com os países do Cone Sul. Com efeito, as relações do Brasil com a Argentina, o Uruguai e o Paraguai eram muito mais densas. Nem sempre era possível distinguir a política interna da externa, as fronteiras eram mais permeáveis a caudilhos provinciais até o século XIX do que depois do século XX. Se os argumentos que alinhavei até agora não carecem de algum mérito, então podemos concluir, pelo menos por ora, que os obstáculos aos projetos de integração regional têm sido amplos, profundos e duradouros, seja em razão da geografia, seja em razão da economia ou em razão da história.

Com efeito, a lista de projetos fracassados ou incompletos de integração regional ou hemisférica é tão impressionante que não parece razoável atribuir-lhe causa de caráter conjuntural ou meramente pessoal, por incompetência, miopia política ou obscuras conspirações.

EVOLUÇÃO TECNOLÓGICA

Felizmente, a história não para. Desde que o mundo é mundo, o homem vem alterando, com o seu poder criativo e inovador, as sociedades que foram anteriormente construídas. No limiar do século XXI, os revolucionários desenvolvimentos da tecnologia da informação e da globalização econômica têm tido o poder de alterar profundamente os padrões de crescimento econômico ditados pela geografia e pela história. O Brasil não é exceção à regra.

Já na segunda metade do século XX, Eliezer Batista, na Vale do Rio Doce, conseguiu aproximar o minério de ferro do interior do Brasil de seus consumidores asiáticos por meio de alterações logísticas no transporte ferroviário e no equipamento portuário. A internacionalização da Vale do Rio Doce, então empresa estatal mas depois privatizada, pode ser definida como ponto de partida de um movimento dinâmico, crescente e possivelmente avassalador que se está espalhando por outras empresas brasileiras, públicas ou privadas: elas adotam estratégias empresariais, regionais ou globais, como forma de garantir sua competitividade em mercados cada vez mais internacionais.

No caso do Brasil, encontramos a Petrobras, as grandes empresas de engenharia civil, os bancos, manufaturas de ônibus, cosméticos, compressores, motores elétricos, etc. investindo em unidades produtivas fora das fronteiras do país. Por outro lado, a expansão do agronegócio brasileiro na direção oeste-noroeste tende a provocar uma densificação da vida de fronteira nacional com seus vizinhos da costa do Pacífico. Os agricultores brasileiros já chegaram ao Paraguai e à Bolívia. Para transpor os Andes, serão necessárias obras de infraestrutura viária e logística cujos custos e tecnologia já estão ao alcance dos capitais financeiros brasileiros, privados ou públicos, assim como capitais originários de órgãos multilaterais de crédito, como o BID e a CAF. A Odebrecht já concluiu uma rodovia que liga o Acre à costa peruana, através da Bolívia. A IIRSA, iniciativa de Integração de Infraestrutura Regional na América do Sul, financiada pelo BID, já levantou dezenas de projetos com impacto na integração regional e economicamente rentáveis, dos quais aproximadamente a metade se encontra em execução.

Muitos países sul-americanos vêm adotando políticas macroeconômicas ortodoxas, políticas fiscais conservadoras, políticas sociais que incorporam parcelas ponderáveis da população mais pobre em níveis de consumo da classe média. O subcontinente, com algumas exceções, é credor de organismos de crédito internacionais. Os regimes democráticos têm prevalecido sobre os tradicionais regimes autocráticos, ineficientes ou corruptos, embora nesse campo ainda haja muito trabalho por fazer. A América do Sul é hoje uma região emergente. Por outro lado, há razoável consenso analítico, político e econômico, de que o século XXI verá a consolidação dos países asiáticos, liderados pela China, como o grande polo de sustentação do crescimento econômico global. Menor atenção é dada à seguinte pergunta:

a quem caberá oferecer a vasta gama de bens e serviços, dos mais básicos aos mais sofisticados, para satisfazer a crescente demanda por parte dos emergentes asiáticos? Onde se encontram em abundância os recursos naturais, especialmente terra, água e sol, capazes de ser aproveitados de maneira sustentável nesse mundo de consumo em expansão?

A América do Sul está em posição privilegiada para dar resposta a essa pergunta. Considerando que o Brasil ocupa mais de 40% do espaço sul-americano e faz fronteira com todos os outros Estados soberanos da região à exceção de Chile e Equador, parece inconcebível imaginar que nos próximos decênios a América do Sul continuará dividida em duas frentes, uma atlântica e outra pacífica, sem que ocorram grandes transformações no miolo geográfico existente entre esses dois lados.

Como resultado do processo de modernização continental e de globalização das economias da região, eu diria que é inevitável que o Mercosul, bem como a Comunidade Andina de Nações, deixará de ter instituições modestas, originárias de sonhos integracionistas talvez utópicos, para se transformar em peça central de uma nova engrenagem sul-americana. Como se dará esse processo? Não creio ser possível responder à pergunta com os dados que hoje dispomos. Caberá ao Brasil, por meio de um maduro programa de liderança continental, pela economia e a diplomacia, criar um ambiente favorável de resposta a todos esses grandes desafios.

CHINA

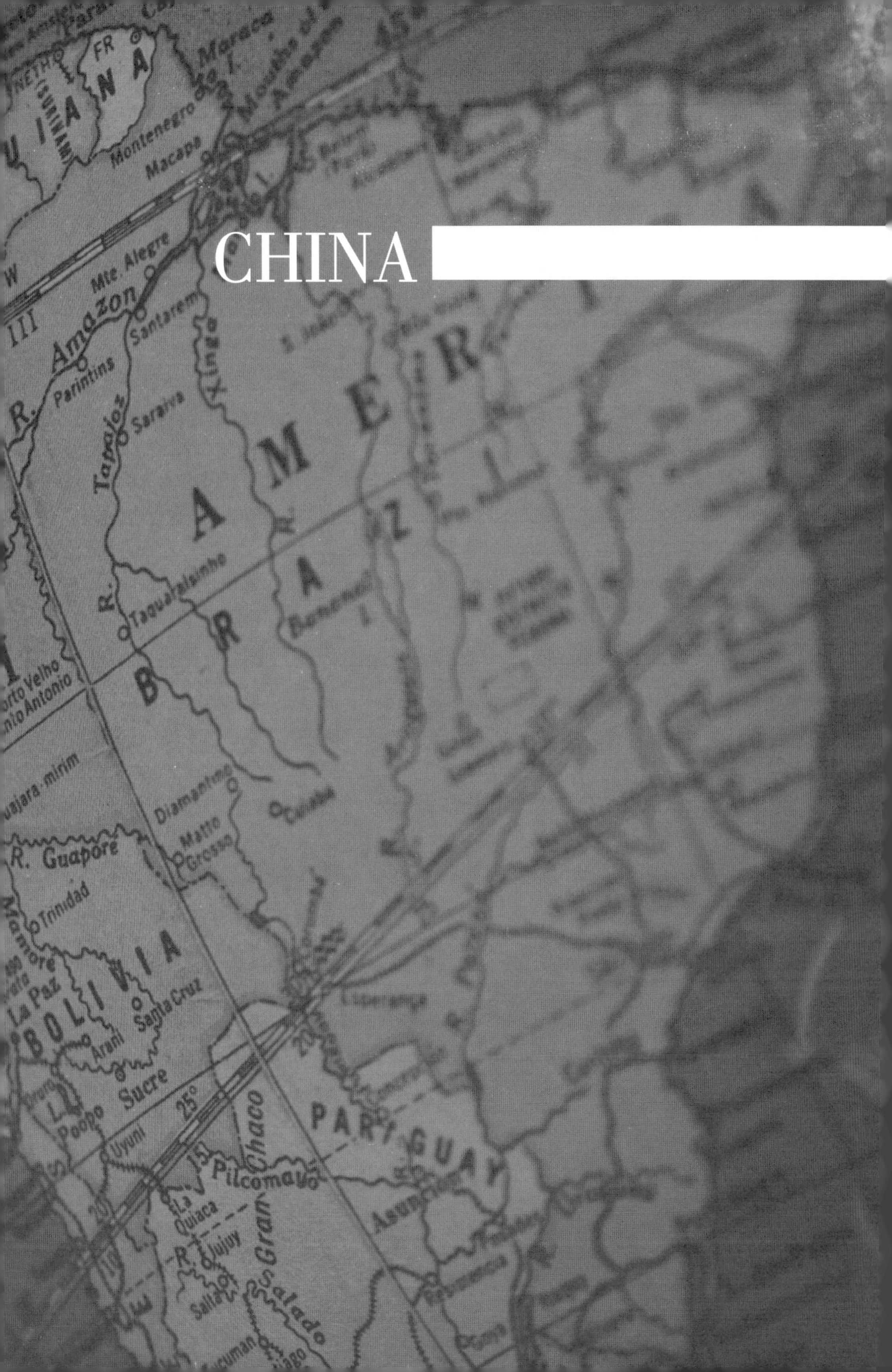
FR
SURINAM
Montenegro
Macapa
Mte. Alegre
R. Amazon
Santarem
Parintins
Saraiva
Tapajoz
Xingu
B R A Z
Taquaralsinho
Diamantino
Matto Grosso
R. Guapore
Trinidad
Mamore
BOLIVIA
La Paz
Santa Cruz
Arani
Sucre
Poopo
Uyuni
25°
Chaco
Pilcomayo
La Quiaca
Jujuy
Salta
Salado
PARAGUAY

Ascensão chinesa vista sob uma perspectiva brasileira*

Luiz Augusto de Castro Neves

Certamente, um dos fenômenos mais marcantes e notáveis do mundo pós-guerra é o crescimento econômico robusto e sustentado da China, a consolidação de sua posição internacional e sua emergência como potência global. De fato, a nova posição da China no sistema internacional tem sido amplamente percebida em todos os cantos do mundo, embora a percepção possa diferir conforme as implicações em cada país ou região. Este documento oferece uma percepção brasileira (e de certa forma latino-americana) do crescimento da China e de como ele afeta a inserção do Brasil e da América Latina no sistema internacional.

É aconselhável uma explanação inicial: de longe, a região latino-americana é com frequência vista como uma só unidade, apesar de muito diversificada não apenas na perspectiva social e econômica mas também na das agendas de política externa de seus países e como cada um deles se insere no sistema internacional. A expressão "América Latina", inventada pelo imperador francês Napoleão III, é rejeitada por alguns acadêmicos, que preferem

* Palestra proferida na Universidade de Hong Kong no ano de 2006. Texto redigido em inglês. Tradução de Fernanda Ribeiro da Silva Pasquale para a presente edição.

dividir as Américas em Norte e Sul, cada qual com suas particularidades e prioridades. A agenda da América do Norte gravita ao redor dos Estados Unidos. Canadá e México são percebidos como os braços do centro de operações americanas e suas respectivas agendas bilaterais são bem mais importantes do que as relações com o resto do mundo, mesmo que ambos os países reforcem a importância dos Estados Unidos como uma tentativa de diluir a dependência de seu poderoso vizinho. A agenda da América do Sul possui algumas características similares, mas sua agenda continental, a que diz respeito principalmente às relações dos doze países sul-americanos, tem seu próprio peso. O Brasil, por exemplo, o maior país latino-americano em quase todos os aspectos (território, população e economia), sempre manteve um equilíbrio em suas relações comerciais com outras regiões: mais de 25% do seu fluxo comercial se dá com países latino-americanos, 20% com os Estados Unidos, 25% com a União Europeia, quase 20% com a Ásia e os 10% restantes com países ou regiões diversos.

Por isso, não há uma percepção uniforme da América Latina em relação ao crescimento da China e suas implicações para o resto do mundo. Este documento tenta, portanto, apresentar uma visão essencialmente brasileira do crescimento da China, apesar de que vários aspectos podem ser válidos para outros países latino-americanos.

Apesar de variar em intensidade, o papel representado pelos Estados Unidos tem sido importante para modular o relacionamento da América Latina com o resto do mundo. A Doutrina Monroe[1] ofereceu uma justificativa para várias intervenções americanas na América Latina – os Estados Unidos se tornaram a potência mais influente no hemisfério, embora essa influência seja bem mais amena em países mais distantes do Cone Sul. Por isso, a ascensão do nacionalismo na América Latina tem forte parcialidade antiamericana. É interessante notar que, antes da Segunda Guerra Mundial,

[1] A doutrina Monroe foi originalmente enunciada como um princípio de política externa pelo presidente James Monroe em 1823. Apesar de ter trazido o fim da intervenção europeia nas Américas, foi posteriormente estendida para justificar o imperialismo americano no hemisfério ocidental.

o nacionalismo latino-americano, assim como o nacionalismo europeu, foi fortemente influenciado pelo fascismo ou pelo nazismo. Após a Segunda Guerra Mundial e desde o início da Guerra Fria, o nacionalismo latino-americano se tornou mais identificável com o movimeno comunista, pelo menos como aliança tática. A essência do nacionalismo latino-americano era encontrar uma forma de compensar a arrebatadora influência dos Estados Unidos. Antes da Segunda Guerra Mundial, a *vis atractiva* era a Alemanha nazista (e, em menor extensão, a Itália fascista) como polo de força econômica, política e militar que poderia ajudar a diluir a influência da América no hemisfério latino-americano, oferecendo parcerias alternativas. Após essa guerra, a União Soviética era vista por muitos nacionalistas latino-americanos como parceiro alternativo para combater a influência dos Estados Unidos.

É importante ter em mente que as manifestações do nacionalismo em vários países latino-americanos, tanto em uma forma nazifascista quanto comunista, requerem uma certa reavaliação dos conceitos de esquerda e direita nessa região do mundo. Esses conceitos e tendências ideológicas foram importados da Europa e foram sujeitados a profundas modificações em seu novo ambiente, não apenas em substância, mas também em seu propósito, a ponto de refletir outras condições econômicas, sociais e políticas. Assim, as contradições entre a América Latina e os Estados Unidos conduziram ao nacionalismo; já na Europa, surgia uma expressão política de direita que emergiria, na América Latina, como um movimento de esquerda, mesmo quando se valia da retórica nazifascista. Esses breves comentários sobre o desenvolvimento político da América Latina são úteis para entender alguns aspectos ligados ao estabelecimento e ao desenvolvimento das relações da região com a China desde os anos 1970.

Algumas palavras sobre as relações sino-latino-americanas também são úteis quando se tenta descrever como a China é vista pelo outro lado. É provavelmente correto dizer que a ideologia e a identidade do regime político não são (nem jamais foram) características importantes das relações sino-americanas. Vale a pena notar que políticos de todas as correntes ideológicas, democráticas e não democráticas, ditaduras latino-americanas comunistas e até anticomunistas, apoiavam, desde a década de 1970, o desenvolvimento das relações com a República Popular da China. Até mesmo durante a Guerra Fria, as relações sino-cubanas foram corretas mas não profundas, provavelmente devido ao alinhamento de Cuba com a antiga União Soviética. Talvez a única exceção tenha sido o momento ideológico nas relações da China com o Chile no governo Salvador Allende. O Chile foi o primeiro país sul-americano a estabelecer relações com a República Popular de 1970. Não obstante, a China foi o único país comunista a manter relações diplomáticas com o Chile depois de o general Augusto Pinochet ter derrubado Allende. A Argentina estabeleceu relações em 1973, logo após a posse do presidente Campora, que sucedeu uma junta militar no poder desde 1966. Relações com o Brasil foram estabelecidas durante o regime militar brasileiro, em 1974. O México reconheceu a China logo após a viagem de Henry Kissinger a Pequim, em 1972, e nesses anos foi o parceiro mais próximo dela na América Latina.

Desde a década de 1970, a China tem sido poupada da retórica anticomunista da Guerra Fria – a União Soviética e, particularmente, Cuba foram consideradas "inimigas de verdade" e acusadas de tentar subverter os regimes estabelecidos nos países latino-americanos. Esses países receberam bem o desenvolvimento das relações com a China como um meio de combater o poder dos Estados Unidos e o que eles percebiam ser uma intromissão em seus assuntos internos. Viam com bons olhos especialmente a posição da China a favor da não intervenção mesmo em questões que, mais tarde, se tornariam parte da agenda internacional, como os direitos humanos.

As considerações acima podem ajudar a explicar por que a ascensão da China hoje é percebida por muitos na América Latina como a emergência de uma nova potência capaz de modificar o presente mundo unipolar e contribuir para o fortalecimento de um ambiente que facilitaria uma melhor inserção no sistema internacional. E isso traz o primeiro aspecto de como a ascensão da China é percebida por muitos na América Latina, independentemente de suas inclinações políticas ou ideológicas. Em outras palavras, apesar de a percepção de cada país latino-americano perante a China poder variar, há um amplo apoio interideológico para expandir relações com a China e usar essas relações para equilíbrar o poder americano. Nota-se, no entanto, que, não obstante a visão latino-americana tenha expandido suas relações para ajudar a equilibrar o poder dos Estados Unidos, o lado chinês deixou claro que nenhuma parceria, não importando quão estratégica seja, deve ser construída como aliança contra um país, muito menos contra os Estados Unidos. Do lado americano, parece haver uma observação cuidadosa da "crescente presença da República Popular da China na região", somando-se a isso o fato de que os chineses "promovem uma projeção de força militar capaz de proteger rotas estratégicas e seu interesse econômico fora do país".[2]

- Em parte benigno e, até certo ponto, um pequeno mas crescente contraponto aos EUA em termos de mercado de exportação, com um PIB mais baixo, mas com taxas de crescimento mais elevadas.
- Mercado atrativo devido à rápida expansão por *commodities*, tanto em energia como em agricultura, ambas cruciais para a maioria dos países latino-americanos.
- Para a região como um todo, o aumento dos preços do petróleo foi uma das consequências colaterais do crescimento econômico da China. E um incentivo para a recente tendência do nacionalismo econômico na América do Sul (nacionalização dos campos petrolíferos e das companhias de petróleo na Venezuela e na Bolívia).
- Parcialmente negativo devido à crescente concorrência no setor industrial. A China vista como uma ameaça em produtos têxteis, calçados, brinquedos, eletrônicos e em algumas máquinas. Alta

2 Testemunho do general Bantz J. Craddock, comandante do U.S. Southern Command, para o Comitê da Casa das Forças Armadas, em 9-3-2005.

complementariedade em agricultura e energia entre a América Latina e a China, com concorrência direta em produção de baixa tecnologia.

- Ameaça tripla: 1) concorrência nos mercados domésticos latino-americanos (os sintomas de atrito são os vários casos de antidumping, discussões sobre salvaguardas especiais); 2) concorrência em mercados terceiros (principalmente nos EUA, o mercado mais importante para as exportações latino-americanas); e 3) Índice de Desenvolvimento Econômico alternativo para a China (o México como caso emblemático, com transferência de *maquilas* em busca de produção de baixo custo na Ásia).
- Os países que se beneficiam mais são os altamente competitivos em exportações de *commodities* e com um setor industrial menos diversificado. Um exemplo disso é o Chile, que assinou um acordo de livre-comércio com a China em 2005.
- Países maiores, como Brasil, Argentina e Colômbia, tendem a ter relações mais complexas com a China. Um mercado enorme de *commodities* específicas ou nichos industriais (recente caso dos aviões brasileiros), mas com atritos comerciais devido à crescente competitividade e penetração das exportações industriais da China.
- Brasil e China compartilham fortes interesses, tanto políticos como econômicos. São provenientes de visões comuns (ênfase em desenvolvimento, defesa de um mundo multipolar) e vantagens comparativas complementares (o Brasil como exportador líquido em agricultura, minérios e potencialmente em energia; a China como importador líquido nessas mesmas áreas).
- O comércio bilateral tem crescido rapidamente nos últimos anos. Saltou de 3,2 bilhões de dólares em 2001 para cerca de 12 bilhões em 2005, uma taxa de crescimento de 275% em quatro anos. As exportações brasileiras no mesmo período cresceram de 1,902 bilhão de dólares para 6,834 bilhões, o que mostra o grande potencial para

o comércio bilateral no contexto de um impressionante crescimento do PIB na China.

- Para o Brasil, o desafio é como agregar mais valor às suas exportações para o mercado chinês, diversificando futuramente as exportações agrícolas e encontrando nichos para produtos industriais. Em 2005, as exportações do Brasil para a China foram constituídas por 68% de matéria-prima, 15% de produtos semiacabados e 17% de produtos manufaturados. É importante evitar fluxo de uma só direção para produtos industrializados, apenas da China para o Brasil, e concentração excessiva na exportação de *commodities*. A venda de aviões da Embraer é um exemplo crucial desse esforço. A aprovação do acordo com a companhia aérea Hainan Airlines pode ser considerada um marco histórico, tanto para o comércio bilateral como para as relações bilaterais com a China como um todo.
- O aumento dos fluxos comerciais leva naturalmente a controvérsias em alguns setores, que tendem a demandar proteção. Clamores por protecionismo são um sinal da crescente integração econômica dos dois países. No caso do Brasil, alguns setores industriais reclamam do que percebem como "a ameaça chinesa" devido aos baixos custos de mão de obra e de impostos. De fato, alguns setores brasileiros tendem a ser diretamente afetados pela concorrência chinesa, tanto no Brasil quanto em mercados terceiros. Por exemplo, a China se tornou a maior origem de importados para o Paraguai, superando o Brasil.
- Os dois governos sabem que a melhor forma de lidar com as controvérsias inerentes ao assunto é negociar. Em março, China e Brasil assinaram um acordo têxtil, o primeiro entre a China e um país em desenvolvimento. E o Brasil evitou o uso de salvaguardas especiais estabelecidas pelo Protocolo de Adesão da China à Organização Mundial do Comércio (OMC).
- Se o comércio bilateral cresceu rapidamente, o fluxo recíproco de IDE (Integrated Development Environment, na sigla em inglês;

Ambiente de Desenvolvimento Integrado) ficou para trás quando se considera o potencial de crescimento. O Brasil estabeleceu 384 *joint-ventures* na China; o total de investimentos diretos brasileiros nesse país equivale a 144,3 milhões de dólares. A China criou somente 89 *joint-ventures* no Brasil, chegando a 151,5 milhões de dólares. A maioria do investimento brasileiro aqui está concentrado em poucas empresas, como Embraer, Embraco, Alcatel Brasil e WEG. Os investimentos chineses no Brasil incluem o Grupo Baosteel, Gree e Huawei. Há uma expectativa de que os investimentos diretos chineses fluirão para o Brasil, principalmente em infraestrutura ligada ao comércio exterior e, em particular, às exportações para a China.

- Apesar de pequenas controvérsias comerciais em áreas específicas, as perspectivas para comércio bilateral e fluxos de investimento entre o Brasil e a China são promissores. Eles devem ser vistos em um contexto mais amplo de convergência política e econômica. Os dois maiores países em desenvolvimento respectivamente no hemisfério ocidental e no oriental têm muito a compartilhar, e as complementariedades em termos de características naturais e geográficas tendem a ajudar, assim como o ponto de vista comum sobre o sistema internacional baseado no multilateralismo e na promoção do desenvolvimento.

BRIC: sigla contingente ou permanente?*

José Botafogo Gonçalves

Muito se tem escrito sobre a bem-sucedida invenção da Goldman Sachs, que, ao agrupar grandes países do mundo em um só bloco, gerou um espetacular fato político no cenário da governança global, cujos efeitos parecem não se ter ainda esgotado.

A gênese do BRIC[1] se reveste de muita originalidade, já que não resulta de nenhuma consulta ou proposta de qualquer dos quatro países, não foi germinada em quaisquer dos foros políticos ou econômicos relevantes, como a Organização das Nações Unidas (ONU), a Organização Mundial do Comércio (OMC), o Banco Mundial (Bird) ou o Fundo Monetário Internacional (FMI). A brilhante trajetória do BRIC, desde sua criação até agora, contém um instigante paradoxo sobre o qual vale a pena que nos debrucemos para entendê-lo ou, quem saiba, resolvê-lo.

O paradoxo consiste no fato, por todos reconhecido, de que o BRIC não tem agenda comum nem objetivos políticos e econômicos sequer convergentes, seja na indústria, seja na agricultura ou no setor de serviços. O paradoxo não se esgota aí. A posição geográfica do BRIC não nos leva, à primeira vista, a nenhuma esfera lógica. Índia e China, ambos asiáticos, não

* Publicado em *Revista Política Externa*, vol. 18, nº 2, São Paulo, set.-out.-nov. de 2009.

1 Sigla formada pelos nomes dos países que integram o bloco: Brasil, Rússia, Índia e China; depois tornou-se BRICS, com o acréscimo da África do Sul.

se enquadram nem geográfica nem economicamente na tradicional divisão de Norte (desenvolvidos) e Sul (subdesenvolvidos). A Rússia, geograficamente ao Norte, sofre ou se beneficia do bipartismo europeu e asiático. Até hoje a Rússia não sabe em que proporção de sua totalidade como nação é europeia e asiática. O Brasil é quase um antípoda dos outros três países do bloco. Se definirmos a China como Extremo Oriente, o Brasil cabe bem na definição de país do Extremo Ocidente.

É bem verdade que os quatro países têm em comum sua imensidão geográfica e populacional. Por mais importante que seja essa dupla dimensão, a ponto de levar Marcos Azambuja a dizer que tamanho é documento, será que isso, por si só, garante permanência e vida longa a tal heterogêneo grupo de países?

Não obstante todas essas inconsistências geográficas, humanas, políticas e econômicas, em sua breve vida o BRIC já gerou duas reuniões de cúpula: a dos ministros das Relações Exteriores em Ecaterimburgo (Rússia), em maio de 2008, e a de chefes de Estado, também em Ecaterimburgo, em junho de 2009. Diante desse quadro de diferenças, inconvergências e paradoxos cabe escolher entre a alternativa de concluir que o BRIC é um fenômeno passageiro de mídia ou de marketing e não resistirá à ação do tempo ou a de reconhecer fatores permanentes, embora não plenamente identificados, que garantirão a consolidação do grupo como foro privilegiado e de importância crescente no quadro das instituições existentes de governança global. Este artigo pretende buscar, na história e na geografia, antecedentes que melhor nos ajudem a entender e a resolver os paradoxos embutidos no bloco BRIC.

ESPANHA, PORTUGAL, O PAPADO E A COMPANHIA DE JESUS

No século XV, a Europa encontrava-se envolvida em um vigoroso processo de fermentação cultural e política conhecido como Renascimento.

Para efeito da nossa análise, convém olhar para o comportamento da península Ibérica a partir do século XV e as suas preocupações e objetivos extraeuropeus. Se aplicarmos para aquela época o conceito atual de governança global, veremos que Espanha e Portugal consideravam que ambos os países, por mandato divino e com o aval político e religioso do papado, tinham responsabilidades civilizatórias na África, na Ásia e nos novos territórios, descobertos ou por descobrir, a oeste do oceano Atlântico. A governança global compreendia a necessidade de civilizar (cristianizar) os gentios e, ao mesmo tempo, assegurar que os lucros do comércio internacional crescente de origem africana ou asiática circulassem pelas vias marítimas recém-descobertas e sob controle das respectivas armadas. As monarquias espanhola e portuguesa reconheciam-se como fiéis ovelhas do rebanho cristão sob a conduta do pastor encarnado pelo papa, embora a fé católica não tenha sido empecilho para que as duas monarquias se digladiassem até a morte no controle dos novos territórios descobertos, sobretudo nas Américas.

A tarefa executiva da missão civilizatória católica foi entregue à Companhia de Jesus que, com incrível velocidade, dadas as dificuldades logísticas da época, enviou sua tropa de elite para agir na Índia, na China e no Brasil, a partir do século XVI. Em maio de 1542, Francisco Xavier chegou à cidade de Goa, na Índia, e na China, em 1552. No Brasil, os jesuítas, liderados por Manuel da Nóbrega, chegaram em 1549.

Tal como a Goldman Sachs no século XXI, os analistas da Companhia de Jesus, no século XVI, perceberam que a China e a Índia – e também o Japão –, grandes polos de irradiação cultural e atividade econômico-comercial, mereciam absorver a atenção e os recursos humanos, ainda que numericamente escassos, da recém-fundada ordem, a despeito das profundas diferenças existentes entre cada um desses impérios e da evidente ausência de uma agenda comum. O objetivo explícito dos jesuítas era construir uma agenda comum sobre a base da evangelização de povos tão diversos como os praticantes do budismo, hinduísmo, xintoísmo e islamismo.

Cabe a esta altura perguntar se a recordação da aventura histórica dos jesuítas na Índia, na China e no Brasil, no século XVI, é uma mera curiosidade histórica ou se, por meio desse episódio, será possível identificar alguns elementos de permanência até os dias de hoje e em que país ou países. Antes de tentar responder a essa pergunta, convém acrescentar que os jesuítas também tiveram a oportunidade de atuar em território russo, ainda que em circunstâncias políticas diversas. Na Europa continental, a Contrarreforma se consolidou na península Ibérica, na França e na Polônia. No século XVI, o ducado de Moscou estava já em pleno processo de expansão e domínio sobre outras tribos ou populações europeias, a leste ou a oeste, ou ao sul de Moscou. A Polônia, a Ucrânia e a Rússia se viram envolvidas em conflitos armados de grande monta, cujos respectivos nacionalismos se confundiam com as opções religiosas a favor da Igreja de Roma ou da Igreja Ortodoxa Russa. A Companhia de Jesus, presente na Polônia, tornou-se inimiga política dos nacionalismos russos de fé ortodoxa. Curiosamente, após a dissolução da ordem jesuítica, em 1759, em Portugal, muitos jesuítas se refugiaram na Rússia com o beneplácito de Catarina, a Grande. A czarina demonstrou, por esse gesto, não acatar a autoridade do bispo de Roma.

A antiguidade, a complexidade de suas culturas, as dimensões geográficas e humanas da Índia e da China no século XVI já constituíam barreira suficiente para permitir maior penetração da mensagem cristã-jesuíta de modo profundo. No limiar do século XVI, o projeto de cristianização da Ásia reduziu-se a um pequeno número de enclaves católicos no continente, inclusive no Japão. Por outro lado, a aventura jesuíta concluiu que Índia e China, desde aquela época, sentiam-se suficientemente pragmáticas para aceitar a importação de uma cultura e religião alienígenas e suficientemente fortes para expulsá-las quando demonstrassem colidir com seus valores culturais e políticos.

Essas características de ambivalência dos dois grandes países asiáticos parecem desabrochar com novo vigor no século XXI. A Índia, enquanto preserva, mesmo contra as leis, as regras de uma sociedade organizada em castas, abre-se descaradamente para o mundo ocidental por meio de um setor econômico dos mais democráticos e igualitários, que é o setor de tecnologia da informação, no qual o mérito profissional predomina sobre cor ou origem do agente comunicador. No domínio econômico, a China monta um sistema sem precedentes, no qual agentes produtores públicos e privados agem com mentalidade capitalista dentro e fora do território chinês. Abarcando um arco de bens e serviços que vai desde os bens de consumo não duráveis até os bens de capital da indústria de base, todos estão acoplados a uma rede de apoio financeiro que a faz, ao mesmo tempo, aliada e refém da mais forte economia capitalista do mundo. Na área política, a China reinterpreta os sentimentos socialistas de Marx, Lênin e Mao, a fim de preservar o monopólio do poder na mão do Partido Comunista Chinês.

Curiosamente, a Rússia vem demonstrando maior dificuldade em redefinir seu espaço político, econômico e cultural no limiar do século XXI. A Rússia, entre os quatro países do BRIC, é o que tem melhor nível médio educacional de sua população, é o que acumula mais riqueza e avanço tecnológico ao longo do século XX, é o que acumula maior poderio militar, é o mais rico em recursos naturais energéticos e é o único que se atribuiu a tarefa de disputar a hegemonia mundial com os Estados Unidos da América. Serão esses fatores causa ou consequência da aparente inabilidade russa de se modernizar rapidamente? A resposta virá gradualmente nos próximos anos.

Essa rápida pincelada histórica não nos facilita em nada a tarefa de buscar uma agenda comum para o BRIC. Não obstante, é possível vislumbrar alguns aspectos comuns a cada um dos três países sob o ângulo de sua própria visão. Há muitos séculos, os três se consideram o centro de um império de uma cultura ou de uma civilização. Como centros, eles consideram normal a existência de países periféricos ou satélites orbitando em seu entorno, não se sentem inferiores à civilização cristã ocidental, embora muito atraídos pelas instituições públicas de origem anglo-saxã, especialmente nos campos da ciência e da economia.

Na escala de valores sociais, as diferenças de classe e de riqueza são vistas como naturais, as noções de igualdade conflitam com o emaranhado tecido de raças, cores, religião e clima. A liberdade individual não prevalece sobre a disciplina pública ditada pelo Estado. Não será necessário recuar muito no tempo (algumas décadas atrás) para constatar que também na Europa essas desigualdades faziam parte da organização social e política predominante. Resta agora tecer algumas considerações sobre o Brasil, enquanto país do BRIC e muito distante dos outros três, seja pela história, seja pela geografia, seja pelos costumes e pela cultura.

Primeira observação: se a aventura jesuítica nos outros três países foi de curta duração, no Brasil fez-se elemento determinante da formação da nacionalidade brasileira. Com efeito, a evangelização dos índios deu-se de comum acordo com a monarquia portuguesa, visto que a ação religiosa ajudava a disciplinar ou escravizar as populações locais, fornecedoras de mão de obra para desempenhar as atividades físicas de interesse do invasor europeu.

O europeu monopolista da monarquia portuguesa, em relação à colônia americana, não permitia a presença pacífica de outras nacionalidades europeias, particularmente a francesa e a holandesa. O monopólio português conduziu o progressivo predomínio da língua portuguesa, assim como os métodos de administração da coisa pública. A igualdade dos homens perante Deus fazia parte do discurso do Evangelho, mas, na prática, a sociedade se organizou em classes verticais com pouca permeabilidade entre elas. No topo ficavam os agentes portugueses; na base, os escravos e, no meio, os brasileiros de origem portuguesa, que acabariam por assumir o poder no Brasil na segunda década do século XIX. A vida política e militar girava em torno do Estado. Até 1808, esse Estado tinha sede em Lisboa. A partir de 1808, como por milagre, a colônia brasileira, ou mais precisamente a cidade do Rio de Janeiro, virou sede de um império intercontinental, com presença na África, na Índia e na China.

Segunda consideração: a nação brasileira e, posteriormente, o Estado brasileiro formou-se do nada a partir do século XVI, por obra e graça da monarquia portuguesa, dona de um império mundial. Portugal sabia que seu papel na Europa estava condenado a ser diminuto, sufocado que sempre esteve pela Espanha e por outros componentes do império romano germânico.

Em vista disso, o imperialismo português não tinha limites continentais que se aplicassem seja à metrópole, seja às colônias. No caso do Brasil, esse sentimento universalista gera duas consequências aparentemente contraditórias. A primeira levaria os brasileiros a se ocuparem de imenso território pátrio em um processo de expansão de infraestrutura que não foi provocado por nenhum vizinho sul-americano em particular. Mesmo na região do Cone Sul, os conflitos com os vizinhos do Prata tiveram origem na herança pós-napoleônica das monarquias ibéricas e não na vontade de subjugar e conquistar territorialmente qualquer vizinho.

A segunda consequência foi levar o Brasil e os brasileiros a se verem como um grande país em perspectiva, com ambições e vocações de alcance mundial, seguindo, conforme o caso, os modelos da Europa ocidental – França, em particular, ou os Estados Unidos da América. O crescer para dentro não era condição para crescer para fora, mas, pelo contrário, eram movimentos que se faziam simultaneamente. A ocupação do litoral nordestino no século XVI permitiu crescer para fora, por meio da exportação de açúcar. A ocupação do planalto do Sudeste permitiu crescer para fora, por meio da exportação de café. Hoje, a ocupação do Centro-Oeste permite conquistar a liderança mundial a partir da exportação de soja e de carnes bovina e de frango.

Note-se que por cinco séculos esse processo atual não foi nem estimulado nem obstacularizado pelos vizinhos sul-americanos. Era como se eles não existissem para efeito de uma definição estratégica do espaço que o mundo estaria revelando para o Brasil. Assim chegamos ao século XXI. O Brasil, com modestos quinhentos anos de história, com pequena contribuição à cultura mundial (embora crescente, como no caso da música), vê o espaço que ocupa no mundo com o mesmo sentimento de grandeza, de importância, de potencialidades compartilhado pelos três outros membros do BRIC. Não é só o Brasil que se vê confortavelmente associado à Índia, à China e à Rússia. O resto do mundo que conta também acha que o Brasil está ocupando, entre os outros três, um espaço que lhe é devido, dada a originalidade de sua história, de sua independência e do vigor e unidade de sua cultura e nacionalidade.

A despeito de uma ausência de agenda comum, é razoável esperar que nas próximas duas décadas a posição do Brasil diante dos outros do grupo BRIC será reforçada pelas seguintes razões:

- o mundo está caminhando para um novo paradigma de crescimento econômico, em que a sustentabilidade deve prevalecer sobre a velocidade e o ritmo;
- nesse novo paradigma terão papel crucial a terra agricultável, as águas doces, a energia solar e suas aplicações renováveis, o uso mais racional dos recursos do solo e do subsolo;
- a sustentabilidade política das instituições públicas nos outros três países vai depender de rápidas reduções das desigualdades sociais, da maior disponibilidade de alimentos com crescente valor proteico e, na China e na Índia, de um combinado processo de migrações internas de suas populações das zonas rurais para as zonas urbanas.

O Brasil tem abundância de recursos naturais renováveis, além de uma fronteira agrícola de grandes dimensões (80 milhões de hectares); dispõe da Embrapa, a melhor instituição mundial no campo da produção agrícola de origem tropical; já concluiu seu processo de urbanização e está a caminho de resolver gradualmente seu grande desequilíbrio econômico-social.

Uma nota de advertência: o Brasil, em seus quinhentos anos de existência, pôde dar-se ao luxo de crescer para dentro e para fora, sem muitos problemas de monta como seus vizinhos. Esse luxo acabou. Pela primeira vez, o Brasil deverá, no BRIC ou fora dele, ter políticas ativas e diferenciadas para cada um dos seus vizinhos sul-americanos. A agenda de desencontros está crescendo com a Bolívia, o Equador, a Argentina e o Paraguai. Onde vamos poder equacionar tais problemas? No Conselho de Segurança da Organização das Nações Unidas?

QUAL É O SIGNIFICADO DA EXPRESSÃO "AGENDA COMUM"?

Se definirmos "agenda comum" como a enumeração de temas específicos a respeito dos quais o BRIC tenha visões convergentes, será difícil encontrar uma agenda comum nos dias de hoje. Se, por outro modo, buscarmos temas que têm ou venham a ter papel relevante no relacionamento bilateral, trilateral ou quadrilateral do BRIC, então não será difícil levantar uma relevante e bem substanciada agenda comum. Comecemos pelo óbvio: comércio internacional. Nas próximas décadas, as relações comerciais entre os quatro países deverão preocupar novamente os empresários, os exportadores e o governo brasileiro.

A estrutura atual do comércio do Brasil com a China é insustentável no médio ou longo prazos. Sem restar importância ao espetacular aumento do comércio bilateral nos últimos anos, a verdade é que hoje o Brasil está se tornando um grande exportador de *commodities* de baixo valor agregado para a China e, ao mesmo tempo, um grande importador de bens de consumo não duráveis com maior agregação de valor, mas com irregular prestação de qualidade.

O empresariado brasileiro vem aumentando suas pressões sobre o governo para que este adote medidas de caráter tarifário; ou não: que reduzam as importações de manufaturas chinesas de setores sensíveis, como brinquedos e têxteis. Para complicar mais as coisas, convém recordar que as manufaturas chinesas se fazem presentes no Mercosul por duas bandeiras, a saber, a da República Popular da China, pelas compras feitas pelo Brasil, pela Argentina e pelo Uruguai, e a de Formosa, feitas pelo Paraguai e reexportadas para o Brasil por meio do obscuro e paralegal mercado de sacoleiros e das chamadas "Feiras do Paraguai". Cada vez que o governo cede às pressões paraguaias e alivia a repressão do comércio de fronteira, está, na verdade, estimulando a triangulação de produtos de origem asiática, particularmente de Formosa, o único "país chinês" que tem relações diplomáticas com o Paraguai. A perda fiscal dessa triangulação tolerada pelo Brasil se soma a algumas centenas de milhões de dólares, muito mais do que a compensação que agora o Brasil está negociando com o Paraguai, no comércio bilateral de energia elétrica.

Deixando de lado o "efeito Paraguai" no comércio bilateral com a China, a verdade é que o Brasil, desde 1500, vem demonstrando sua competitividade mundial no comércio de *commodities* agrícolas. A partir da segunda metade do século XX, a competitividade agrícola brasileira se acentuou no mercado mundial com a incorporação espetacular do complexo da soja e, posteriormente, com as vendas de carnes suína, bovina e de frango. Infelizmente, a sociedade brasileira, não só o governo, tem tomado atitudes preconceituosas com relação ao comércio exterior do *agrobusiness*, como se ele fosse um mal necessário para cobrir nossa fraqueza no campo das exportações de manufaturas.

As relações comerciais com a China oferecerão excelente oportunidade para corrigir os efeitos históricos desse recorrente preconceito. Os setores público e privado no Brasil têm a obrigação de definir uma estratégia de médio e longo prazos que inclua nas negociações bilaterais mecanismos de liberalização gradual da China com relação às exportações agrícolas brasileiras, aceitando a crescente incorporação de valor agregado pelas transformações das *commodities* em produtos agroindustriais, sobretudo por meio da iluminação do mecanismo de escalada tarifária.

Para tanto, não é necessário aguardar a retomada da Rodada Doha. No âmbito das conversas bilaterais, o Brasil tem suficiente poder de barganha para buscar um acordo setorial com os chineses, já que o consumidor brasileiro pouco seria prejudicado se o Brasil viesse a reduzir substancialmente suas importações de manufaturas chinesas. Na verdade, uma política de negociações comerciais com a China, que leve à abertura progressiva para as exportações brasileiras de alimentos, com crescente conteúdo proteico, vale também para negociações bilaterais com a Índia e a Rússia.

Em outras palavras, cabe ao Brasil tomar a iniciativa, no seio do BRIC, de estabelecer como primeiro ponto da "agenda comum" o tema agrícola no seu sentido mais amplo, em que se incluiriam as principais questões ambientais, climáticas e de segurança alimentar que atravessam horizontalmente a produção e a comercialização de produtos agrícolas. Se o Brasil se proteger e incorporar o tema do agronegócio como o primeiro item da agenda comum do BRIC, de imediato será necessário definir o segundo item da agenda comum, que seria a contribuição que os quatro países poderão dar à definição, em escala global, de um novo paradigma de crescimento sustentável em escala planetária.

Há fortes indícios de que a China já esteja buscando níveis mais altos de crescimento anual com novas tecnologias de produção de energia fóssil bem menos poluentes do que as atuais, sobretudo na área do carvão mineral. Embora os cientistas ainda divirjam sobre os modelos mais adequados para a sustentabilidade ambiental na produção de energia, pode-se especular que a equação que prevalecerá ao longo do século XXI compreenderá, de um lado, o uso mais racional e conservador das fontes não renováveis de energia, ao par de um aumento progressivo na matriz energética de fontes renováveis (vento, sol, marés e águas). Por razões práticas, consideraremos a energia nuclear uma fonte renovável.

Nesse vasto campo de nova definição de paradigmas de desenvolvimento econômico, o Brasil, entre os quatro países do BRIC, é o que dispõe de mais amplas margens de manobra. Pode-se imaginar o impacto econômico, político e social no planeta se os quatro BRIC, sob a liderança intelectual e empírica do Brasil, vierem a convergir suas políticas nos campos tecnológico, agrícola e industrial, para conformar uma nova política de desenvolvimento econômico consistente com seus autodefinidos objetivos de sustentabilidade. As soluções não virão "de fora", como da Organização para a Cooperação e Desenvolvimento Econômico (OCDE) ou do Banco Mundial, mas serão resultado de opções "internas" aceitas pelos quatro membros.

A essa altura, já podemos imaginar qual poderia ser o terceiro item da "agenda comum". Para executar uma política agrícola segundo os novos paradigmas de sustentabilidade, quais serão os recursos financeiros necessários e como dirigi-los de maneira fluida e garantida aos investidores?

Mais uma vez o BRIC poderá ser parte, ou mesmo a maior parte, para solucionar a equação. China e Brasil são grandes credores dos Estados Unidos. São trilhões de dólares que se refugiam no Tesouro americano por falta de melhor opção. Em vez de discutir abstratamente o fim do dólar como moeda de reserva internacional, não será mais prático coordenar políticas de investimento entre os quatro membros para agilizar a reciclagem de recursos financeiros semiociosos?

Não nos esqueçamos de que os quatro juntos somam cerca de 14% do comércio mundial, 40% da população e 15% do PIB do planeta – diferentemente dos diversos choques de petróleo no século XX, que levaram os países árabes, incapazes de absorver seus saldos, a reciclá-los por meio do mercado financeiro internacional. Hoje, os saldos gigantescos acumulados pelo BRIC, a China em particular, podem e devem ser aplicados em seus respectivos territórios, para benefício de todos os países, subdesenvolvidos, desenvolvidos ou emergentes.

CONCLUSÃO

No domínio das instituições políticas, de convivência social, das práticas culturais e religiosas, da tolerância racial, o BRIC constitui, talvez, o mais heterogêneo grupo de países importantes que se possa imaginar. Falar de uma agenda comum sugere um exercício de delirante imaginação e criatividade.

Rússia, Índia e China carregam, em suas respectivas sociedades, valores, práticas, preconceitos éticos e estéticos tão divergentes e, muitos deles, tão profundamente arraigados que qualquer tentativa de homogeneizá-los ou diluí-los parece destinada ao mais redondo fracasso. A verdade passa, porém, muito distante desse fatalismo histórico. Talvez em nenhuma outra parte do mundo as respectivas sociedades civis tenham conhecido transformações tão revolucionárias como as da Rússia, da China e da Índia. Mesmo o Brasil, em sua curtíssima história de quinhentos anos, não ficou alheio a importantes mudanças internas, sendo a urbanização acelerada a partir de 1950 talvez a mais importante delas.

Quando temos dificuldade de explicar, em poucas palavras, transformações importantes que ocorrem em qualquer lugar do planeta, normalmente saímos pela explicação mais fácil, mais óbvia e menos precisa do fenômeno da globalização. Não estamos errados, pois a globalização é causa e consequência de vertiginosas transformações nos campos comercial, financeiro, científico e tecnológico.

Já nos campos político, ético e religioso, a globalização precisa vir associada à revolução dos meios de comunicação, sobretudo à velocidade de sua implantação. Na década de 1960, uma ligação telefônica interurbana no Brasil levava dias para ser completada. Ligações locais poderiam levar horas. Hoje, 90 milhões de brasileiros possuem celulares que podem em tempo real falar com qualquer cidade do BRIC.

Após a derrota nazista na Segunda Guerra Mundial, o protótipo do ideal leninista era "o novo homem soviético", que surgia para o mundo liberado do pecado original da propriedade privada e da superstição religiosa. Hoje, a sociedade russa busca disciplinar o ressurgimento da propriedade privada e canalizar a retomada do sentimento religioso para o desenvolvimento do país.

A China e Mao Tsé-tung, durante a Revolução Cultural, abominavam a educação formal e só reconheciam valor no trabalho manual, particularmente no campo.

Hoje, a China lidera a formação de Ph.Ds em diversos ramos das ciências exatas e sociais.

A Índia, que antes da independência praticava um sistema de castas e privilégios talvez só superado pela sofisticação do sistema aristocrático inglês, hoje se transforma na maior democracia do mundo (700 milhões de eleitores) e está prestes a abolir os títulos de marajá e nababo.

O Brasil, nos campos político e social, também passou por um processo original de transformações muito diferente do que ocorreu nos outros três países. Aqui, todas as iniciativas de ruptura foram derrotadas pelo estrato superior de proprietários rurais e dos comerciantes. Com a industrialização, o poder político foi gradualmente transferido para as cidades, tal como o grosso da população. Até o fim do século XX, a sociedade brasileira se organizou de forma aguda e desigual. A despeito de tais graves injustiças, a sociedade desenvolveu mecanismos de mobilidade social que agora podem dar frutos duradouros no sentido da organização de uma sociedade menos injusta.

Em resumo, onde os países do BRIC mais divergem entre eles e onde são maiores as diferenças com o resto do mundo, é dali que virão as grandes forças transformadoras da organização interna das respectivas sociedades.

Não será realista imaginar que processos transformadores de tal envergadura se darão em clima de tranquilidade e descontração. Lamentavelmente, é provável que ocorra o contrário. Uma sequência de rupturas é previsível, embora não necessariamente catastrófica, pois o grupo já deu mostras de que é capaz de absorver transformações de valores seculares em um contexto, é bem verdade, de expansão do bem-estar econômico para uma proporção crescente das populações locais. Nesse sentido, a tolerância se apresenta como caminho possível.

TOLERÂNCIA. COMPONENTE MAIS UNIVERSAL DO *SOFT POWER* BRASILEIRO

Tolerância racial. Construção não planejada, não ordenada, nem menos justa, mas real, de uma sociedade em que a tolerância prevalece sobre as diferenças de cor de pele, de características faciais, de cor e da textura dos cabelos.

Tolerância religiosa. Com frequência é citada a frase de André Malraux: "Le XXI siècle sera religiaux ou ne sera pas". Há controvérsias se ele disse ou não essa frase. Pouco importa. Há evidências empíricas suficientes de que a religião continuará sendo praticada pela população dos quatro países do BRIC. No caso do Brasil, as três principais visões monoteístas do mundo e suas crescentes ramificações e sub-ramificações convivem harmoniosamente, também ao amparo de uma legislação que criminaliza toda manifestação de intolerância ou discriminação.

Tolerância cultural. Consequência das duas anteriores, em que a língua falada e escrita, a música, a dança, o esporte, as artes plásticas se interpenetram em um processo de mestiçagem semelhante ao que ocorre entre os elementos europeus, asiáticos, árabes, índios e negros da população brasileira. Não há mestiçagem sem tolerância. E o Brasil pode, mais uma vez, ser apontado como um interlocutor privilegiado entre os quatro no sentido de liderar a construção de uma agenda convergente nos campos político e social, por meio de uma experiência única de construção de sociedade tolerante.

Política exterior da China e o Brasil*

Luiz Augusto Castro Neves

ANTECEDENTES

A espetacular ascensão da China ao longo deste último quarto de século tem sido talvez o fato mais importante a condicionar as relações internacionais no início do século XXI. A presença chinesa é percebida de forma cada vez mais explícita em todos os quadrantes do mundo e, como não poderia deixar de ser, também na América Latina. Com efeito, as consequências dessa crescente presença chinesa na região têm atraído a atenção de estudiosos, acadêmicos e diplomatas, que até bem poucos anos consideravam a China um ator periférico no cenário latino-americano. Nesse contexto, era apenas natural que o Brasil, país que tem maiores economia, população e território da região, assumisse uma elevada prioridade nas relações exteriores da China com a América Latina, em particular, e com o mundo em desenvolvimento, em geral.

As relações com o Brasil foram restabelecidas em 1974, durante o regime militar. É interessante notar que o estabelecimento de relações da China continental com os principais países latino-americanos teve lugar na primeira metade da década de 1970, após o ingresso do país nas Nações Unidas e a histórica viagem do presidente Nixon a Pequim. As duas exceções foram Cuba, cujas relações se estabeleceram após a ascensão de Fidel

* Publicado em *Dossiê CEBRI*, vol. 1, ano VIII (Rio de Janeiro: Centro Brasileiro de Relações Internacionais – CEBRI, 2009).

Castro, e Chile, logo no início do governo de Salvador Allende. Afinidades ideológicas não constituíam a base do relacionamento chinês com os países latino-americanos; a maior parte desses países estava na época submetida a regimes militares de direita, adeptos de uma decidida retórica anticomunista. Observe-se, por exemplo, que, a despeito de Cuba ter sido o único país marxista-leninista da região, suas relações com a República Popular da China foram, até 1995, marcadas por desacordos e distanciamentos. Em janeiro de 1966, Fidel Castro denunciou o governo chinês, na abertura da Conferência Tricontinental de Havana, acusando sua liderança de "senilidade". A posição cubana refletia, na verdade, seu alinhamento com a política externa soviética; sua reaproximação com Pequim só teve lugar após o desaparecimento da União Soviética. As relações sino-chilenas, por seu turno, constituem outro exemplo interessante a enfatizar o caráter predominantemente não ideológico da política externa chinesa. Não obstante as relações terem sido restabelecidas logo no início do governo socialista de Salvador Allende, a China foi o único país do bloco socialista a mantê-las com o regime militar anticomunista do general Augusto Pinochet.

Historicamente, as relações sino-brasileiras só adquiriram algum significado a partir de 1917, com a chegada à capital chinesa de nosso primeiro-ministro residente, Alfredo de Almeida Brandão. Antes disso, houve algumas iniciativas esparsas, como a existência em Cantão (de 1843 a 1849) e Macau (de 1850 a 1895) de cônsules honorários. A julgar pelas datas do fechamento do consulado honorário em Cantão e da abertura do consulado de Macau, bem como pela proximidade das duas cidades, é de se supor que tenha havido uma transferência do consulado honorário de uma para a outra cidade.

O primeiro instrumento firmado pelos dois países foi o Tratado de Amizade, Comércio e Navegação em 1881, mais de uma década antes do ajuste semelhante ao firmado com o Japão. Em 1884, o governo imperial brasileiro designou João Antônio Rodrigues Martins cônsul-geral na China e Manuel da Silva Pontes Júnior vice-cônsul em Xangai. É dessa época, também, a notícia da vinda ao Brasil de uma primeira missão de empresários chineses. Pouco depois, em 1886, o consulado-geral foi extinto e seus arquivos foram confiados à guarda do cidadão português Agostinho Romano Santana, cônsul honorário do Brasil em Hong Kong. Como bem apontou Arnaldo Carrilho em um estudo sobre o assunto, "o Brasil falhara em seu objetivo, bem pouco ético, de importar cules para a lavoura, em parte já abandonada pelas alforrias parciais de escravos africanos, haja vista que seu embarque tinha sido proibido por ingleses, portugueses e chineses". Carrilho concluiu que "não primou assim pela edificância o início das relações Brasil-China, inspiradas na defesa dos interesses agrários de uma classe que vivia da exploração da mão de obra escrava".

De 1917 a 1950, as nossas relações com a China pouco tinham de significativas. Em 1950, nosso embaixador Gastão Paranhos do Rio Branco saiu de Nanquim, sede do governo do Kuomintang, para Xangai e de lá para Tóquio, sob a proteção do Supremo Comando Aliado, logo depois da vitória das forças de Mao Tsé-tung e da fundação da República Popular da China. Entre 1942 e 1974, o Brasil manteve relações com o governo de Taipé, refletindo os alinhamentos automáticos característicos dos anos mais duros da Guerra Fria.

Em 1961, o então vice-presidente João Goulart visitou a China em missão a ele confiada pelo presidente Jânio Quadros, que se propunha executar uma política externa "independente", isto é, que se pretendia equidistante dos dois grandes polos de poder à época. Houve quem visse na atitude de Quadros, adversário político de Jango, uma manobra para afastar o vice-presidente e seu sucessor imediato, pois pretenderia dar um golpe de Estado que lhe assegurasse plenos poderes. A renúncia de Jânio Quadros, que seria o primeiro passo da alegada tentativa de golpe, surpreendeu Goulart em Pequim, de onde empreendeu uma longa viagem de regresso enquanto tinham lugar as negociações políticas que lhe permitiriam suceder Quadros. O governo de João Goulart buscou dar continuidade à chamada Política Externa Independente, consumando o reatamento das relações diplomáticas com a União Soviética e buscando uma aproximação com a China, que provavelmente culminaria com o estabelecimento de relações. O golpe militar, em 1964, interrompeu esse processo, tendo o novo governo militar encarcerado por várias semanas uma missão oficial do governo chinês que se encontrava no Rio de Janeiro para negociar acordos comerciais entre os dois países.

A partir de 1967, com a chegada ao poder do general Costa e Silva, a República Popular da China voltou a ser objeto de discreta atenção do Itamaraty. Nesse ano, assumiu o Consulado Geral em Hong Kong o diplomata Miguel Ozório de Almeida, que tinha como missão paralela fazer um exaustivo levantamento da economia chinesa, como uma espécie de primeiro subsídio para eventual estabelecimento de algum tipo de relacionamento com a China (ainda que restrito ao campo comercial). Miguel Ozório, como era seu estilo, preparou um alentado documento em que identificava e vaticinava com linguagem eloquente que a China tinha condições de representar para a economia mundial no século XXI o que os Estados Unidos representavam no século XX. O trabalho, apresentado ao Itamaraty em época de violenta repressão a quaisquer ideias consideradas de esquerda, valeu não poucos dissabores a seu autor. Já de volta ao Brasil, Miguel Ozório escreveu, por sugestão de um assessor do então presidente Medici, um relatório intitulado "Levantamento crítico da economia brasileira", em que tecia sérias críticas à política econômica em curso, sugerindo profeticamente que as altas taxas de crescimento da economia brasileira não eram sustentáveis, que o país poderia enfrentar uma crise de liquidez no setor externo de sua economia e que a inflação voltaria com mais vigor. O documento acrescentava que a incapacidade de fazer com que o crescimento beneficiasse camadas mais amplas da população levaria ao fenômeno hoje conhecido como exclusão social, por ele considerado "favelização crescente em torno das cidades com um provável aumento sem precedentes da violência urbana". Miguel Ozório citava no trabalho sugestões de medidas para aumentar o emprego, inspirando-se em algumas medidas adotadas na China. Foi marginalizado no Itamaraty (quase chegou a ser preso em 1970), sob a acusação velada de que queria impor o "modelo chinês" de crescimento ao Brasil.

O REATAMENTO COM O BRASIL

O reatamento formal, como já dito, ocorreu em 1974, no primeiro ano do governo do general Ernesto Geisel. O processo de reatamento foi objeto de intensa controvérsia entre as autoridades militares brasileiras, boa parte das quais – inclusive e sobretudo o ministro do Exército, general Sylvio Frota – era expressamente contrária ao reatamento. A decisão de reatar foi formalizada em reunião do Conselho de Segurança Nacional, em que o ministro Frota apresentou por escrito seu parecer contrário, no qual alertava para o perigo de as exportações de bens de capital serem acompanhadas da "competente assistência técnica" – roupagem sob a qual se escondem ou agem, muitas vezes, agentes dos respectivos "serviços de informações" (documento enviado ao presidente da República em 8 de maio de 1974). Observava, também, que no plano interno "os grupos de contestação ao regime que mais se têm destacado pela persistência e fanatismo de seus militantes são exatamente aqueles que seguem a orientação político-ideológica do mestre do comunismo chinês, verdadeiro deus de uma religião sincretizadamente professada por mais de 800 milhões de amarelos ansiosos por expandirem-se e ocuparem os vazios do ecúmeno, hoje já carentes no globo terrestre, mas cobiçados, em especial, no Brasil e na África Negra" (*idem*).

As relações reatadas não levaram a maiores iniciativas de parte a parte, como seria de se esperar, tendo em vista as potencialidades enfaticamente enunciadas e que serviam de explicação e justificativa para o ato, o que gerou à época muita controvérsia no Brasil. Havia razões chinesas e brasileiras que explicavam a falta de iniciativas concretas nos anos que se seguiram ao reatamento: do lado chinês, o país continuava imerso no grande pandemônio político-ideológico que foi a Revolução Cultural (1966-1976). Se, por um lado, nos seus últimos anos a Revolução Cultural já havia perdido muito de seu ímpeto, e alguns importantes líderes caídos em desgraça começavam discretamente a ser reabilitados, por outro lado a saúde precária de Mao Tsé-tung já propiciava o início de uma surda batalha por sua sucessão. Assim, a conjuntura interna chinesa não era propícia a iniciativas inovadoras em matéria de política externa, salvo o ato político de formalizar seu reconhecimento pela comunidade internacional, decorrente de seu ingresso nas Nações Unidas. No Brasil, como já apontado, o reconhecimento da República Popular da China gerou grande controvérsia entre os militares que davam sustentação ao regime, todos radicalmente anticomunistas. A iniciativa do reatamento era, segundo o ministro do Exército, uma "medida proposta pelo Ministério das Relações Exteriores" (e não do presidente da República, que era conhecido por seu estilo centralizador), como se estivesse a retirar-lhe a importância política. Além disso, o governo Geisel estava às voltas com o início do processo que veio a ser conhecido como "abertura política" e que naquele momento era conhecido como "distensão", processo que gerava pressões e contrapressões à meia voz, características de regimes autoritários "encurralados", para usar o termo empregado por Elio Gaspari no livro *A ditadura encurralada*. O reatamento já fora, no plano interno brasileiro, uma operação politicamente complicada e que, de certa forma, explicitara os limites da capacidade de atuação do governo no plano externo em temas considerados sensíveis, como o estabelecimento de relações com um importante país comunista. Assim, não parecia haver clima propício, nem de um lado, nem de outro, para iniciativas concretas de maior envergadura entre o Brasil e a China.

AS REFORMAS ECONÔMICAS NA CHINA E SUA POLÍTICA EXTERNA

Em 1978, a consolidação do poder de Deng Xiaoping permitiu a efetivação de importantes reformas econômicas, que tornaram possível à China crescer a taxas médias superiores a 10% ao ano ao longo dos últimos 29 anos. Uma das características mais importantes das reformas de Deng foi a inversão feita na estratégia do desenvolvimento econômico do país. Desde a fundação da República Popular, em 1949, o objetivo colimado pela liderança chinesa era buscar uma autossuficiência abrangente em relação ao mundo exterior. A China foi, por vários anos, autossuficiente em matéria de produção de alimentos e de petróleo, apenas para dar um exemplo significativo. A partir das reformas de 1978, a estratégia passou a ser "a correta inserção da China no sistema internacional", de acordo com o discurso da liderança chinesa. De fato, com a maior abertura da economia, o início do processo de privatização das empresas estatais da China e a urbanização acelerada de sua população, o país tornou-se mais dependente de insumos importados, com especial ênfase em recursos energéticos. Hoje, a China importa em média a metade do petróleo que consome, e o aumento da população urbana (estimada hoje em 46% da população total, contra 20% no início da década de 1970), aliado à expansão da demanda decorrente do vigoroso crescimento da renda *per capita* nos centros urbanos, tornou o país um importador crescente de alimentos. Além disso, o processo de industrialização e modernização da economia chinesa, que faz com que hoje ela seja a maior plataforma manufatureira do mundo, tornou-a também grande importadora de bens de capital e de tecnologia.

Como era de se esperar, a política externa chinesa passou não só a refletir essas novas realidades e objetivos estratégicos como também a constituir, ela própria, um instrumento importante da "correta inserção no sistema internacional". Assim, percebem-se com clareza as inflexões da política externa chinesa voltada para uma maior presença, sobretudo econômica e comercial, em outras regiões do mundo.

POSIÇÕES CHINESAS EM TEMAS DE INTERESSE MUNDIAL

Não há dúvida, como já foi aventado, que a China tem sido não apenas presente, mas cada vez mais vocal em relação a diversos temas que hoje fazem parte da agenda mundial, como as questões do Oriente Médio, o terrorismo, a mudança de clima e o papel da Organização das Nações Unidas. No que se refere ao Oriente Médio, dois temas principais estão presentes nas preocupações chinesas: a situação no Iraque e a questão nuclear iraniana. Em ambos os casos, a preocupação básica da China é tentar contribuir para diminuir o grau de volatilidade da região, de onde provém parte significativa do petróleo de que necessita. No caso do Irã, a posição chinesa tem sido favorável ao reconhecimento dos direitos desse país de desenvolver os usos pacíficos da energia nuclear, desde que submetidos às salvaguardas da Agência Internacional de Energia Atômica (AIEA). A China defende o encaminhamento da crise mediante negociações no âmbito da AIEA (e não no Conselho de Segurança da ONU, uma vez que se trata de um problema de assegurar a não proliferação de armas nucleares e evitar a ameaça à paz e à segurança) e tem se mostrado cética em relação à eficácia de sanções internacionais, por isso condenando também o uso de sanções unilaterais, como as recentemente impostas a empresas iranianas. A posição chinesa nessa matéria tem levado em conta três aspectos importantes: o primeiro, evitar que a questão nuclear iraniana traga danos a seu relacionamento bilateral com esse país à luz de interesses econômicos importantes, como é o caso do fornecimento de petróleo. O segundo aspecto tem a ver com o fato de a China se propor responsabilidades cada vez maiores no cenário mundial, como uma nova potência cuja ascensão se pretende positiva para a estabilidade das relações internacionais. Nesse contexto, a China tem contribuído para a aprovação de resoluções do Conselho de Segurança da ONU sobre a suspensão do programa iraniano de enriquecimento de urânio, inclusive com o recurso à imposição de sanções. A China vem insistindo com o governo de Teerã para que tenha posições mais flexíveis e procure cooperar com a comunidade internacional em matéria nuclear. É preciso, também, ter em mente que a posição chinesa, que rejeita a imposição de sanções unilaterais ao Irã, é coerente com outros posicionamentos do país em crises de impacto internacional, como as de Mianmar e do Sudão. Nessa matéria, e ao contrário do que se percebe, por exemplo, nas posições russas, a China não busca em suas relações com o Irã contrabalançar as ações dos Estados Unidos, da União Europeia e de Israel. A circunstância nos remete ao terceiro aspecto, a saber, a prioridade para a China de suas relações com os Estados Unidos, o que a leva a ser, sobretudo, pragmática quando se trata de crises fora de sua área de atuação direta. Em outras palavras, a China trata de equilibrar as prioridades da sua política externa em relação aos Estados Unidos com o não comprometimento de seus interesses econômicos no Irã.

Em relação ao Iraque, a China, como é sabido, opôs-se ao uso de força militar, defendendo soluções no âmbito do Conselho de Segurança da ONU, temerosa dos efeitos imprevisíveis do unilateralismo americano na luta contra o terrorismo e a proliferação das armas de destruição em massa. Também a modular as posições chinesas no Iraque está o interesse de Pequim em manter com Washington um relacionamento fluido e pragmático, sobretudo quando não se trata de questões nas quais tenha interesse direto. Certamente o interesse da China é evitar que sua posição em questões desse tipo não a prejudique em temas prioritários para ela, como é o caso da questão de Taiwan. Essa circunstância pode, talvez, explicar o fato de que, em 2003, a posição da China em relação à invasão do Iraque foi significativamente mais moderada do que as da França, da Alemanha e da Rússia. Em paralelo, a China procura, diante das limitações que decorrem da conjuntura iraquiana, avançar sua agenda bilateral, leia-se o fornecimento de petróleo.

Sobre a questão do terrorismo, cuja relevância na agenda internacional decorre em grande parte dos atentados de 11 de setembro de 2001, a China, com alguns problemas em seu extremo oeste, ainda que incipientes e limitados, tem seguido a tendência geral e apoiado os esforços internacionais a respeito. O governo chinês busca, dessa forma, angariar apoio internacional em sua luta contra o separatismo de elementos da minoria *uygur*, na região autônoma centro-asiática de Xinjiang, que se utilizam de métodos terroristas. Em paralelo, como que a diferenciar suas ações das dos Estados Unidos, a China procura ressaltar os fundamentos socioeconômicos da questão do terrorismo, vinculando a luta contra esse problema à retomada de uma agenda de desenvolvimento na esfera internacional. Na ótica chinesa, a militarização da luta contra o terrorismo, que caracteriza a abordagem dos Estados Unidos, contém um elemento complicador, pois incentiva a manutenção da presença militar americana na Ásia central e no sudeste asiático. Assim, a China tem procurado destacar e valorizar o papel dos organismos internacionais no combate ao terrorismo, tanto no âmbito das Nações Unidas quanto em foros regionais. Esse é o caso, por exemplo, da participação chinesa no Asian Regional Forum, organismo do Sudeste Asiático voltado para a manutenção da segurança regional, e no Foro de Cooperação de Xangai, que congrega a Rússia e os países da Ásia central.

Em matéria de mudança de clima, a China tem buscado atuar no United Nations Framework Convention on Climate Change (UNFCCC) e adotado o princípio das "responsabilidades comuns, porém diferenciadas". Tem tradicionalmente manifestado sua oposição à adoção de metas de redução de emissões que, segundo os chineses, não refletem as responsabilidades históricas dos países desenvolvidos.

Em matéria de ONU, os cuidados chineses se referem essencialmente à reforma do Conselho de Segurança. No plano formal, a China é favorável à ampliação do CSNU e ao aumento da presença nele de países em desenvolvimento. Na prática, a atitude chinesa se dá na intenção de adiar toda decisão definitiva sobre o tema, subordinando-o à necessidade de um debate mais amplo das implicações envolvidas. As principais questões pendentes dizem respeito ao ingresso do Japão, que, no entender de Pequim, precisaria ser precedido da solução das "responsabilidades históricas" desse país diante de seus vizinhos asiáticos, decorrentes de sua atuação na Segunda Guerra Mundial. Em plano mais subjetivo, há de se notar que uma eventual ampliação do CSNU redundaria no ingresso de países potencialmente rivais no contexto asiático (Japão e, em menor grau, Índia) e poria fim ao fato de ser a China o único país em desenvolvimento a ser membro permanente do

Conselho de Segurança. Assim, interessa à China que o tema continue em um "banho-maria", poupando-lhe um desgaste maior diante de países importantes como a Alemanha, o Brasil, a Índia e mesmo o Japão, com quem mantém vínculos econômicos relevantes.

A PRESENÇA CHINESA NO MUNDO EM DESENVOLVIMENTO: O EXEMPLO AFRICANO

A espetacular ascensão econômica chinesa criou condições, como já foi aventado, para maior presença do país em todas as regiões do mundo. É digno de nota, por exemplo, seu papel cada vez mais ativo nos países africanos, dos quais importa matérias-primas essenciais, como petróleo e uma ampla gama de minérios. Na África, contudo, ao contrário das antigas potências coloniais, a China tem investido pesadamente na construção de uma infraestrutura exportadora, como complexos mineroindustriais, estradas, ferrovias e terminais portuários. Claro está que o faz tendo em vista a necessidade premente de assegurar o suprimento dessas matérias-primas que lhe são essenciais em condições competitivas. Por outro lado, do ponto de vista dos países africanos, essa presença chinesa tem se traduzido em obras públicas fundamentais para viabilizar um processo de desenvolvimento econômico e social nesse continente tão carente e assolado por conflitos pós-coloniais. A cooperação sino-africana tem, ademais, permitido à China contar com um importante apoio nas Nações Unidas em questões relevantes, já que o bloco africano é o mais numeroso na organização.

A PRESENÇA DA CHINA NA AMÉRICA LATINA

Em relação aos países latino-americanos, a China desenvolveu uma cuidadosa estratégia de longo prazo, destinada a promover maior presença na região, bem como estimular maior presença de alguns países latino-americanos (os que ela considerava prioritários) na própria China. Na década de

1970, a prioridade era estabelecer relações com a América Latina sem quaisquer conotações de natureza ideológica e tendo o cuidado de não propiciar a criação de eventuais atritos com os Estados Unidos. A política externa da China para a América Latina inserir-se-ia, também, no contexto mais amplo de sua ação visando restringir o reconhecimento internacional de Taiwan como a República da China.

Outro aspecto interessante a propósito da política externa chinesa para a região consistiu na formação de quadros especializados e conhecedores de seus problemas específicos. A China adotou a política de especializar seus diplomatas por área linguística e geográfica, criando condições para que seus representantes circulem com grande desenvoltura nos países em que são acreditados. Ainda nesse âmbito, os chineses trataram de criar foros e instituições voltadas para ampliar o conhecimento sobre a América Latina e suas instituições. Talvez o órgão mais importante para a região seja o Instituto de Estudos Latino-Americanos, vinculado à Academia Chinesa de Ciências Sociais, principal *think-tank* do governo chinês (tem alguma semelhança institucional com o Ipea brasileiro). Também digno de menção é o Departamento de Estudos sobre a América Latina, do Partido Comunista Chinês.

Os cientistas políticos chineses que se ocupam do tema América Latina têm sido, em geral, favoráveis a uma intensificação das relações com a região, em especial com seus países mais importantes (Brasil, México, Venezuela e Argentina, provavelmente nessa ordem), destacando em especial o Brasil, por sua dimensão geográfica, econômica e populacional e pelo fato de, ao contrário do México, não estar excessivamente polarizado pela economia dos Estados Unidos. Seus argumentos costumam ser, *grosso modo*, de quatro ordens: em primeiro lugar, os principais países da região estariam em estágios semelhantes aos da China em matéria de desenvolvimento e diversificação econômica; em segundo lugar, no âmbito político-estratégico, a percepção chinesa é de que esses países já lograram implementar importantes reformas econômicas e sociais, deixando para trás questões ideológicas e concentrando ações na busca de melhores condições de vida para sua população. Ainda nesse contexto, entendem os chineses que esses países têm uma visão estratégica do mundo no que se refere a seus interesses e que não há conflitos ou animosidades históricas entre eles e a China. Em terceiro lugar, os estudiosos chineses argumentam que a China e a América Latina (mais especificamente, os quatro países já citados) possuem economias complementares, citando como exemplo a relativa escassez de alimentos e de recursos naturais em seu país e a abundância desses na nossa região. Assim, os chineses sustentam que ambos os lados teriam muito a ganhar com empreendimentos conjuntos, que constituiriam um exemplo importante de cooperação Sul-Sul; citam, a propósito, a cooperação sino-brasileira em matéria de satélites. Em quarto lugar, o lado chinês observa que tanto a China quanto os principais países latino-americanos valorizam a diversificação em suas relações políticas e econômicas internacionais, rejeitando mundos unipolares e monopólios de poder.

Na formulação de sua política externa, a China costuma caracterizar de forma surpreendentemente explícita a relação que tem com os demais países segundo três critérios básicos: a) a importância intrínseca de um país e de sua relação bilateral com a China; b) a intensidade da cooperação desenvolvida no âmbito dessas relações; e c) a decisão chinesa de atribuir um *status* ao outro país com o qual mantém relações, à luz dos critérios anteriores.

O resultado é que a China atribui três tipos de *status* de parceria aos países com os quais se relaciona: em ordem de importância, os parceiros da China são classificados como (i) parceiro estratégico, (ii) parceiro cooperativo; e (iii) parceiro com o qual mantém relações amistosas de cooperação. Na América Latina, o Brasil foi o primeiro a receber o *status* de parceiro estratégico, em 1994, por ocasião da viagem do então presidente Jiang Zemin. Além do Brasil, a Venezuela recebeu o *status* de parceiro estratégico em 2001 e a Argentina e o México em 2004, quando da visita do presidente Hu Jintao à região.

É interessante observar como os chineses utilizam esse esquema classificatório dos países com os quais mantêm relações. A Argentina só obteve a classificação de "parceiro estratégico" em novembro de 2004, durante a visita de Hu Jintao a Buenos Aires. O Chile, por seu turno, continua sendo um "parceiro cooperativo", embora seu comércio com a China seja superior em valor ao comércio sino-argentino. Além disso, chilenos e chineses dispõem hoje de um tratado de livre-comércio (TLC) em vigor entre eles (o Chile é, até o momento, o único país latino-americano a ter concluído um TLC com a China). Tudo indica que a ascensão da Argentina à categoria de "parceiro estratégico" se deveu, em grande medida, a gestões da parte desse país, que estava disposto a desenvolver maior cooperação no plano político com a China. No caso da Venezuela, o *status* de "parceiro estratégico" foi concedido em maio de 2001, em visita do presidente Hugo Chávez a Pequim. É também interessante notar que em visitas presidenciais posteriores entre venezuelanos e chineses, a parte chinesa fez questão de deixar claro que sua aproximação com os países latino-americanos não poderia causar nenhum dano às relações da China com os Estados Unidos, numa alusão implícita ao discurso antiamericano de alguns líderes da América Latina.

Sobre a questão, vez por outra suscitada, da compatibilização dos interesses chineses na América Latina com os vínculos tradicionais e por vezes conflituosos da região com os Estados Unidos, o argumento chinês tem sido invariavelmente o de que não existe uma "ameaça chinesa". Com isso, os chineses querem dizer que a presença crescente de seu país na América Latina não deve ser entendida como ameaça à economia desses países (por meio da chamada invasão de produtos chineses de todo o gênero) e também querem dizer que essa presença não deve ser encarada como alternativa à presença dos Estados Unidos, o que já se mencionou aqui. Consciente de que alguns países da região têm buscado na aproximação com a China uma forma de contrabalançar a influência dos Estados Unidos, a parte chinesa tem sido sempre muito clara em destacar a importância de seu comércio com os americanos para o crescimento de sua economia.

A POLÍTICA EXTERNA CHINESA E AS PARCERIAS COM O BRASIL

A própria ascensão chinesa e sua crescente presença nas mais variadas questões da grande agenda das relações internacionais fizeram com que a China passasse a ser detectada com mais frequência na "tela de radar" da política externa brasileira. Numa visão mais específica, passou a haver uma crescente percepção recíproca de que os objetivos de política externa, tanto da China quanto do Brasil, eram, em grande medida, ou coincidentes ou compatíveis. Do ponto de vista chinês, o propósito de "correta inserção no sistema internacional" a leva a buscar novas parcerias e eventualmente aliados em questões de interesse prioritário para a República Popular da China, como é o caso de Taiwan, ou o tratamento da questão dos direitos humanos no âmbito das Nações Unidas.

Do ponto de vista do Brasil, a já assinalada presença crescente chinesa a torna um interlocutor cada vez mais frequente no que diz respeito à atuação internacional do Brasil. Além disso, o desempenho chinês no plano econômico tem afetado substantivamente, e em geral de forma positiva, o desempenho da economia brasileira. Por sua dimensão e taxa de abertura, a China hoje contribui para dar o tom da economia global: pressiona para baixo os custos dos produtos industrializados que produz em grande escala, mantém elevados os preços dos produtos que importa maciçamente (sobretudo *commodities* agrícolas, minerais e petróleo, cujas exportações têm sido decisivas para manter superavitário o setor externo da economia brasileira) e contribui de modo decisivo para manter baixas as taxas internacionais de inflação e de juros.

O outro aspecto importante, que também tem a ver com a política externa chinesa e com o Brasil, é a chamada globalização, que hoje, certamente, é o pano de fundo mais importante a modular as relações internacionais. A China, ao suscitar a questão de sua "correta inserção no sistema internacional", demonstrou ter perfeito entendimento do fenômeno da globalização e das oportunidades nele contidas. Um ponto de destaque, que tem a ver com uma das maiores características da globalização, é a internacionalização do processo produtivo, tão mais importante quanto maior o valor agregado do produto final. Assim, a China, que na época de Mao buscava a autossuficiência a qualquer custo, promoveu uma substancial abertura de sua economia, permitindo a importação maciça de bens de capital, de outros insumos industriais e a instalação no país de um setor industrial moderno e competitivo, aproveitando as vantagens comparativas de sua mão de obra barata e extremamente abundante. A China hoje exporta muito porque importa muito (o saldo comercial chinês é, em proporção com suas exportações, inferior ao saldo comercial brasileiro).

A industrialização brasileira, por seu turno, partiu historicamente de um enfoque oposto ao que presidiu a moderna industrialização chinesa. O grande esforço brasileiro de criação de um parque industrial baseou-se, essencialmente, na chamada substituição de importações, instalando-se indústrias voltadas para o atendimento do mercado interno, muito verticalizadas e amparadas por forte protecionismo tarifário e não tarifário. O processo foi bem-sucedido enquanto se manteve como motor inicial da industrialização brasileira, mas seu esgotamento acelerou-se pelo surgimento do fenômeno da globalização, que pôs em evidência a questão da competitividade em mercados menos protegidos (a própria internacionalização dos processos produtivos, já aludida, retirou, em grande medida, a eficácia do protecionismo tradicional como instrumento de proteção da indústria nacional).

A China entendeu, portanto, talvez mais do que qualquer outro país, os desafios e as oportunidades representados pelo fenômeno da globalização. Sua presença cada vez mais atuante no cenário internacional, por sua vez, também criou, ela própria, oportunidades e desafios para os países parceiros, dentre os quais o Brasil. A ascensão da China gerou uma grande onda de oportunidades e de prosperidade, mas também criou alguns "perdedores", na forma de concorrentes de outros países deslocados de seus mercados tradicionais, domésticos e de exportação, pela impossibilidade de fazer frente à avassaladora competitividade chinesa.

Hoje, a presença chinesa no mundo representa mais do que o surgimento de uma nova potência econômica. O processo a que assistimos só tem paralelo na história contemporânea na ascensão dos Estados Unidos da América no final do século XIX e início do século XX. Diz-se que o século XXI será o século da Ásia – provavelmente será especialmente o século da China. O Brasil, em sua circunstância de grande país emergente, deverá estar em condições de articular mecanismos que lhe permitam aproveitar as oportunidades criadas pela expansão chinesa. A China não deve, portanto, ser vista como uma ameaça ao Brasil, ainda que, como já foi mencionado, a expansão comercial chinesa tenha criado "perdedores" pelo mundo afora. O importante, no caso, é reconhecer que a única resposta possível a essas "ameaças" chinesas é a das políticas públicas de reforço da competitividade estrutural, e não cair na tentação de soluções simplistas de adotar medidas protecionistas, de resto ineficazes no mundo atual.

UMA AGENDA DE OPORTUNIDADES

Do ponto de vista do Brasil, a política exterior chinesa possibilita a criação de amplos espaços para o desenvolvimento de parcerias bilaterais. É possível identificar uma série de setores em que já existe uma complementaridade bem assentada entre as duas economias. Há, por exemplo, de um lado, a abundância de recursos naturais do Brasil, no setor mineral, na agropecuária ou em matéria de energia; de outro, a demanda chinesa, somada à grande disponibilidade de capital e à disposição, amplamente declarada, de aumentar a internacionalização de suas empresas. Há, portanto, um cenário propício a empreendimentos conjuntos e, o que é muito importante, a possibilidade de evoluir de um modelo em que a China se limita a comprar nossos produtos primários para um cenário no qual investimentos chineses no Brasil levem a que uma maior parte da cadeia processadora desses produtos seja feita aqui, incluindo a possibilidade de melhorar a infraestrutura de transporte, de armazenagem e de sua comercialização no mercado externo. Com isso, ficariam atendidos a demanda brasileira de agregar mais valor à sua pauta exportadora e o interesse da China por assegurar o suprimento de produtos que considera estratégicos.

Outro campo de parceria que se apresenta promissor é o da atuação conjunta em terceiros mercados. Brasil e China atribuem elevada prioridade ao relacionamento com a África, seja como fonte de insumos essenciais para ambos os países, seja como potencial mercado consumidor para seus produtos. A China dispõe, evidentemente, de maiores recursos de investimento e de capacidade de mobilização das lideranças africanas; a realização, em 2006, da cúpula sino-africana em Pequim foi uma inequívoca demonstração nesse sentido. Foram 54 chefes de Estado e de governo que compareceram à capital chinesa, na expectativa de serem bem aquinhoados com recursos dos multibilionários fundos para investimentos em projetos de infraestrutura no continente africano. No que se refere à presença brasileira na África, têm destaque as relações especialmente próximas com os países de língua portuguesa e com alguns países da costa atlântica, "vizinhos de além-mar". O fato de a África ter tido papel fundamental na formação da sociedade brasileira constitui, sem dúvida, um aspecto importante para estabelecer mecanismos de cooperação com esses países. É lícito concluir, portanto, que há uma grande potencialidade de ação conjunta sino-brasileira no continente africano, que aliaria a capacidade de atuação e a proximidade cultural dos brasileiros à abundância dos recursos financeiros e tecnológicos de que a China dispõe.

BIBLIOGRAFIA

CARRILHO, Arnaldo. *Notas sobre a história das relações Brasil-China* (Arnaldo Carrilho, 1997).

DOMINGUEZ, Jorge. *China's Relations with Latin America: Shared Gains, Asymetric Hopes.* Inter-American Dialogue Working Paper, 2006.

FROTA, Sylvio. *Ideais traídos*. Rio de Janeiro: Jorge Zahar Editor, 2006.

JANK, Marcos Sawaya. *Gansos voadores e patos sentados*. Instituto de Estudos do Comércio e Negociações Internacionais, 2005.

NEVES, Luiz Augusto de Castro. *China's Rise Seen from a Brazilian Perspective*. Palestra. Universidade de Hong Kong, 2006.

_____. *A ascensão econômica da China e seus efeitos para o Brasil: ameaças, desafios e oportunidades*. Abril de 2007.

Os desafios da China na crise do mundo globalizado*

Luiz Augusto de Castro Neves

A presente conjuntura internacional tem suscitado muitas dúvidas e apreensões sobre seu desfecho e, a julgar pelas manifestações dos inúmeros estudiosos do assunto, a percepção mais iluminada que se tem da questão é a de que ninguém sabe ao certo o que vai acontecer e, sobretudo, como vai acontecer. A crise, sabe-se, tem seu cerne nos problemas financeiros dos Estados Unidos, que permeiam, em maior ou menor grau, todas as economias do mundo, em função do fenômeno que ficou conhecido como globalização econômica. Trata-se ainda, em grande medida, de uma crise de liquidez e de solvência de importantes segmentos do sistema financeiro internacional, hoje muito integrado (ou globalizado), o que faz com que turbulências nos grandes centros econômicos se façam sentir com enorme rapidez nas demais economias.

A crise de liquidez tem a ver com a perda substancial de valor dos papéis em poder dos investidores, o que, em face da retração do crédito, leva seus detentores a tentar vendê-los (e muito pouca gente a querer comprá-los). A crise de solvência (ou melhor, de insolvência) decorre, por seu turno, da incapacidade dos investidores de levantar recursos para honrar seus compromissos, assumidos em circunstâncias prévias mais favoráveis. Os remédios que têm sido delineados e aplicados consistem, de maneira geral, de

---

* Publicado em *Revista Política Externa*, vol. 18, nº 1, São Paulo, jun.-jul.-ago. de 2009.

injeções maciças de liquidez no mercado para tentar reverter a tendência de queda dos ativos das empresas e a retração do crédito.

A palavra de ordem das autoridades econômicas é reativar a qualquer custo a economia, visando a reverter a dramática expansão do desemprego, com suas implicações sociais e políticas. Ainda que não seja o propósito deste texto analisar a atual crise econômica, não há como deixar de mencionar um aspecto aparentemente relegado a segundo plano no muito que se tem escrito sobre o tema: os riscos de um retorno da inflação, com seus efeitos deletérios em matéria de distribuição de renda e de exclusão social.

No que se refere à China, trata-se inicialmente de especular sobre as implicações da crise para a continuidade de sua expansão econômica; mas o grande desafio estará em especular sobre quais as consequências que poderão advir para a até agora espetacular inserção da China na economia mundial. Em outras palavras, qual será o papel desse país no esforço que se procura delinear para superar as presentes circunstâncias e quão importante será esse papel.

Os efeitos da crise sobre a economia chinesa têm a ver com seu próprio modelo de crescimento adotado desde 1978, ou seja, o modelo baseado no extraordinário desempenho de seu setor exportador, aliado a um forte influxo de investimentos externos. Portanto, na medida em que a crise financeira leva a uma retração do crédito, particularmente nos países desenvolvidos e emergentes, que constituem o destino principal das exportações chinesas, a continuidade do crescimento econômico chinês poderá ficar comprometida e deverá buscar outros caminhos. É interessante assinalar que, antes mesmo de a crise financeira apresentar contornos dramáticos, os próprios chineses já diziam que os principais desafios externos a ser enfrentados pela China seriam a diminuição do ritmo de atividade econômica nos Estados Unidos e o aumento das tendências protecionistas no comércio internacional (como ficou claro com o fracasso das negociações comerciais no âmbito da Organização Mundial do Comércio – OMC). Chineses e americanos têm uma clara percepção de sua dependência mútua: os Estados Unidos são o principal destino individual das exportações chinesas e a China é a maior detentora de bônus do Tesouro dos Estados Unidos.

A China parece, *prima facie*, mais bem aparelhada do que a maioria dos países para enfrentar as incertezas da crise: suas taxas até agora superlativas de crescimento econômico permitem supor algum dinamismo inercial da economia; disciplina macroeconômica e uma sociedade laboriosa, cujo *ethos* de trabalho e vontade de prosperar são inegáveis, constituem um valioso pré-requisito para encarar a difícil travessia, de duração ainda desconhecida.

A liderança chinesa, sempre atenta a questões estratégicas de prazos mais longos, já vinha debatendo a questão da sustentabilidade do crescimento chinês em face de possíveis flutuações indesejáveis dos mercados internacionais. Já em 2005, o governo buscava estabelecer metas mais sustentáveis de crescimento econômico, que lhe permitissem lidar com outros problemas graves e ligados às altas taxas de crescimento, como a questão ambiental, o superaquecimento da economia, o aumento das disparidades regionais e a deterioração da distribuição de renda. As altas taxas de retorno dos investimentos feitos, aliadas à demanda aquecida da economia mundial por bens de consumo *made in China*, contribuíram decisivamente para acelerar ainda mais as extraordinárias taxas de crescimento econômico da China, que chegaram a superar 12% ao ano em 2007. A brusca desaceleração do crescimento deu-se no último trimestre de 2008 e está levando a reavaliações radicais nas previsões para 2009, com taxas que variam de 6,5% a 8%, uma queda substancial em relação à média superior a 10% nas últimas três décadas, mas ainda assim um crescimento espantoso se comparado com as principais economias do mundo, cuja maioria deverá apresentar um crescimento negativo.

Parece oportuno examinar alguns aspectos menos conjunturais da economia chinesa para que se possa ter uma ideia mais clara dos desafios endógenos que deverão ser enfrentados e que podem ser tão importantes quanto os desafios exógenos, que encontram sua síntese na crise da economia internacional.

A espetacular ascensão da China ao longo deste último quarto de século foi, sem sombra de dúvida, o fato mais importante a condicionar as relações internacionais neste início do século XXI. O país tornou-se um dos elementos fundamentais nas considerações estratégicas em matéria de política externa, de geopolítica, de economia e de comércio exterior de qualquer país, em particular daqueles que têm aspirações a desempenhar um papel mais relevante num mundo cada vez mais globalizado.

Nunca é demais recordar alguns dados que trouxeram à baila a relevância presente da China como ator internacional.

No plano econômico, o espetacular crescimento econômico da China (taxa média superior a 10% ao ano ao longo dos últimos trinta anos, o que a transformou na terceira maior economia do mundo) contribuiu decisivamente para mudar o centro de gravidade da economia mundial, antes concentrado nos Estados Unidos, na União Europeia e no Japão, o que está sendo particularmente explicitado nas recentes iniciativas sobre o tratamento da crise econômica.

No plano comercial, a presença chinesa serviu para reverter uma tendência tida como quase axiomática e que havia sido detectada pela Cepal no início da década de 1950, a saber, a chamada deterioração das relações de troca, a prejudicar os exportadores de *commodities* em benefício dos exportadores de produtos de alto valor agregado.

No plano geopolítico, constata-se que, em certas crises internacionais, o papel da China tem-se mostrado crescentemente relevante, como no caso da Coreia do Norte e do Sudão.

No plano político, recorde-se a oposição chinesa ao projeto de expansão do Conselho de Segurança da ONU, apresentado em 2005 por um grupo de quatro países, que serviu para retirar o ímpeto adquirido àquela época.

Em suma, o papel da China tem sido decisivo para o fenômeno referido por Fernando Henrique Cardoso como "a quebra das hegemonias mundiais", ou "a desarticulação das formas globais de dominação, dificultando a vigência de uma ordem mundial estável".

O pano de fundo mais relevante que nos vem à mente quando examinamos a emergência chinesa é o já aludido fenômeno da globalização. No plano econômico, nenhum país percebeu com mais clareza do que a China a natureza e as implicações do processo de globalização. Não admira, portanto, que esse país seja o grande vencedor da corrida econômica das últimas décadas, alterando os fundamentos da divisão de poder a que estávamos habituados desde o fim da Segunda Guerra Mundial.

A emergência chinesa como uma das *powerhouses* da economia global contemporânea é cada vez mais um fato consumado. A despeito de os questionamentos sobre a sustentabilidade e a continuidade do crescimento chinês serem cada vez mais qualificados, não há dúvida de que o país enfrentará enormes desafios nos próximos anos, começando pela necessidade de promover maior eficiência energética e uso racional de seus recursos naturais (particularmente o recurso água: a China dispõe de menos de um terço da média *per capita* global), lidar com a calamitosa situação ambiental, combater a desigualdade social, que se manifesta sobretudo nas disparidades regionais, e adotar um sistema financeiro mais adequado à complexidade de sua nova economia.

A DESIGUALDADE SOCIAL

No que diz respeito à desigualdade social, colocada em evidência pela deterioração da distribuição de renda e pelo aumento das disparidades regionais, o tema é sem dúvida um dos mais sensíveis para a liderança chinesa, à luz das implicações políticas que dele decorrem. As raízes do aumento das disparidades sociais advêm das próprias reformas econômicas adotadas em 1978, que tinham, por seu turno, o propósito de aumentar a produtividade, promover o uso mais eficiente dos mecanismos de mercado e melhorar o padrão de vida da população. As velhas estruturas "igualitárias" foram gradualmente desmanteladas e incentivos preferenciais foram dados às regiões que tinham maior probabilidade de se desenvolverem com rapidez, ou seja, aos centros suburbanos costeiros. Houve na verdade uma descentralização de políticas econômicas sem que ao mesmo tempo houvesse controles regulatórios integrados. Com a falta dessa atividade regulatória, a privatização do Estado acabou em muitos casos por privilegiar minorias e aumentar a disparidade de renda do campo em relação à cidade.

Um dado interessante a destacar é a evolução do coeficiente de Gini, que mede a desigualdade de renda numa escala de 0 a 100 (quanto mais elevado o índice, mais desigual é a distribuição de renda). Na década de 1970, o índice para a China era estimado em 28; atualmente, é de 44 (à guisa de comparação, o índice dos Estados Unidos é 45 – ligeiramente pior, portanto, do que o da China –, enquanto na América Latina, Brasil e México está em torno de 55). Para a liderança chinesa, esses índices, além de seu significado econômico, constituem importantes indicadores políticos, na medida em que assinalam a probabilidade de inquietação social e de movimentos opositores que coloquem em xeque a legitimidade do Partido Comunista (as estatísticas oficiais chinesas registram um impressionante aumento de manifestações antigovernamentais, descritas eufemisticamente como "incidentes de massa"). Não é por outro motivo que as últimas decisões em matéria de política econômica têm atribuído uma prioridade crescente à correção de desequilíbrios regionais, mediante a adoção de programas de desenvolvimento de regiões mais pobres.

Tais programas merecem atenção crescente do governo central, em face da crise internacional e da consequente perda de dinamismo dos setores exportadores, que eram até agora a locomotiva do crescimento econômico chinês. O setor financeiro é outro desafio a ser enfrentado, mormente em face da inevitável mudança de estratégia para assegurar a continuidade de seu crescimento. Os bancos chineses padecem de problemas que os tornam instrumentos pouco eficientes de captação de poupança e sua transformação em investimentos produtivos.

Na verdade, os bancos, todos estatais em sua origem, tinham, e talvez ainda tenham, capacidade limitada de administrar riscos, sobretudo em face da pressão de autoridades governamentais para a concessão de empréstimos por razões políticas, ainda que de rentabilidade duvidosa (em alguma medida, essa situação lembra a experiência dos inúmeros bancos estaduais brasileiros, que deviam ser periodicamente "saneados" pelo Banco Central). As autoridades chinesas têm buscado aplicar novos instrumentos para regular o setor financeiro, sobretudo em matéria de inadimplência de empréstimos concedidos. Contudo, o advento da crise financeira internacional tem levado a uma atitude de prudente expectativa, buscando combinar medidas aparentemente contraditórias, como a adoção de critérios mais sofisticados para a determinação de riscos, de um lado, e um papel mais ativo do governo na definição de políticas de empréstimo (por exemplo, a prioridade para a concessão de empréstimo em áreas rurais). Apesar da crise e dos problemas preexistentes do setor bancário (e a despeito da imprudência de fazer previsões em meio a uma crise cujos contornos dramáticos têm apresentado novas facetas a cada dia), não parece haver a expectativa de acontecimentos dramáticos em relação aos bancos chineses, a exemplo do que ocorreu nos Estados Unidos. A China, com seus 2 trilhões de dólares de reservas, não parece ter problemas de liquidez, e a capacidade do governo de eventualmente controlar seus bancos é considerada adequada. A abertura do setor ao investimento externo, que parecia iminente até o início de 2008, provavelmente demorará um pouco mais a acontecer em razão da crise do sistema financeiro internacional.

A QUESTÃO CAMBIAL

A maioria dos economistas e estudiosos do tema parece acreditar que o *yuan* (ou *renminbi*) está subvalorizado em relação às principais moedas e que esse fato criaria uma vantagem comparativa indevida em favor das exportações chinesas. Deve-se ressaltar, contudo, que uma parte substancial das exportações chinesas, sobretudo as de maior valor agregado, contém muitos insumos importados, cuja aquisição seria mais cara em decorrência da subvalorização de sua moeda. Por outro lado, há também que se reconhecer que o *yuan* se tem valorizado, ainda que timidamente, em relação ao dólar americano.

Aqueles que acusam a subvalorização da moeda chinesa buscam apontar evidências nesse sentido, como o gigantesco saldo em conta corrente, que chegou a alcançar 7,7% do PIB em 2006 e 2007, e a extraordinária acumulação de reservas (hoje em cerca de 2 trilhões de dólares). Os chineses, por sua vez, alegam que uma súbita valorização do *yuan* poderia afetar seriamente o setor exportador, em particular as indústrias de menor valor agregado e de uso intensivo de mão de obra, como é o caso da indústria têxtil e de confecções. Além disso, os economistas chineses alegam que a valorização da moeda não protegeria o nível de emprego nos Estados Unidos (um dos principais argumentos utilizados por políticos americanos) e apenas desviaria a produção para países em que o custo da mão de obra é ainda menor, como o Vietnã e a Índia.

De qualquer modo, os chineses adotaram o câmbio flutuante a partir de julho de 2005, com a adoção de uma banda cambial de mais ou menos 0,3%, o que permite às autoridades monetárias chinesas a necessária flexibilidade para eventuais ajustes em matéria cambial. Antes de a crise assumir os atuais contornos dramáticos, havia uma expectativa de gradual valorização do *yuan* em relação ao dólar (vários analistas citaram 5% ao ano). Hoje, a prioridade chinesa, em face da contração generalizada do nível de atividade econômica em praticamente todo o mundo, é sem dúvida preservar a expansão de sua economia, como forma de manter a criação de empregos em um país no qual mais de 10 milhões de pessoas ingressam todo ano no mercado de trabalho. Assim, é possível que a tendência de valorização da moeda chinesa seja ainda mais sutil do que tem sido nos últimos anos.

A QUESTÃO AMBIENTAL

As altas taxas de crescimento da economia chinesa ao longo dos últimos trinta anos tiveram um impacto muito negativo no que diz respeito à qualidade do meio ambiente. As grandes cidades do país são conhecidas por sua precária qualidade do ar e a maior parte dos parâmetros ambientais chineses deixa muito a desejar sob qualquer critério. Poluição do ar, poluição e escassez de água, desertificação, contaminação ambiental e problemas de saúde são os principais temas que têm afetado em maior ou menor grau a população chinesa. Paradoxalmente, a deterioração ambiental é fruto da prosperidade sem precedentes usufruída pelo povo chinês. Nas áreas urbanas, por exemplo, a má qualidade do ar decorre do alto consumo doméstico do carvão (fonte de cerca de 70% da energia consumida na China), do uso crescente de automóveis e do ritmo intenso da construção civil. A espetacular industrialização chinesa, que transformou o país na principal plataforma manufatureira do mundo, trouxe um inevitável aumento de eflúvios industriais danosos ao meio ambiente, como as emissões de dióxido de carbono e de enxofre.

Vendo a questão de outro ângulo, é preciso lembrar que o caminho trilhado pela China em direção ao desenvolvimento econômico não difere substancialmente do que foi percorrido pelo mundo ocidental (Estados Unidos e Europa) e pelo Japão no século XIX e nos primeiros setenta anos do século XX. O que torna a situação chinesa mais dramática é a percepção da menor capacidade de absorção de eflúvios poluentes por parte do globo terrestre. Além disso, a velocidade do crescimento chinês explicitou uma série de problemas, agravados por circunstâncias como a escassez de água e a grande abundância de carvão mineral. À guisa de ilustração, considere-se que, num país de 1,3 bilhão de habitantes, dos quais 45% vivem em cidades (em 1970 eram 20%), 50% do esgoto urbano não é tratado. Nessa mentalidade de "crescer primeiro e limpar a casa depois", inúmeros projetos industriais de grande porte foram aprovados sem nenhuma atenção a seu impacto ambiental.

Não há dúvida, por outro lado, de que o governo chinês está atribuindo atenção crescente aos problemas ambientais, a partir da constatação de que a continuidade do crescimento econômico pode ficar comprometida em face da deterioração ambiental. O 11º Plano Quinquenal (2006-2010) enfatiza o crescimento sustentável do produto interno bruto e a qualidade, não a quantidade, da produção econômica. O plano inclui metas ambientais como a redução de 20% na quantidade de energia consumida por unidade de produto, uma redução de 10% na emissão dos principais poluentes, o aumento da cobertura florestal e o aumento da eficiência do uso da água em projetos industriais e agrícolas. Os desafios são, contudo, colossais e devem requerer muitos anos até que a China atinja níveis de qualidade ambiental comparáveis aos do mundo desenvolvido. O chamado investimento ambiental passou de 1% do produto interno bruto para 1,3% entre 2001 e 2005; segundo o Banco Mundial, em estudo de 2001, o país precisaria dedicar 2% de seu PIB até 2020 para corrigir seu déficit ambiental. Há que se observar, contudo, que a crise internacional e os novos desafios para buscar preservar ao máximo os níveis de crescimento da economia chinesa poderão afetar negativamente a adoção de parâmetros ambientais mais rígidos.

A ESCASSEZ DE ENERGIA

Os desafios da China em matéria de energia são monumentais. Sua economia está no meio de um estágio de crescimento intensivo em termos de utilização de energia e suas fontes domésticas, em particular de petróleo, são amplamente insuficientes para atender ao crescimento da demanda. Em consequência, o governo chinês enfrenta uma série de desafios, como o de expandir a oferta de energia mediante o aumento da eficiência de seu uso, e o de eliminar progressivamente os subsídios (o que provocará um aumento no preço dos combustíveis e, é provável, alguma inquietação social).

O rápido crescimento econômico, aliado à urbanização e industrialização, levou o país a ser o segundo maior consumidor de energia do mundo, atrás apenas dos Estados Unidos, ainda que o consumo *per capita* seja relativamente pequeno – um sétimo do consumo americano e um terço do japonês.

O crescimento da economia chinesa, como já se mencionou, é extremamente intensivo em matéria de energia, dados o papel predominante da indústria e o fato de que muitos setores industriais, como a siderurgia e a indústria do cimento, caracterizam-se pela superprodução e pela ineficiência. Além disso, há o fato de a China depender do carvão mineral como principal provedor de energia; o carvão é "sujo", ineficiente e de difícil transporte, mas é sem dúvida a fonte de energia mais abundante e barata no país; seu uso intensivo causa, já vimos, problemas ambientais graves. Outras possibilidades internas podem ser da mesma forma problemáticas. Uma dessas é a hidroeletricidade: a China, não obstante ter construído Três Gargantas, que tem a maior capacidade instalada do mundo (18.000 MW, em comparação com os 14.000 MW de Itaipu) e estar construindo outros aproveitamentos de tamanho comparável, vê-se às voltas com a escassez de água para obter a energia firme dessa imensa capacidade instalada. Já Itaipu, com seus 14.000 MW de capacidade instalada, produz mais de 12.000 MW de energia porque o rio Paraná é caudaloso por todo o ano; Três Gargantas, com 18.000 MW, só conseguirá produzir entre 10.000 MW e 11.000 MW de energia firme, em face do precário regime das águas dos rios chineses.

O desafio energético chinês requererá novas e mais eficientes fontes de energia (inclusive do ponto de vista ambiental) e certamente fará uma associação mais íntima com outros países para a exploração de novos lençóis petrolíferos, para o desenvolvimento da nucleoeletricidade e para a inclusão de fontes renováveis de energia como o etanol.

A VULNERABILIDADE EXTERNA

Já se assinalou que nos últimos trinta anos o crescimento das exportações tem sido a grande locomotiva da expansão econômica chinesa, aliado ao investimento externo voltado essencialmente para reforçar essa atividade exportadora. A liderança chinesa percebeu com acuidade os aspectos econômicos da chamada globalização, em especial a internacionalização dos processos produtivos, e tratou de promover a integração de sua economia, com todas as vantagens comparativas reais e potenciais, na economia internacional. Não admira, portanto, que a China tenha sido a mais beneficiada da corrida econômica das últimas décadas, alterando as bases da divisão de poder econômico que emergiu no final da Segunda Guerra Mundial.

A China é uma economia extraordinariamente aberta ao comércio exterior, sobretudo se a comparação for feita com economias de países continentais como os Estados Unidos e o Brasil. Seu comércio exterior equivale a cerca de dois terços de seu produto interno bruto (o dos Estados Unidos equivale a 28% e a algo menos que isso o do Brasil). Essa abertura permitiu, por um lado, a extraordinária expansão econômica e a criação de riqueza que fez da China uma das grandes potências econômicas da atualidade. Por outro lado, tornou-a mais vulnerável em relação a flutuações econômicas em mercados cujo funcionamento não depende da política econômica chinesa. Além disso, nos últimos anos, a expansão das exportações superou amplamente as importações, tornando o desempenho de sua economia ainda mais dependente de suas exportações.

É oportuno destacar, a propósito, que os setores mais dependentes dos mercados externos são precisamente os mais modernos e tecnologicamente mais capacitados da economia chinesa. Além disso, esses setores, em grande parte concentrados nas regiões de Cantão e Xangai, empregam uma força de trabalho provavelmente superior a 100 milhões de pessoas. Um aumento substancial do desemprego nessas regiões, as mais desenvolvidas e poderosas da China, poderá ter consequências adversas não apenas no plano econômico, mas também no campo da estabilidade social. É lícito, portanto, supor que as autoridades chinesas administrem com extremo cuidado e sentido de urgência os desafios da chamada vulnerabilidade externa, que certamente envolverá a definição de novas estratégias para assegurar a continuidade do desenvolvimento.

Ainda nesse contexto, cabe dizer que o fato de o crescimento da economia chinesa ter-se dado por meio do aumento explosivo de seu comércio exterior, contribuindo para viabilizar uma prosperidade sem precedentes, não proporciona à população participar do avanço na mesma proporção. Ou seja, o mercado interno não se expandiu em conformidade com a expansão econômica da China. O desafio que se coloca hoje pode ser o de formular uma nova estratégia de crescimento que seja menos dependente das flutuações do mercado internacional e tenha no mercado interno o principal foco de sua política econômica, o que se verá adiante neste ensaio.

A China e o cenário internacional

As reformas econômicas ocorreram há apenas uma geração, mas já fizeram com que a China surgisse como um dos países mais poderosos do mundo, a ponto de muitos assinalarem que, se ela for capaz de sustentar o sucesso econômico das últimas décadas, estará em condições de desafiar a supremacia dos Estados Unidos em um futuro não muito distante. A liderança chinesa tem sido extremamente cuidadosa em evitar especulações desse tipo, por várias razões: de um lado, porque o desenvolvimento criou uma série de interesses compartilhados com os Estados Unidos, que são fundamentais para a continuidade da tarefa de desenvolver o país; de outro, porque os chineses parecem acreditar que qualquer rivalidade estratégica com os Estados Unidos, ou mesmo com outros países importantes, constituiria um fator adverso ao grande objetivo de modernizar seu país e integrá-lo da melhor maneira possível no sistema internacional. Não é mera coincidência que os chineses, sempre atentos a *slogans* e palavras de ordem, tenham cunhado a expressão "ascensão pacífica", como para acentuar que o rápido desenvolvimento do país será benéfico para eles e para o resto do mundo.

Não obstante essas declarações de amor, é inegável que a atuação da China na arena internacional tem evidenciado uma assertividade crescente, respaldada por um poder militar cada vez mais moderno e com maior capacidade de projeção externa. Sua presença diplomática é percebida com clareza crescente em todos os quadrantes do mundo, buscando consolidar a já aludida inserção no sistema internacional. Cabe dizer que a emergência da China, depois de séculos de relativo isolamento internacional, causa em si um grande impacto, sobretudo no contexto, já referido por Fernando Henrique Cardoso, de "quebra das hegemonias mundiais" e "desarticulação das formas globais de dominação".

Não há dúvida de que uma China mais poderosa pode representar o primeiro desafio à predominância dos Estados Unidos no mundo pós-Guerra Fria. O país é, com efeito, gigantesco, o mais populoso do mundo, com o terceiro maior território e a terceira maior economia (segunda, se considerado o critério de paridade de poder de compra para medir seu PIB). Cabe ainda mencionar que a civilização chinesa, com seus 5.000 anos de história escrita, é uma das mais antigas e realizadas do mundo, o que só faz reforçar a assertividade chinesa (não deixa de ser interessante assinalar que o nome da China em mandarim – *Zhong Guo*, país do centro – já transmite em si a ideia que os chineses têm da centralidade de sua civilização).

Por causa de seu tamanho e desempenho econômico, a emergência chinesa está levando a um realinhamento de poder na Ásia e mesmo no resto do mundo. Em um sentido positivo, ainda que limitado, muitos países, particularmente os vizinhos asiáticos, têm-se beneficiado do avassalador crescimento chinês. A China é hoje o principal parceiro comercial do Japão, da Coreia do Sul e de Taiwan. A própria economia japonesa deve sua recuperação da prolongada recessão da década de 1990 ao crescimento das relações econômicas e comerciais com a China. Essas circunstâncias levaram à percepção, por parte dos países asiáticos, de que a economia chinesa passou a ser para eles o mais importante motor de crescimento, razão mais do que suficiente para manter excelentes relações com o gigantesco vizinho. Por outro lado, a consolidação de uma China poderosa não deixou de fomentar preocupações nesses mesmos vizinhos, ainda que todos de maneira geral tenham buscado construir relações cordiais e mutuamente produtivas com ela. Tanto é assim, que trataram cada um de, ao mesmo tempo, reforçar a aliança estratégica com os demais vizinhos e com os Estados Unidos, também no delicado campo da defesa nacional. É oportuno citar, a propósito, o histórico acordo de cooperação nuclear da Índia com os Estados Unidos, que equivaleu, na prática, ao reconhecimento americano da Índia como potência nuclear.

Não obstante o processo de modernização das Forças Armadas chinesas (segundo dados oficiais, os gastos militares dobraram nos últimos seis anos), os objetivos fundamentais declarados da política exterior da China são a promoção da paz e do desenvolvimento. O discurso oficial favorece um mundo multipolar sem potências hegemônicas e defende que nenhum país tem o direito de interferir em assuntos internos de outros estados soberanos. Esse último aspecto tem conflitado com decisões adotadas em foros internacionais sobre questões internas em alguns Estados, sendo o caso mais em evidência o do Sudão: o chefe do governo aí está ameaçado de julgamento por um tribunal internacional, acusado de crime de genocídio, o que não é favorecido pelo governo chinês.

Há também exemplos de papéis mais construtivos por parte da China, como na crise nuclear da península coreana; a China patrocina as chamadas "negociações hexapartites", que incluem, além das duas Coreias, os países vizinhos (Rússia, China e Japão) e os Estados Unidos. De qualquer modo, é lícito imaginar que uma China mais poderosa, com interesses mais diversificados e maior presença no cenário mundial, comece a ter um papel nos temas mais importantes da agenda internacional. Em alguns casos, como no da península coreana, há um certo consenso sobre o papel construtivo desempenhado pelo país. Em outros casos, é fácil detectar diferenças de percepção sobre o exercício do poder em determinadas regiões do mundo, como é o caso do Sudão e das acusações de genocídio na região de Darfur, bem como, no Oriente Médio, com a oposição chinesa a medidas mais radicais contrárias às ambições nucleares do Irã.

Em suma, a ascensão chinesa, embora seja considerada positivamente pela maioria dos países, sobretudo no campo econômico e comercial, tem explicitado novas situações de poder cujas implicações ainda não são percebidas com clareza. A presença chinesa nos núcleos de poder mundial é um fato recente. Ao longo da história, a emergência de uma nova potência costuma levar a conflitos destrutivos com as potências já estabelecidas; a liderança chinesa costuma enfatizar que nesse particular o país quer promover uma ruptura com a história passada. Só o futuro dirá com certeza.

CONCLUSÕES

Com crise financeira internacional ou sem ela, já havia uma percepção generalizada em meios chineses de que o modelo de crescimento de sua economia, baseado em investimentos maciços e em um desempenho agressivo de suas exportações, não era mais desejável nem sustentável. Como já foi aventado, a crescente dependência de suas exportações tornou a economia chinesa muito vulnerável às flutuações do mercado internacional; a crise que eclodiu no último trimestre do ano passado serviu mais como catalisador da necessidade de repensar esse modelo. Certamente, o ritmo e a estrutura do crescimento econômico criaram numerosos problemas, tanto na China quanto em outros países.

Na China, as altas taxas de investimento criaram uma sobrecapacidade produtiva, com repercussões negativas nas margens de lucro das empresas. Além disso, a falta de uma política de investimentos mais clara levou à construção de complexos industriais em terras aráveis, o que gerou inquietação social no campo e comprometeu a produção de alimentos. Esse desenvolvimento industrial desordenado trouxe também um extraordinário aumento da demanda por energia, em grande medida atendida pela construção de termelétricas a carvão, com graves repercussões em matéria de poluição ambiental.

No que se refere às repercussões internacionais, certamente a principal delas foi o grande aumento dos preços dos produtos de base (*commodities*), o que não deixou de beneficiar países como o Brasil, que passaram a ter saldos consistentes na balança comercial e viabilizaram suas importações de bens de capital necessários à modernização da estrutura produtiva e ao aumento da competitividade internacional.

Hoje há uma claríssima percepção na China de que a continuidade do crescimento deve basear-se na promoção do consumo privado. Não será tarefa fácil, por envolver maciça transferência de recursos destinados *inter alia* a um sistema mais abrangente de previdência social, saúde pública e educação, como instrumentos necessários para persuadir as pessoas a consumir mais e poupar menos (a poupança chinesa tem-se mantido em patamares frequentemente superiores a 40% do produto interno bruto).

Mudanças mais profundas na estratégia de crescimento econômico, como essa que se suscita para assegurar a continuidade, ou melhor, a sustentabilidade do desenvolvimento da economia chinesa, são operações difíceis de fazer e normalmente demandam anos até render frutos. O desafio chinês é mais relevante ainda, porque sua atual dimensão econômica já faz com que as decisões a tomar e a aplicar tenham efeitos importantes na economia mundial. Hoje, a presença chinesa no mundo representa mais do que o surgimento de uma potência econômica. O que se vê só tem paralelo na história contemporânea na ascensão dos Estados Unidos no final do século XIX e início do século XX. Os chineses, por seu turno, certamente buscarão condicionar as inevitáveis reformas ao estabelecimento de outros parâmetros para as relações econômicas internacionais, levando em conta a emergência de novos atores e de novas responsabilidades, sempre mais compartilhadas. E, por falar em compartilhar, a reflexão final é a de que a luz no fim do túnel da crise dependerá em particular das medidas que sejam tomadas pelos dois atores mais importantes, Estados Unidos e China.

Brasil e China: sócios ou rivais?*

José Botafogo Gonçalves

A aparição da China como primeiro parceiro comercial do Brasil no mundo vem provocando análises, especulações, interpretações, todas para responder a uma interrogação principal: qual a natureza real das relações bilaterais? Estamos caminhando para a consolidação de uma aliança estratégica ou, pelo contrário, os nossos interesses tendem a ser mais divergentes do que convergentes?

Inúmeras abordagens podem ser adotadas na resposta a essas indagações. Boa parte das análises tem como ponto de partida o exame quantitativo das relações comerciais bilaterais.

Outras análises buscam comparar os sistemas políticos vigentes nos dois países para indagar se constituem estímulos ou constrangimentos a uma hipotética aliança estratégica e que influências terão no comportamento desses países nos foros internacionais, regionais ou multilaterais, ou no trato dos temas globais e transversais, como meio ambiente, mudança climática, segurança e terrorismo, crime organizado e lavagem de dinheiro, fome e segurança alimentar, só para mencionar os mais importantes.

O objetivo deste trabalho é inverter a ordem de tratamento das características das relações bilaterais Brasil-China. Em vez de partir da análise da conjuntura comercial e da conjuntura política, proponho examinar alguns

* Publicado em *Brasil e China no reordenamento das relações internacionais: desafios e oportunidades* (Brasília: Fundação Alexandre Gusmão – Funag, 2011).

aspectos internos, seja da sociedade brasileira, seja da sociedade chinesa, e pensar em como esses aspectos devem evoluir nas próximas décadas, para só então tentar definir os pontos de aproximação ou de atrito das duas sociedades.

Estou partindo do pressuposto de que, ao longo das próximas décadas, a relação bilateral só em parte será determinada pela conjuntura comercial ou por opções de políticas governamentais de caráter contingente. Em boa parte, a relação bilateral será determinada pela evolução interna das sociedades brasileira e chinesa.

Marco Azambuja, ao comentar o sucesso da sigla BRIC, escreveu, com razão, que "tamanho é documento". De fato, os quatro países que constituem o BRIC têm grande dimensão territorial, grande população e um número variado de vizinhos com os quais precisam acomodar interesses. Não obstante essas semelhanças, o Brasil, no conjunto do BRIC, tem uma presença assimétrica, tanto na história quanto na geografia. China, Índia e Rússia ocupam uma boa parte da Ásia e um bom pedaço da Europa. O Brasil está muito distante, no "extremo ocidente".

Na história, a nossa assimetria é ainda mais flagrante. No período colonial, os interesses do Brasil estavam ligados à Europa ocidental e à África. No Brasil independente, Inglaterra e Estados Unidos da América se sucederam como principais forças externas a influir nos destinos da nossa nação. Curiosamente, o processo de descolonização da América Latina no século XIX e a fixação pacífica das fronteiras do Brasil com seus vizinhos sul-americanos e europeus no início do século XX levaram a um distanciamento das relações do Brasil com os países limítrofes, fazendo do subcontinente sul-americano, do ponto de vista do Brasil, um subcontinente quase sem história, exceção feita, assim mesmo discretamente, do Cone Sul. Já entre os outros três países do BRIC, a densidade dos problemas de convivência continua tão intensa como antes.

Embora pareça evidente que os quatro países do BRIC constituem um grupo heterogêneo na história como na geografia, sobretudo o Brasil, quase um estranho no ninho, suas respectivas sociedades, ao longo do século XX, evoluíram em direções paralelas e até certo ponto convergentes movidas por três fatores propulsivos semelhantes, a saber: educação, urbanização e mecanismos de conciliação de interesses.

No Brasil independente é preciso avaliar separadamente o século XIX do século XX. Até o fim do século XIX, o Brasil econômico e político viveu sob a égide da escravatura. Já sabemos o efeito devastador que esse regime teve e ainda hoje sentimos tal efeito sobre a educação do povo. Não é mais objeto de controvérsia o fato de que o baixo nível educacional brasileiro seja um dos principais constrangimentos ao crescimento mais acelerado do PIB.

Não obstante, é preciso reconhecer que ao longo do século XIX e metade do século XX o sistema elitista educacional brasileiro foi bastante eficaz para garantir, autoritariamente é verdade, o funcionamento das instituições públicas e a expansão da capacidade produtiva do país.

Durante o século XIX, as elites educadas souberam desenvolver mecanismos muito eficientes de conciliação de interesses entre os proprietários rurais, e depois, no século XX, entre proprietários rurais e empreendedores industriais.

Esses mecanismos de conciliação de interesses permitiram garantir a unidade territorial brasileira durante o século XIX e o bem-sucedido processo de urbanização da população, que tomou impulso espetacular no século XX. A importância da urbanização no processo de modernização da vida econômica, comercial, cultural e política brasileira ainda não foi suficientemente avaliada. A urbanização brasileira no século XX não se deveu apenas à transferência de povos do campo para a cidade, mas evoluiu paralelamente ao aumento demográfico da população, multiplicada quatro vezes. A urbanização desmantelou o coronelismo, estimulou o uso dos meios modernos de comunicação, favoreceu a educação de massa, reduziu a quase zero as fraudes eleitorais, auxiliou o planejamento familiar. Mesmo os aspectos negativos da acelerada urbanização, como a favelização e o crime organizado dos anos 1960 aos 1980, funcionaram como incentivos às mudanças de políticas econômicas e sociais que, embora favorecessem o crescimento, toleravam a concentração de renda e agravavam a desigualdade social.

Ao pensarmos o Brasil das próximas décadas, podemos imaginá-lo avançando com mais empenho no campo da educação formal das massas. Como o déficit educacional acumulado no passado é muito grande, será preciso investir em nichos de excelência especialmente nas áreas científica e tecnológica, com ênfase na agricultura sustentável e na inovação industrial. O processo de urbanização está quase completado, embora ainda possam ser sentidos importantes movimentos de populações em direção ao Centro-Oeste e ao Noroeste e, quem sabe, a chegada de ondas imigratórias dos países vizinhos, sobretudo os da faixa andina, quando essa região estiver mais bem conectada fisicamente com o Brasil.

Como estão evoluindo, na China, os parâmetros de educação, urbanização e de mecanismos de conciliação de interesses?

Os dados disponíveis parecem indicar que as autoridades chinesas estão investindo maciçamente na educação das massas e também em nichos de excelência nas áreas de ciência e tecnologia. Sob esse ponto de vista, estão mais adiantados que o Brasil. Ademais, parece que o número de chineses que se aperfeiçoa fora da China é proporcionalmente superior ao número de brasileiros que se aperfeiçoa fora do Brasil.

Quanto ao processo de urbanização, a China está bem mais atrasada que o Brasil, dado o gigantesco tamanho de sua população. Mas já são visíveis, na realidade atual, vários efeitos modernizantes da urbanização chinesa, especialmente nas megalópoles Pequim e Xangai.

Quanto ao mecanismo de conciliação de interesses, a sociedade chinesa ainda vive de acordo com rígidos, embora pragmáticos, princípios emanados do Partido Comunista. Não é razoável pensar que o processo de urbanização da China, quando completado, terá efeitos mais suaves do que os testemunhados no Brasil. Em primeiro lugar, a urbanização se dará com uma massa popular muito mais qualificada educacionalmente do que a que promoveu a urbanização brasileira. Segundo, o contato da população da China com a diáspora chinesa no mundo terá maior impacto e importância do que o contato que hoje ocorre da população do Brasil com o universo de expatriados brasileiros. Terceiro, o contexto de segurança alimentar de uma China bem mais urbanizada será mais frágil do que hoje, pois haverá maior dependência de importação de alimentos.

Uma coisa é evidente: tal como o Brasil, em que a urbanização desmantelou o coronelismo e impediu o controle político das massas por um só governo ou partido centralizador, na China o Partido Comunista vai perder paulatinamente ou repentinamente (como na ex-União Soviética) o controle das massas populares.

Não se conclui daí que a China vai adotar um regime político assemelhado a uma democracia representativa, de modelo europeu ocidental ou americano. Não há exercício de futurologia que legitimamente possa desenhar o futuro modelo político chinês. Dá, contudo, para prever que o atual modelo de controle total do Partido Comunista sobre o governo e a sociedade da China tem os dias contados.

Após a vitória da revolução comunista de 1917, a Rússia, então transformada em União Soviética, sofreu, de forma dramática, o impacto da combinação dos três fatores ora analisados no comportamento da sociedade. Os investimentos maciços em educação de massa criaram as bases para sustentar o rápido programa de industrialização da economia soviética, em especial na área militar. O processo de urbanização foi trágico e sangrento. Envolveu o extermínio físico, pelas armas ou pela fome, de algumas dezenas de milhões de camponeses, seguida pela mobilização militar de boa parte da população masculina durante a Segunda Guerra Mundial. Na medida em que o planejamento central da economia mostrou não atender aos objetivos de crescimento e de competitividade diante do mundo capitalista, o Partido Comunista da União Soviética viu seu poder de controle da sociedade corromper-se de dentro para fora, concluindo o processo com o espetacular desmoronamento do sonho soviético.

Na Índia, a evolução dos três fatores reflete as características únicas, sociais, culturais e religiosas, do caleidoscópio indiano. A democracia representativa não foi adotada como consequência de um processo modernizador, mas como ponto de partida de uma política em busca de independência da Inglaterra, legitimando a descolonização com a adoção de valores democráticos defendidos pelas autoridades colonizadoras.

A urbanização também segue características próprias, pois permite a convivência, no mesmo espaço físico, da classe média urbanizada com a miséria da massa. O esforço educativo está concentrado na qualificação de uma elite intelectual anglófona no campo das ciências exatas e dos serviços eletrônicos internacionais. Por essas razões, pode-se até perguntar se a Índia, entre os quatro países BRIC, não será a menos "ocidental" das sociedades.

Do ponto de vista dos recursos naturais, da posição geográfica e da dimensão demográfica, pode-se projetar o Brasil do futuro com as seguintes características:

- mercado interno dinâmico capaz de sustentar em boa parte o crescimento do PIB;
- manutenção da indústria de transformação como fator de importância crescente no comércio internacional, na geração de divisas e na criação de empregos domésticos, desde que se reduzam drasticamente os constrangimentos causados pelo custo Brasil e pelo semiapagão logístico;
- desenvolvimento espetacular do agronegócio tanto para abastecer o mercado interno quanto para a demanda externa, sobretudo a asiática. A cadeia agroindustrial do país tenderá a se afirmar como o principal e mais vigoroso elemento do chamado *soft power* brasileiro.

Em algumas décadas, o país que detiver controle ou influência no fornecimento de alimentos para o mundo será conduzido a exercer políticas que então estarão mais próximas de um *hard power* do que de um *soft power*.

O Brasil dispõe de condições naturais excelentes para o crescente papel da agricultura como componente de seu *soft power*. Além da abundância de recursos do solo, do subsolo e do sol, dispõe de recursos naturais adicionais de que poderá lançar mão e disponíveis no subcontinente sul-americano.

Assim como o Brasil, a China do futuro se beneficiará de um poderoso mercado interno e de uma sofisticada economia industrial. Os recursos naturais para sustentar tal modelo poderão ser obtidos no universo asiático e, para algumas matérias-primas energéticas, no continente africano.

Com relação à agricultura, a China não parece ter as mesmas vantagens naturais do Brasil. Cabe aqui fazer uma pergunta fundamental: existe a possibilidade de a China vir a ser crescentemente dependente do abastecimento alimentar brasileiro? Se assim for, que políticas o Brasil e a China devem adotar para administrar essa crescente dependência? Será esse um fator determinante da definição das relações bilaterais como sendo entre dois sócios ou entre dois rivais? Ainda não é possível dar resposta satisfatória a essa indagação. Ademais, chama a atenção dos estudiosos do tema relações Brasil-China a quase total ausência, nas análises ora em curso, do possível papel da integração regional sul-americana nesse processo.

Começamos pelo óbvio, que é a inegável competitividade da cadeia agroalimentar brasileira. Os fatores naturais que influem de maneira determinante na caracterização dessa competitividade não se esgotam nos limites das fronteiras políticas brasileiras no continente sul-americano. Com efeito, terra, água e sol são realidades transfronteiriças tanto na bacia amazônica quanto na bacia Paraná-Paraguai. A cadeia agroalimentar é cada vez mais consumidora de energia elétrica, seja de natureza não renovável (petróleo, gás, carvão), seja de natureza renovável (hidroeletricidade, etanol, carvão vegetal), cujas fontes primárias se encontram em abundância no "grande reservatório energético do Mercosul", assim como nos países andinos fronteiriços do Brasil, incluindo a Venezuela.

Na medida em que venham a maturar os processos de integração infraestrutural do Brasil com a Bolívia, Peru, Colômbia e Venezuela – para citar apenas os de mais fronteiras com o Brasil – e que a integração física, econômica, comercial, cultural e política prossiga no interior do Mercosul, ainda que de forma lenta e claudicante, a bilateralidade da relação Brasil-China vai continuamente se transformando numa regionalidade da relação América do Sul-China, em que o Brasil, do ponto de vista político e econômico, deverá se constituir no vetor dominante.

Admitindo como provável uma crescente regionalização da relação América do Sul-China, a política externa brasileira, tanto a praticada institucionalmente pelo Itamaraty quanto as praticadas corporativamente pelos agentes privados brasileiros, deve desde já incluir a variável China nas respectivas agendas regionais e bilaterais, tais como:

- Mercosul:
  - acordos de comércio
  - políticas zoossanitárias e fitossanitárias
  - regras de origem
  - defesa comercial
  - salvaguardas
  - agregação de valor e escaladas tarifárias.
- Comunidade Andina:
  - corredores bioceânicos
  - fluxos migratórios asiáticos
  - propriedade de solo e subsolo por governos estrangeiros.

Essa relação é meramente ilustrativa e não excludente no que se refere ao Mercosul e à Comunidade Andina.

Cabe aqui um registro especial sobre o Chile. Esse país, nas últimas décadas, escreveu uma história de sucesso. Depois da traumática experiência do regime militar, o Chile optou, no plano interno, por uma concertação política majoritária e eficaz e, no plano externo, trilhou o caminho do cavaleiro solitário negociando acordos de livre-comércio com os Estados

Unidos e outros que o ajudaram a dinamizar os poucos mas rentáveis setores competitivos de sua economia, tais como cobre, vinhos, frutas e pescados. Nesse mesmo período, a desordem política e macroeconômica do resto da América do Sul (Mercosul incluído) desestimulou qualquer projeto mais ambicioso de integração regional sul-americana com o Chile.

A realidade, contudo, está mudando. O acordo de livre-comércio com os Estados Unidos pode ter sido condição necessária, mas não necessariamente suficiente, de garantia de crescimento duradouro para a economia chilena. A restauração democrática no resto da América do Sul – a despeito das zonas cinzentas – e o crescente respeito à ortodoxia macroeconômica estão levando o Chile a olhar para os vizinhos com atitudes menos preconceituosas e superiores, seja porque os então "vizinhos pobres" estão vendendo cada vez mais ao Chile, seja porque os mercados internos dos vizinhos provocam um legítimo interesse por parte dos investidores institucionais chilenos.

Em resumo, é chegada a hora de incorporar crescentemente o Chile na discussão dos objetivos estratégicos de desenvolvimento do Brasil, tanto na ótica bilateral quanto na ótica sub-regional.

AGENDA GLOBAL

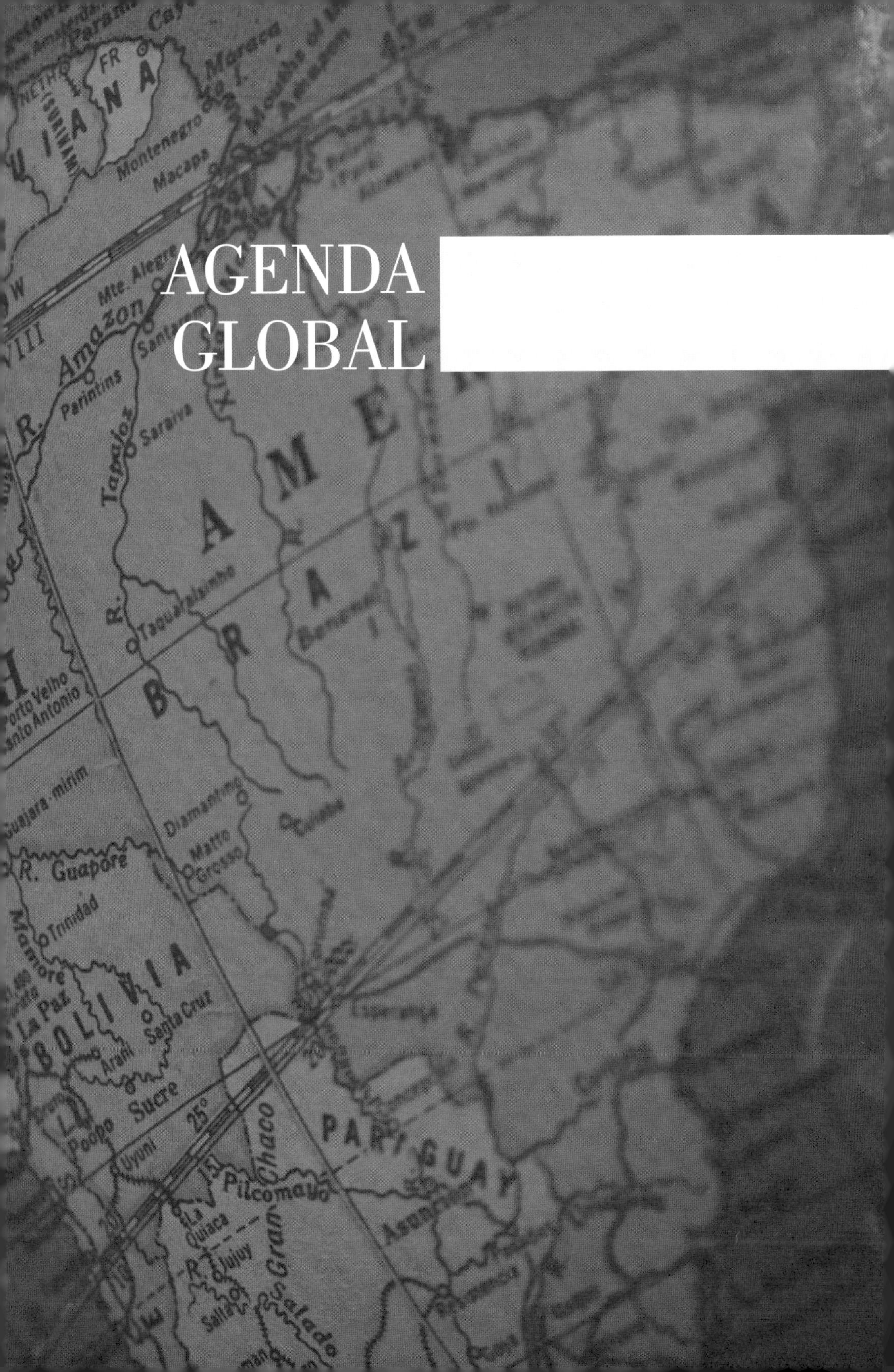

Política externa do governo FHC

CONTINUIDADE E RENOVAÇÃO*

Luiz Felipe Lampreia

MOMENTO INTERNACIONAL

Antes de passar ao exame da política externa brasileira, vale a pena identificar alguns traços marcantes do mundo atual, do período pós-Guerra Fria, da chamada "globalização":

a) já a partir do início da década, fim da divisão do mundo em esferas ideológicas opostas, do conflito Leste-Oeste; fim, também, como conceito para ação, do denominado conflito Norte-Sul;

b) crescente convergência no campo dos valores e das práticas políticas – democracia, direitos humanos, posição social da mulher, direitos da criança e das minorias, meio ambiente; manutenção – e até aprofundamento, em certos casos – de especificidades nacionais, étnicas, culturais;

c) convergência, igualmente, na área econômica – vitória da ideia da livre-iniciativa, imperatividade da disciplina fiscal e monetária, liberalização do comércio de mercadorias, serviços e dos fluxos

---

* Publicado em *Revista Brasileira de Política Internacional – RBPI*, vol. 41, nº 2, Brasília, 1998.

financeiros, além de avanços fundamentais como a União Econômica e Monetária na Europa;

d) forte acentuação da tendência à organização por regiões do espaço econômico internacional, que se manifesta de diversas formas em todos os continentes: Mercado Comum do Sul (Mercosul), Tratado Norte-Americano de Livre-Comércio (Nafta), Área de Livre-Comércio das Américas (Alca), Cooperação Econômica da Ásia e do Pacífico (Apec), etc.;

e) permanência e até agravamento das disparidades de nível de vida, entre os países e dentro dos países, mesmo nos mais ricos, embora, de modo geral, os indicadores sociais indiquem algum progresso em todas as áreas do globo;

f) tensão entre a convergência no plano dos valores – e das expectativas de consumo e bem-estar, acentuadas pelos meios de comunicação – e a realidade de desigualdade e da falta de perspectivas de boa parte da humanidade;

g) presença de uma única superpotência econômico-militar, que compartilha a cena da política mundial com potências militares e econômicas de categorias distintas;

h) descolamento – na formulação de Celso Lafer – do poder, seja ele militar ou econômico, com a capacidade de manter a ordem, seja, mais uma vez, no plano da segurança (terrorismo, proliferação), seja na dimensão econômica (crises financeiras, violações das normas internacionais de comércio);

i) necessidade, portanto, de atualização de instâncias como o Conselho de Segurança das Nações Unidas e o G-8, na esfera política, além dos organismos econômicos internacionais;

j) necessidade, também, de reavaliação do próprio conceito de poder, diante da perda da utilidade relativa do poder militar (*hard power*) e da importância acrescida do poder econômico, cultural e simbólico (*soft power*), e do chamado poder estrutural, ou seja, a capacidade de influir na definição dos regimes e instituições que compõem a estrutura das relações internacionais;

l) maior permeabilidade das fronteiras nacionais, maior influência do meio internacional, das regras, tratados, regimes multilaterais e regionais no cotidiano dos países e das pessoas; maior restrição da autonomia decisória das autoridades nacionais; estreita-se a margem para ação puramente nacional diante de fenômenos de caráter transnacional – comércio, meio ambiente, crime organizado –, crescentemente objetos de acordos internacionais;

m) maior volume, velocidade e variedade de informação – em um mundo que se vê diariamente pela televisão, pela internet – reforçam o sentido de que "estamos todos no mesmo barco" e, ao mesmo tempo, de que nesse "barco" existem enormes diferenças em termos do que seus "passageiros" podem fazer para aproveitar a viagem e, também, para influir no rumo seguido; essas diferenças geram tensões que podem eclodir, seja em crises financeiras, seja em conflitos localizados;

n) multiplicidade crescente de atores (ONGs, empresas transnacionais, meios de comunicação, mercado financeiro) que interagem com os governos e têm papel cada vez mais importante nas relações internacionais; a representação das ONGs nos organismos internacionais é uma questão fundamental da cena multilateral contemporânea.

Em resumo, vivemos em um mundo muito mais complexo do que aquele no qual operavam nossos antecessores, um mundo em que há numerosos desdobramentos positivos e também outros de cunho negativo. Há facilidades maiores, mas também novas dificuldades. Essa realidade precisa ser bem compreendida por países como o Brasil, que devem buscar uma interação cada vez mais proveitosa com o meio internacional e, ao mesmo tempo, aumentar sua capacidade de participar com influência dos processos decisórios mundiais.

O BRASIL NO MUNDO DE HOJE

Os dados básicos de nossa presença internacional neste momento, dados que desejamos permanentes, definitivos, são a democracia e a estabilidade econômica. Esses dois aspectos não figuravam nas credenciais do país até cerca de quinze anos, e isso marcava e restringia nossa ação externa.

Em razão dessa mudança, pode-se dizer que o Brasil tem sido, nesta segunda metade da década de 1990, um país mais visível e atuante no cenário internacional e, em certa medida, um dos grandes beneficiários da chamada globalização, de sua face mais positiva, embora também tenhamos sofrido com os aspectos adversos do processo.

No plano político, a valorização internacional da democracia, dos direitos humanos e do desenvolvimento sustentável e as pressões externas que derivam dessa valorização vêm, certamente, ao encontro do que a sociedade brasileira deseja para o nosso país.

No plano econômico, a estabilidade e a perspectiva de retomada de crescimento mais acelerado fazem com que o Brasil tenha voltado a ser um dos principais destinatários de investimentos diretos, superado apenas pela China entre as nações emergentes. Esse fenômeno tem favorecido a rápida modernização da infraestrutura e do parque produtivo nacionais.

Além disso, a tendência de liberalização comercial, que o Brasil passou a seguir desde o início dos anos 1990, ajudou a consolidar a estabilidade interna de preços, embora tenha submetido a nossa indústria a uma pressão à qual não estava acostumada. Nesse processo, houve vencedores e perdedores.

A internacionalização criou desafios, alguns deles muito salutares, de eficiência, competitividade, mas também, na frente externa, de luta contra o protecionismo e contra as assimetrias de poder na definição e aplicação das regras internacionais de comércio. Em outras palavras, da luta contra as incoerências da globalização, que resultam, sobretudo desses diferenciais de poder que ainda definem a realidade internacional.

Por tudo isso, para um país como o Brasil, detentor de uma participação no comércio mundial de pouco menos de 1%, interessa a consolidação das regras multilaterais e uma ordem internacional que seja ao mesmo tempo mais previsível e o oposto da "lei do mais forte".

O aprofundamento da interdependência econômica trouxe também problemas e ameaças, como a rápida contaminação, muitas vezes injustificada, pelo impacto de crises originadas em realidades muito diferentes da nossa, além de fenômenos correlatos como o crime organizado e o tráfico de drogas.

A globalização, portanto, tem sido favorável ao Brasil, mas suas distorções, seus excessos, especialmente na área financeira, geram graves problemas, aos quais nenhum país do mundo, por mais poderoso, pode julgar-se imune.

Desde o início de seu governo, o presidente Fernando Henrique Cardoso tem manifestado preocupação com a excessiva volatilidade dos fluxos financeiros internacionais, para o Brasil e para a economia internacional como um todo. Ele vem suscitando a discussão do assunto, em encontros e trocas de mensagens com outros líderes mundiais, não em termos maniqueístas, para apontar culpados e responsabilizar os agentes financeiros, mas para mostrar que, por mais que os ataques especulativos tenham motivos concretos nos fundamentos econômicos do país atacado, cabe a esse mercado induzir a correção e não o agravamento do problema.

O vigor da mais recente onda de turbulência financeira parece haver convencido os governos da necessidade de ordenar minimamente essa realidade: não para cercear a liberdade de transação, para constranger os mercados, mas para reduzir as possibilidades de uma crise global ainda mais grave.

Os dados básicos de nossa presença internacional – democracia e estabilidade econômica – traduzem-se em maior credibilidade externa. Manter e ampliar essa credibilidade de modo algum significa renunciar a caminhos e escolhas próprios. O atual momento da história mundial exige, no entanto, que as opções nacionais se façam de acordo com os parâmetros políticos, econômicos, sociais e ambientais predominantes no meio internacional e correspondam, de modo geral, aos valores e desejos dos brasileiros.

Não há mais espaço, por exemplo, para golpes de Estado, ditaduras, violações maciças ou reiteradas dos direitos humanos, descontroles fiscais e monetários, comportamentos ambientalmente predatórios ou irresponsáveis. Acabaram-se os tempos do isolacionismo e da autossuficiência. A soberania nacional deixou de ser argumento para comportamentos que atentam contra esses valores fundamentais.

A autonomia, entretanto, continua a ser um objetivo essencial para o Brasil, ou seja, devemos buscar sempre ampliar nossa capacidade de atuar no meio internacional com margem de escolha e manobra suficiente – não completa, evidentemente – para seguir os caminhos delineados pela vontade nacional, pelas opções e condições do país.

Essa autonomia depende de vários elementos, entre os quais de uma dimensão crítica em nosso relacionamento internacional. Para o Brasil, onde o desenvolvimento e a mudança, sobretudo de nossa própria realidade social, são os objetivos maiores, é compreensível que desejemos ter no mundo não um papel conservador e sim uma participação transformadora.

Nos anos 1960 e 1970, essa dimensão crítica talvez fosse mais evidente em nosso discurso. Boa parte da inspiração vinha do pensamento de Raúl Prebisch, segundo o qual era possível alcançar uma concertação dos países do então chamado Terceiro Mundo – no Grupo dos 77, na UNCTAD e em outros foros – e, a partir daí, obter dos centros de poder decisões que levassem em conta os nossos interesses, seja para a correção da deterioração dos termos de intercâmbio comercial, seja para diferenciação no acesso ao crédito internacional. E, se os resultados jamais se aproximaram das reivindicações maximalistas do "Sul", certamente esse ambiente produziu frutos, tais como o Sistema Geral de Preferências e certas políticas de instituições como o Banco Mundial e o BID.

Havia no Brasil, por conseguinte, uma dualidade entre um regime extremamente conservador e, no início, engajado na perspectiva da Guerra Fria e, do outro lado, uma política externa que, na área econômica, adotava uma postura agressivamente desafiadora da ordem internacional.

Talvez essa atitude fosse tolerada pelo regime porque servia como reação às crescentes pressões internacionais em prol da democracia, do respeito aos direitos humanos, da preservação do meio ambiente, da não proliferação. Em outras palavras, o Brasil pedia mudanças internacionais, mas resistia, mesmo de forma repressiva, a qualquer sopro de abertura e renovação internas. Ironicamente, quando algumas poucas vozes apontam hoje traços de conservadorismo na política externa, fazem-no por comparação com o discurso adotado nas etapas mais duras do período autoritário.

Acabou-se a dualidade das nossas posturas internas e externas. O Brasil é agora uma sociedade aberta, democrática, que deseja melhorar sua realidade na área social, de direitos humanos e meio ambiente. A sociedade brasileira identifica-se com os valores dominantes no ambiente internacional. Não faria sentido, por conseguinte, termos uma política externa cujo eixo principal fosse uma crítica aguda e agressiva da ordem mundial e de seus principais atores, por mais que conheçamos e apontemos a necessidade de mudar, de melhorar a realidade atual das relações internacionais.

A nossa inserção traz ao mesmo tempo benefícios e dificuldades. É preciso, acima de tudo, trabalhar para que esse saldo nos seja cada vez mais favorável e que reunamos meios para uma participação ampliada na transformação do mundo.

Nem a maior autonomia, nem o aumento de nossa capacidade de influência poderão ser alcançados por meio do isolamento ou da pretensa autossuficiência. Isso vale para os planos político e econômico. No primeiro caso, o fim da Guerra Fria tornou sem sentido a falsa alternativa de alinhamento e não alinhamento. São categorias que perderam sua razão de ser, embora permaneçam no inconsciente de alguns saudosistas, para os quais era mais fácil compreender um mundo dividido entre o "bem" e o "mal", aqueles que preferem os esquematismos artificiais à realidade concreta e complexa.

Em termos econômicos, o impacto negativo que as crises externas tiveram, no Brasil e em outros países, aliado ao pensamento segundo o qual quanto maior é a integração na economia internacional, menores são as chances de desenvolvimento nacional efetivo, levou a que nossas lideranças buscassem aumentar a autonomia por meio de maior autossuficiência. Mais recentemente, nos anos 1970, as repercussões da crise do petróleo reforçaram esse impulso no sentido de nos bastarmos a nós mesmos.

Por algum tempo, essa linha, baseada em políticas de incentivo à industrialização e de protecionismo comercial, produziu resultados favoráveis ao progresso do país. Mas o Brasil demorou a perceber que o mundo mudara rapidamente e que já não havia lugar para esse tipo de concepção. Há que reconhecer, porém, que a crise da dívida externa na década passada e o imperativo de produzir superávits comerciais para saldar compromissos financeiros externos contribuíram para o atraso brasileiro em seu ajustamento à nova realidade. Por isso pagamos um alto preço, subsidiando a ineficiência, gerando inflação e perdendo espaço em relação a outros países, a outras regiões.

Nos últimos anos, especialmente no período do governo do presidente Fernando Henrique Cardoso, o Brasil tem-se dedicado a recuperar o tempo perdido, bem como os meios e as oportunidades desperdiçados pela insistência em seguir uma trilha abandonada que, na mais favorável das leituras, já não nos conduzia a lugar nenhum.

A POLÍTICA EXTERNA BRASILEIRA

A política externa de qualquer país – e o Brasil não é exceção – deve ter sempre em conta três indagações, cuja resposta norteia as diretrizes e as ações diplomáticas.

Em primeiro lugar, o que o Brasil deseja obter de seu relacionamento com o meio internacional? A resposta, evidentemente, não pode resumir-se em poucas palavras. De modo geral, entretanto, parece correto dizer que, no caso do Brasil, o objetivo principal é conseguir do intercâmbio externo elementos úteis à realização da meta prioritária do desenvolvimento, tanto em sua dimensão econômica e social quanto em áreas como direitos humanos, políticas públicas e meio ambiente. Em síntese, elementos que sirvam ao desenvolvimento na acepção mais abrangente do conceito. As parcerias externas são um complemento indispensável para os esforços de desenvolvimento, embora não tenha deixado de ser verdade que o fator determinante continuam a ser as boas políticas internas.

A segunda pergunta é: como o Brasil deseja relacionar-se com a comunidade internacional? A resposta básica pode ser encontrada em princípios que tradicionalmente têm orientado nossa política externa, como os da não intervenção, respeito à autodeterminação, não ingerência em assuntos internos e solução pacífica de controvérsias. Invocar tais princípios não equivale a afirmar que eles são hoje utilizados da mesma forma que no passado. Ao contrário, embora a essência esteja hoje preservada, sua aplicação vem evoluindo, como ocorreu, por exemplo, no campo dos direitos humanos, da democracia e do meio ambiente. Além desses princípios, a resposta à segunda pergunta envolve outras facetas de nosso comportamento internacional, como a tradição de nos posicionarmos e relacionarmos de modo aberto, transparente, consistente, com genuíno ânimo de diálogo e cooperação. É possível que o abuso retórico tenha desgastado essas expressões. Para a diplomacia brasileira, no entanto, é motivo de orgulho – e de reconhecimento da parte de nossos parceiros – havermos sabido manter a coerência do discurso com a ação.

Por fim, a terceira questão: qual é o mundo que desejamos e que queremos ajudar a construir? A resposta, tão ou mais complexa do que as anteriores, pode ser resumida em algumas poucas ideias-chave: paz, desenvolvimento e participação ampliada. Começando pela última, o Brasil almeja e trabalha por uma ordem internacional cujos processos decisórios estejam mais abertos do que hoje a um número maior de nações, em especial de sociedades em desenvolvimento. Essa meta pressupõe, entre outras mudanças, a reforma dos organismos e procedimentos multilaterais. Queremos também um mundo em que todos os seres humanos tenham condições de viver com dignidade e de realizar suas necessidades fundamentais, um mundo no qual isso se faça concomitantemente com a concretização dos valores da democracia, do respeito aos direitos humanos, da preservação do meio ambiente. É o que desejamos para nós e o que queremos para o mundo.

Convém resistir ao impulso de tentar reduzir toda uma concepção de política externa a um rótulo que sirva como "chave mágica" para seu entendimento. Pode-se dizer, porém, que a política externa do presidente Fernando Henrique Cardoso busca a autonomia pela integração, ou seja, em vez de uma autonomia isolacionista, uma autonomia articulada com o meio internacional.

O embaixador Gelson Fonseca Júnior, em livro recentemente publicado, faz contraste semelhante da busca, no passado, do que denomina "autonomia pela distância" com a atual construção da "autonomia pela participação". A concepção é essencialmente a mesma, embora o conceito de integração talvez seja mais concreto, mais gráfico. Essa ideia da autonomia pela integração pode parecer uma contradição em seus termos, mas não é, como alguns exemplos concretos ajudam a atestar.

No Mercosul, como em qualquer acordo internacional desse gênero, todos os países-membros renunciam a certa parcela de sua soberania, da liberdade de tomar determinadas decisões sem coordenação com os respectivos parceiros. Isso, frequentemente, causa desconforto, pois os países e seus governos se veem obrigados a seguir certos caminhos em vez de outros que pareçam mais atraentes em determinada situação.

Assim, os compromissos assumidos criam obrigações e restrições e significam um sacrifício de autonomia nacional. Mas o Mercosul também produz o efeito inverso. As perdas que possam resultar dessa maior subordinação ao interesse do conjunto dos países-membros no processo decisório são mais do que compensadas. Em primeiro lugar, pelo próprio benefício econômico que adveio para todos os membros a partir do extraordinário crescimento do comércio intra-Mercosul e do fortalecimento de nossa atratividade como destino de investimentos estrangeiros produtivos. O Mercosul, portanto, tem sido um fator propulsor do desenvolvimento econômico dos quatro países, entre os quais o Brasil.

Em segundo lugar, nossa união gera efeitos positivos de caráter político-diplomático. Isso ficou evidente ao longo do período de pré-negociações da Alca, entre as cúpulas de Miami em 1994 e de Santiago neste ano, especialmente nas reuniões ministeriais de Belo Horizonte e São José da Costa Rica, respectivamente em 1997 e no último mês de março. O fato de havermos atuado juntos ajudou a realização de nossos objetivos nesse processo tão importante para todas as nações das Américas. O Mercosul tem sido também um elemento de peso no esforço, prioritário para o Brasil, de construção de um espaço integrado na América do Sul. Os acordos do Mercosul com o Chile e a Bolívia e os entendimentos em curso com os países da Comunidade Andina atestam esse fato. Por fim, o Mercosul tornou-se um dado relevante no diálogo com outras regiões do mundo, especialmente com a União Europeia.

Embora, por um lado, signifique efetivamente alguma perda de autonomia, por outro lado o Mercosul aumenta nossa capacidade de atuar de modo mais afirmativo e participativo na elaboração de regimes e normas internacionais de importância essencial para o Brasil. Em última instância, combinadas as perdas e ganhos de autonomia, resta um saldo positivo. E isso, certamente, vale também para os nossos parceiros.

A decisão do Brasil de aderir ao Tratado de Não Proliferação Nuclear (TNP) é outro exemplo de autonomia pela integração. Ao firmar esse tratado, o Brasil renunciou ao direito de fabricar a bomba atômica. Esse direito já havia deixado de existir havia muito tempo, tanto em decorrência da própria Constituição brasileira quanto dos compromissos diversos que havíamos assumido, seja nos âmbitos regional e multilateral, seja bilateralmente com a Argentina.

Nossa recusa em assinar, desde a origem do TNP em 1968, devia-se ao fato de que considerávamos – e consideramos ainda – tratar-se de um acordo iníquo, pois preserva o direito das potências nucleares de conservar seus arsenais e, assim, como disseram diplomatas brasileiros no passado, serve para "congelar" uma determinada situação de poder.

Era uma posição basicamente de princípio – embora certos setores isolados no país provavelmente sonhassem com a possibilidade de desenvolvermos armas nucleares –, que nos criava sério problema de credibilidade internacional, um ônus permanente, tal como dificuldades de acesso a tecnologia de ponta e uma permanente suspeita em relação aos nossos verdadeiros propósitos nesse terreno.

Ao aderir ao TNP – os instrumentos de ratificação pelo Brasil foram depositados em 18 de setembro último –, cumpriu-se o objetivo prioritário do presidente Fernando Henrique Cardoso de resgatar as "hipotecas" que ainda pesavam sobre a credibilidade externa do país, como também ocorreu com nossa adesão ao CTBT (Tratado para a Proibição Completa de Testes Nucleares) e com a decisão de submeter ao Congresso a aceitação pelo Brasil da competência jurisdicional da Corte Interamericana de Direitos Humanos.

Rapidamente ficou comprovado o benefício de aderir ao TNP. Quando, por coincidência, a Índia e o Paquistão conduziram testes nucleares no primeiro semestre deste ano, ganhamos mais respeito da comunidade internacional, traduzido no convite do G-8 para que participássemos do esforço para ajudar a encaminhar uma solução para as tensões no sul da Ásia.

O mundo globalizado funciona, cada vez mais, com base em avaliações de confiabilidade e, inversamente, de risco. O mercado financeiro, obviamente, leva essa característica ao extremo, muitas vezes para além dos limites da racionalidade. Como se evidenciou nas mais recentes turbulências na economia mundial, em seguida à moratória declarada pela Rússia, um dado adverso isolado – no caso do Brasil, o déficit das contas públicas e, em menor grau, o saldo negativo na conta corrente – levou os agentes financeiros a não dar a atenção devida aos elementos positivos, como a estabilidade institucional, a seriedade do governo e a consistência de suas políticas, um presidente conhecido e respeitado internacionalmente, as reformas profundas já empreendidas no ordenamento legal e na economia, o êxito inquestionável de um gigantesco e rápido processo de privatização e a solidez do Plano Real.

Ao final, no entanto, como ficou demonstrado na ampla concertação internacional em apoio ao Brasil, na mobilização construtiva dos principais atores da cena global – que não ocorreu em relação a países atingidos anteriormente –, confirmou-se a importância crucial de haver construído, ao longo dos últimos quatro anos, alicerces sólidos para o desenvolvimento de um ambiente de reconhecimento e confiança externa em relação ao Brasil.

A importância da credibilidade não está circunscrita ao universo econômico-financeiro e estende-se ao convívio internacional em sentido mais amplo. A política externa brasileira tem contribuído ativamente para a superação de certos dados que afetavam negativamente a confiabilidade do país.

Cabe assinalar, no entanto, que esse não é um fenômeno novo, mais um dos frutos da globalização. Na verdade, a política externa brasileira sempre foi um fator de confiança acrescida no Brasil. Pode-se afirmar que isso se fundou historicamente em dois pilares, aos quais a democratização acrescentou um terceiro:

- comportamento condizente com os princípios que sempre defendemos e ajudamos a inscrever nos principais instrumentos do direito internacional, como a não intervenção, a solução pacífica das controvérsias e a autodeterminação dos povos;
- capacidade de manter coerência de posições e comportamento ao longo do tempo, sem prejuízo da necessária renovação à luz das transformações internas e externas;

- ação externa pautada pelos valores que mobilizam a comunidade internacional, como a democracia, os direitos humanos, o meio ambiente, a não proliferação, o combate ao crime organizado.

À medida que se fortalece a credibilidade, consolidam-se também as credenciais diplomáticas e aumentam as responsabilidades internacionais do país. Temos hoje, por exemplo, na América do Sul, uma atuação muito mais desimpedida do que no passado. A participação decisiva do Brasil, como coordenador dos países garantes do Protocolo do Rio de Janeiro de 1942, nas negociações que levaram, após mais de meio século, aos acordos de paz do Equador com o Peru, são um resultado dessa mudança favorável. O mesmo se aplica, em outra esfera, ao papel do governo brasileiro, em conjunção com seus parceiros no Mercosul, em prol da manutenção das regras do jogo democrático no Paraguai. Nossa posição clara e definida contribuiu em medida significativa para a realização das eleições nesse país vizinho e amigo e para que se completasse o processo de alternância dos detentores do poder, característica essencial da democracia.

A participação do Brasil em forças de paz das Nações Unidas em diversos continentes, particularmente em países africanos de expressão portuguesa (Angola e Moçambique), e nosso envolvimento nos esforços diplomáticos para superação do recente conflito interno na Guiné Bissau são também expressão dessa maior capacidade e disposição de atuar de forma mais ativa e abrangente na vida internacional e regional.

Em síntese, o peso de nosso país vem crescendo de modo acentuado, e estamos assumindo responsabilidades internacionais para nós sem precedentes. O Brasil jamais esteve tão próximo de tornar-se um ator realmente central no cenário mundial. É evidente que isso dependerá, em primeiro lugar, de conseguirmos superar nossos problemas internos, especialmente na área social. Dependerá, também, de que nossa diplomacia saiba renovar-se e aparelhar-se, e de que lhe sejam atribuídos, no processo político interno, a prioridade e os meios necessários ao desempenho de uma missão cujos resultados incidem crescentemente no cotidiano de nossos cidadãos.

Diplomacia não é um luxo de países ricos, mas um instrumento indispensável e essencial para as nações que almejam obter do exterior os elementos necessários a melhorar a qualidade de vida de sua sociedade. Desconhecer a importância decisiva da política externa e da ação diplomática equivale a desconhecer que hoje seguramente o desenvolvimento nacional passa por uma inserção positiva no meio internacional. Não há outro caminho.

CONTINUIDADE E RENOVAÇÃO

O governo do presidente Fernando Henrique Cardoso manteve e esforçou-se para aprimorar as características já mencionadas que, ao longo deste século, constituíram os pilares fundamentais da política externa brasileira.

No plano mundial, o Brasil continuou a contribuir ativamente, nos foros multilaterais e em nossas relações bilaterais, para a construção de uma ordem internacional fundada em normas acordadas coletivamente e não, ao contrário, na "lei do mais forte". Temos seguido essa linha em todas as áreas temáticas, desde o campo da segurança internacional até o terreno das questões econômico-comerciais.

Nas Américas, a diplomacia brasileira trabalhou ativamente para que o patrimônio de impecável boa convivência com nossos vizinhos se traduza cada vez mais em cooperação e integração. Sem prejuízo da defesa sempre firme dos interesses nacionais, o Brasil manteve-se fiel à sua tradição de buscar conciliar esses interesses com os de nossos vizinhos, em fórmulas capazes de produzir avanços em benefício de todas as partes envolvidas.

Em síntese, deu-se continuidade a uma linha de conduta que, historicamente, tem feito da política externa um fator de credibilidade para o país e assegurado seu lugar como participante respeitado e influente da vida internacional.

O governo do presidente Fernando Henrique trouxe, no entanto, novos e fundamentais ativos para a projeção externa do Brasil.

Em primeiro lugar, o êxito do Plano Real veio corrigir uma deficiência grave em nossa credibilidade externa. Os governos e agentes econômicos estrangeiros passaram a contar com bases sólidas para levar adiante projetos de comércio, investimento e outras formas de intercâmbio com o Brasil. O fim da inflação e o crescimento vertiginoso da demanda interna que disso resultou aumentaram a importância do Brasil como mercado e como destino de recursos dirigidos quer à atividade produtiva, quer ao mercado de capitais. Em poucas palavras, a economia brasileira teve reconhecido, finalmente, o peso que lhe cabe como geradora de um dos dez maiores produtos nacionais do mundo, e isso já começa a expressar-se também no maior acesso do país a foros mais restritos de concertação internacional, tais como o Banco para Compensações Internacionais (BIS) e o chamado G-22.

Aliada à manutenção de uma política de abertura comercial na qual não haverá retrocessos, essa elevação da demanda doméstica, das importações e do influxo de investimento estrangeiro, representou fator de impulso à economia da região como um todo, especialmente no âmbito do Mercosul, e deu novo vigor aos processos de integração em curso.

O presidente trouxe, ainda, a qualidade de sua liderança, reconhecida internacionalmente, que tem servido para ampliar a credibilidade política do país e respaldar a confiança em que, apesar das complexidades de nossos mecanismos e procedimentos decisórios, as diretrizes e compromissos adotados pelo governo vão concretizar-se. Além de significar um dado de confiabilidade acrescida para o Brasil, a liderança do presidente tem efeito ainda mais importante em razão de seu envolvimento direto no que se tem chamado de "diplomacia presidencial". Essa presença do líder máximo do país na atividade diplomática e seu interesse pelos temas internacionais têm sido um elemento de renovação e fortalecimento de nossa política externa.

Finalmente, o compromisso do presidente com os princípios da democracia, da paz, dos direitos humanos, da justiça social e da preservação do meio ambiente e o fato de as políticas de seu governo estarem voltadas para a realização desses ideais ajudaram a aproximar o Brasil dos valores e práticas dominantes neste momento da história mundial, com ganhos inegáveis para a credibilidade e a capacidade de influência do país.

A decisão do governo brasileiro de resgatar certas "hipotecas" diplomáticas nas áreas da não proliferação e dos direitos humanos, tais como a assinatura do TNP e o reconhecimento da competência obrigatória da Corte de São José, além do empenho com que buscamos preservar e promover a democracia e os direitos humanos, especialmente nas Américas, são manifestação concreta desse compromisso.

Em última instância, a nossa política externa é hoje, mais do que nunca, expressão fiel dos valores e aspirações da sociedade brasileira e projeta linhas de ação e prioridades adotadas pelo governo em seu papel de liderar a transformação do país.

O Brasil deseja para o mundo o mesmo que deseja para si. Essa coerência, somada ao prestígio da liderança do presidente Fernando Henrique Cardoso, bem como ao impulso que decorrerá da retomada do crescimento econômico e das reformas fundamentais ainda em consideração, reforça nossa capacidade de fazer da inserção no meio internacional cada vez mais um fator propulsor do desenvolvimento nacional e consolida nossas credenciais para uma participação mais ativa na reconstrução da ordem mundial.

Desafios da inserção internacional do Brasil

PRÓXIMOS PASSOS*

José Botafogo Gonçalves

Os defensores do isolamento comercial e econômico do país são cada vez menos numerosos e vêm perdendo representatividade e importância política de modo constante e gradativo.

O melhor exemplo dessa afirmação encontra-se na publicação, em 2002, por parte do então candidato à Presidência da República, Luiz Inácio Lula da Silva, da "Carta ao Povo Brasileiro", em que inúmeras teses radicais defendidas pelo Partido dos Trabalhadores, sobretudo no campo das relações econômicas e políticas externas, foram abandonadas em nome da prioridade a ser dada a um processo estável e continuado de transição democrática e consolidação do desenvolvimento da cidadania.

A despeito dos inegáveis sucessos alcançados pelos dois últimos governantes no combate à inflação e na tessitura de redes de proteção a populações mais pobres do país, com evidentes e positivos reflexos nos índices de bem-estar social, publicados regularmente pelo IBGE (Instituto Brasileiro de Geografia e Estatística), o Brasil vem sofrendo, há mais de duas décadas,

* Publicado em *Brasil: o que resta fazer?* Cadernos Adenauer. Vol. 3. Ano III (Rio de Janeiro: Fundação Konrad Adenauer – KAS, 2006).

um processo de baixo crescimento de seu Produto Interno Bruto (PIB), pouco acima de seu crescimento populacional. Os investimentos públicos caíram drasticamente, a poupança interna ficou abaixo dos índices históricos e as despesas públicas cresceram vertiginosamente – em boa parte, financiados pela crescente carga fiscal que pesa sobre o país, hoje da ordem de 37,5% do PIB.

A despeito de um vigoroso processo de privatização em setores-chave da economia, como energia, siderurgia e telecomunicações, o setor privado de capital nacional ficou comprimido entre duas situações excludentes, a saber: aceitar a falência da empresa ou desnacionalizá-la e passar o controle ao capital estrangeiro. Mesmo assim, o setor privado brasileiro é hoje mais eficiente e competitivo e tem sabido aproveitar as condições favoráveis do crescimento do comércio mundial para aumentar significativamente exportações e elevar o grau de abertura da economia brasileira.

Nessas circunstâncias, todo brasileiro hoje pergunta a si mesmo: "O que fazer para que o Brasil volte a crescer a taxas anuais superiores a 5% ao ano?".

No presente texto, vou formular uma segunda pergunta, derivada da primeira: "Qual o efeito do comércio internacional do Brasil na busca de taxas anuais de crescimento do PIB superiores à atual?".

Lamentavelmente, a sociedade brasileira ainda não encontrou resposta adequada a nenhuma das duas perguntas. Vamos procurar entender por quê.

Dos anos 1960 aos anos 1980, o Brasil praticou uma política muito bem-sucedida de substituição de importações e de controle estatal do comércio exterior, que transformou a economia do país de base rural para base industrial, em paralelo a um vertiginoso processo de urbanização da população em escala não comparável a qualquer país do mundo ocidental.

Essa política, também chamada "nacional-desenvolvimentista", vem sendo gradualmente desmantelada, não tanto em razão de decisões estratégicas adotadas pela sociedade brasileira, mas sobretudo por força das sucessivas crises do balanço de pagamentos que atingiram o Brasil e outros países em desenvolvimento ao longo dos anos 1980 e 1990.

O resultado desse processo crítico foi que as políticas brasileiras, tanto no nível macro como no nível micro, têm sido mais reativas do que propositivas, disso resultando uma perda significativa de consistência das políticas comerciais, financeiras e regulatórias no campo das relações internacionais.

Ambiguidades e ambivalências persistem no imaginário popular, no Congresso Nacional, nos partidos políticos e no seio dos órgãos representativos do empresariado privado nacional a respeito do papel que o Brasil deve exercer no cenário internacional.

Algumas dessas ambiguidades são:

- A abertura econômica e comercial é intrinsecamente ruim e, na melhor das hipóteses, é um mal necessário.
- Quando ela for inevitável, o Brasil, como país em desenvolvimento, deve solicitar tratamento diferenciado, ou seja, não recíproco.
- A proteção tarifária é um bem a ser preservado pelo Brasil e um mal quando praticada por nossos países concorrentes no mercado internacional.
- Os diversos códigos de conduta consagrados pela Rodada Uruguai são instrumentos de valor desigual, beneficiando mais as economias ricas do que as economias médias e pobres, pelo que devem ter sua aplicação flexibilizada no que tange ao Brasil.
- Os principais obstáculos às exportações brasileiras encontram-se nas barreiras tarifárias; daí resulta que a ênfase nas negociações comerciais recaiu nos temas de acesso a mercado e não nas disciplinas regulatórias.
- O *trade-off* das negociações deve ser o de acesso contra acesso e mesmo assim não recíproco.
- A negociação de disciplinas internacionais que reduzam a liberdade de manobra das autoridades públicas brasileiras na formulação de políticas industriais, científicas e tecnológicas de âmbito nacional

tende a ser negativa e, conforme o caso, arrisca atentar contra a soberania nacional.

Como o leitor pode observar, intitulei a lista acima de ambiguidades e ambivalências. A razão é simples. Todos os itens enumerados contêm um grau de verdade e um grau de inverdade. Tudo dependerá da visão ideológica do formulador da questão. Quanto mais próximo ele estiver da velha política nacional-desenvolvimentista, mais restritivo será em relação ao processo de abertura da economia. Em caso contrário, ele será mais "aberturista". O muro de Berlim foi fisicamente desmantelado em menos de 24 horas, obrigando as autoridades da Alemanha Ocidental a reagirem com urgência à nova situação criada e a optarem por uma radical incorporação da Alemanha Oriental, particularmente no campo da moeda, aceitando que o gigantesco custo dessa incorporação seria pago de imediato por razões políticas e ao longo prazo por razões econômicas.

O caso do Brasil é muito diferente. O muro da proteção tarifária e não tarifária, levantado pela política nacional-desenvolvimentista, vem-se desmantelando pouco a pouco. Em alguns lugares, as brechas são grandes. Em outros, o muro está quase intacto.

O que cabe ao Brasil fazer agora é dar consistência e maior velocidade ao desmantelamento do muro ainda em pé. Para tanto, é necessária a adoção de uma nova estratégia desenvolvimentista, com características que a seguir indicarei.

A partir dos anos 1990, a economia brasileira tem sido alvo de sucessivos choques ou ondas reformadoras de caráter exógeno ou endógeno que, trabalhando inicialmente como variáveis independentes, vêm, pouco a pouco, convergindo para um objetivo comum de modernização do aparelho produtivo nacional, embora não necessariamente de forma articulada e harmônica.

Entre os fatores de caráter endógeno, merece atenção o fim do regime militar e a restauração da normalidade democrática por meio do respeito aos instrumentos básicos da democracia representativa, que são eleições livres, fim da censura à imprensa, votação de nova Constituição, restauração do poder legiferante do Congresso Nacional e pleno respeito às decisões do Supremo Tribunal Federal e das outras instâncias jurídicas. No plano econômico, a grande vitória da sociedade brasileira se deu no maciço apoio dos eleitores ao Plano Real, que, com grande criatividade e competência técnica, pôs fim ao regime de altas taxas de inflação. A descoberta dos valores intrínsecos da estabilidade monetária reverteu a tendência secular de concentração de renda e de agravamento da pobreza pelo simples efeito de preservação no tempo do valor do salário pago à massa trabalhadora. A despeito do ceticismo inicial, hoje se pode dizer que todos os partidos políticos, da esquerda, do centro ou da direita, com pequenas exceções, reconhecem a importância eleitoral da estabilidade monetária. Qualquer governo que, no futuro, corra o risco de ceder à tentação inflacionária terá, em curto prazo, sua governabilidade ameaçada.

Como consequência, vem a sociedade brasileira se acostumando com o princípio de que as despesas públicas têm de ser financiadas com recursos reais capturados da atividade produtiva e não mais mediante truques "extraorçamentários", como eram os créditos ilimitados concedidos pela rede de bancos estaduais e mesmo federais ou pelo sistema mais primitivo de impressão de papel-moeda.

Diante da pressão crescente que a sociedade brasileira exerce sobre o Estado para aumentar os gastos de custeio e os gastos sociais, os governos de Fernando Henrique Cardoso e o de Lula da Silva optaram por financiá-los por meio do aumento da carga tributária e/ou do endividamento público, para o que foi necessário oferecer papéis públicos com juros muito elevados – a fim de torná-los atrativos aos compradores. No campo da administração pública, a lei de responsabilidade fiscal, aprovada no governo de FHC, estabeleceu pela primeira vez no Brasil sanções penais aos gestores que desrespeitassem os limites de gastos autorizados por ela. Progressos importantes, embora insuficientes, foram alcançados nos planos da educação e da saúde.

Por outro lado, a sociedade brasileira não aceita mais prosseguir na fórmula de aumento da carga fiscal para atender aos gastos crescentes. A nova agenda de reformas, que deverá ser aplicada pelo governo a partir de 2007, qualquer que seja o candidato eleito, contemplará uma equação que de um lado congele ou idealmente reduza a carga tributária e de outro lado aumente os investimentos públicos em infraestrutura (energia, logística, comunicações, saneamento, etc.) e a eficiência dos programas sociais de redução da pobreza.

As ondas reformadoras de caráter exógeno resultaram da velocidade crescente do processo de globalização da economia mundial e do longo período de crescimento do comércio mundial decorrente desse processo.

O setor agrícola brasileiro foi o que melhor soube valer-se da favorável conjuntura internacional, utilizando as vantagens comparativas de território, água, clima e de uma crescente eficiência tecnológica na expansão da agricultura tropical, particularmente na exportação de proteínas vegetais e animais.

O mesmo não pode ser dito a respeito do setor industrial. Não há dúvida de que a indústria brasileira é muito mais competitiva do que era há quinze anos, embora para tanto tenha tido de pagar um preço elevadíssimo que ainda se faz sentir em setores de bens de consumo não duráveis, como tecidos e calçados, e duráveis, como autopeças e eletrodomésticos.

Será realístico supor que tais fatores exógenos ainda vão atuar a favor do Brasil a partir de 2007? Ainda que não haja uma resposta clara a essa pergunta, não é prudente projetar o crescimento do Brasil com base exclusivamente no crescimento das economias americana, europeia, chinesa ou indiana. O novo governo não poderá furtar-se a prosseguir e acelerar os processos de reformas internas, tanto no campo político como no econômico, para consolidar em bases mais sólidas o processo de crescimento do Produto Interno Bruto com justiça social.

O novo governo e a nova legislatura, a partir de 2007, terão diante deles a agenda da reforma político-partidária, da reforma tributária, da redução do déficit fiscal e da reforma trabalhista.

No campo do comércio internacional, a agenda reformadora passará pelas seguintes novas definições:

- reconhecer que uma atitude prioritariamente defensiva e protecionista não é instrumento bastante para aumentar a competitividade da indústria brasileira;
- reconhecer que o mercado interno, mesmo com razoável expansão decorrente das melhorias sociais e do controle da inflação, não será suficiente para manter a economia brasileira em ritmo de crescimento sustentável superior a 5% ao ano;
- analisar pragmaticamente os níveis atuais de proteção tarifária e decidir um programa de redução gradual, dividindo a tarifa externa do Mercosul em três categorias, a saber:
  - itens que devem sofrer redução ou eliminação imediata dos gravames aduaneiros, para estimular os investimentos produtivos, sobretudo em áreas de mais valor agregado (tais reduções e/ou eliminações seriam unilaterais e negociadas apenas entre os sócios do Mercosul);
  - itens que devem ser negociados nos acordos multilaterais, regionais ou bilaterais em curso;
  - itens que, por sua alta sensibilidade política, ficam fora do programa de redução tarifária;
- aceitar incluir nas pautas negociadoras as disciplinas internacionais que facilitem e assegurem um clima favorável aos investimentos produtivos, tanto estrangeiros quanto nacionais;
- reconhecer que, tão cedo, nem o Estado nem os privados nacionais disporão de recursos suficientes de poupança para elevar significativamente as taxas de investimento na economia brasileira. A insegurança jurídica, o baixo grau de implementação da legislação vigente (*Law enforcement*) e as constantes mudanças nas regras do jogo, tanto no nível macro como no micro, são fatores desestimulantes na captação de recursos para investimentos. Diferentemente do

passado recente, quando o mercado potencial era fator determinante do destino dos investimentos, hoje, com a globalização e o encurtamento econômico das distâncias geográficas, os investimentos produtivos vão para onde são mais bem recebidos;

- em consequência, abandonar a ideia de que a redução da liberdade de manobra das autoridades na formulação de políticas setoriais seja, necessariamente, ruim. O Estado não pode abrir mão de ser o formulador de políticas setoriais que devem ser definidas à luz dos interesses estratégicos do país. Porém, uma vez adotadas, as políticas não devem ficar sujeitas às variações conjunturais ou aos humores mercuriais do governo de plantão;
- desviar a ênfase nas negociações comerciais das questões tarifárias para as questões não tarifárias. Estas últimas são o *hardcore* de acesso ao mercado e de aumento da competitividade da economia nacional. As tarifas aduaneiras tendem hoje a ser mais simplesmente um mero custo adicional de transações.

Para levar adiante esse conjunto de medidas reformadoras é preciso desenvolver estudos, fazer pesquisas, realizar seminários entre os privados e desses com o setor público, no sentido de atualizar o conhecimento da sociedade brasileira sobre as importantes transformações por que já passa a nossa economia, dentro e fora do país.

Hoje, o Brasil deixou de ser um clássico país em desenvolvimento produtor de *commodities* de baixo valor agregado. Nossas exportações industriais superam, em valor, as agrícolas. Estas, por sua vez, estão cada vez mais incorporando tecnologia e valor agregado. Exemplos típicos são o metanol e o biodiesel. As empresas brasileiras, públicas e privadas, estão-se internacionalizando. Petrobrás, Vale do Rio Doce, Gerdau, Odebrecht, Camargo Correa, Andrade Gutierrez, Marco Polo, Rondon, Ambev, só para citar algumas, faturam crescentemente no exterior, até mesmo por meio de unidades produtivas locais.

O Brasil legitimamente busca promover a integração da América do Sul. Isso implica negociar e investir em treze países vizinhos, dos quais onze fazem fronteira com o Brasil. A planificação dos investimentos, a rede viária, a produção e comercialização da energia deixam de ser de caráter nacional para ter caráter regional. O Banco Nacional do Desenvolvimento Econômico e Social (BNDES) progressivamente se envolve em operações de crédito além-fronteira. Os bancos brasileiros abrem agência em um número crescente de países. O Brasil, paulatinamente, torna-se um exportador de capitais e tecnologia. Não obstante, nosso ordenamento jurídico, as práticas administrativas, a elaboração anual do orçamento pelo Congresso, as posições defendidas pelos órgãos representativos do setor privado, os funcionários dos ministérios, com a honrosa exceção do Itamaraty, não levam na devida conta a crescente interdependência dos interesses permanentes do Brasil com os interesses de seus parceiros comerciais, próximos como distantes.

Em outras palavras, o Brasil arma-se mais para defender do que para atacar na presunção, cada vez menos verdadeira, de que essa é a melhor política para um país fraco e subdesenvolvido. Reiteremos nossa pergunta inicial: o que fazer para crescer mais rápido? Qual o papel do comércio internacional nesse processo?

Olhando a experiência recente de países que, com sucesso, estão rompendo ou já romperam a barreira do subdesenvolvimento, verificamos que alguns desses, especialmente os asiáticos, tomaram decisões estratégicas a partir de uma elite política dominante (China), ou agiram sobre uma população crescentemente educada (Coreia), ou se beneficiaram de abundantes recursos financeiros da União Europeia (Irlanda, Espanha, Portugal).

No Brasil, feliz ou infelizmente, as condições objetivas em que vive a nossa sociedade não favorecem a tomada de decisões radicais de cima para baixo, mesmo admitindo sua bondade. O país é complexo, as decisões por consenso não se alcançam e o grau de instrução da população é muito inferior ao desejável. Como romper o impasse?

É preciso ativar um processo catalítico que acelere as reações químicas necessárias à transformação do quadro produtivo brasileiro. Esse elemento catalisador são as negociações comerciais internacionais. Em vez de aguardar melhores momentos para acelerá-las, o governo brasileiro deve retomá-las de imediato – digamos, em janeiro de 2007 –, na presunção de que elas serão indutoras das reformas legais e administrativas que hoje se encontram mais ou menos paralisadas no Congresso Nacional.

Tendo em vista que as nuvens negras que se acumulavam sobre a Rodada Doha ainda não se desfizeram, a saída pragmática é retomar rapidamente a negociação Mercosul-União Europeia, acelerar o processo de acordos de livre-comércio "pra valer" na América do Sul, onde o Brasil, na média, é mais eficiente do que seus vizinhos, e retomar o diálogo negociador com os três países do Nafta (Tratado Norte-Americano de Livre-Comércio), e não apenas com os Estados Unidos.

Não importa que o Nafta, ao contrário do Mercosul, não negocie em conjunto. Importa, sim, que as posições negociadoras brasileiras sejam definidas à luz das realidades comerciais, mercadológicas, tecnológicas e financeiras dos três países do hemisfério Norte: México, Canadá e Estados Unidos.

Em resumo, o momento justifica a opção pelos esquemas negociadores modelados pelo regionalismo aberto, tendo o Mercosul como eixo pivotante.

Prioridades da política externa brasileira à luz do interesse nacional*

José Botafogo Gonçalves

Todos os que lidamos com o tema da inserção internacional do Brasil reconhecemos que o país alcançou um novo patamar de importância nos diversos foros da comunidade internacional, tanto no nível multilateral como nos níveis regional e bilateral.

No plano da governança global, a opinião do Brasil ou é solicitada ou se faz presente por iniciativa própria nas diversas discussões sobre reforma do sistema financeiro internacional, nas discussões sobre mudanças climáticas, nas negociações comerciais a cargo da Organização Mundial do Comércio e, mais recentemente, na promoção de novas instituições regionais dedicadas à integração sul-americana.

Como era de se esperar, esse superativismo da diplomacia brasileira tem suscitado reações diversas e contraditórias por parte de analistas, acadêmicos e políticos partidários, dentro e fora do país.

Partindo dessa inquestionável realidade na qual o Brasil, nas duas últimas décadas, deu um impressionante salto quantitativo e qualitativo em sua presença e visibilidade na comunidade internacional, cabe fazer uma indagação importante e central para a definição das prioridades de nossa

* Publicado em *Dossiê CEBRI*, vol. 1, ano IX, Rio de Janeiro, 2010.

política externa para os próximos anos, a saber: quão sustentável é a nova importância brasileira; como consolidá-la evitando retrocessos e frustrações de custos pouco toleráveis?

Há muito tempo sustento a tese de que um país só se afirma na comunidade internacional apoiado num tripé constituído por uma moeda forte, uma diplomacia respeitada e instituições de defesa com objetivos claros e equipamentos eficientes. Ao olhar retroativamente, veremos que os maiores êxitos conquistados pelo Brasil vêm do campo macroeconômico, no qual as políticas de combate à inflação combinadas com a crescente responsabilidade fiscal permitiram aos dois últimos governos mobilizar recursos volumosos para a promoção das exportações, para a adoção de um leque de políticas sociais que resultam na incorporação de milhões de habitantes no mercado de consumo interno, e para o financiamento não inflacionário de novos investimentos.

Já no campo da diplomacia, o saldo de sucessos e insucessos é mais difícil de ser calculado. É preciso reconhecer que o Itamaraty, como instituição executora da política externa do Brasil, vem merecendo decidido apoio institucional do atual governo.

Salários foram reajustados, a rede de postos diplomáticos foi ambiciosamente ampliada, talvez em excesso, e os concursos de admissão têm conseguido recrutar número crescente de novos diplomatas, não necessariamente jovens.

Por outro lado, cabe indagar se o papel que tem sido atribuído ao presidente da República na execução da política externa não está sendo excessivo ou arriscado. No mundo de hoje, a diplomacia presidencial é um instrumento definitivamente incorporado no calendário anual das negociações políticas e econômicas. A diplomacia presidencial é mais efetiva quando precedida de adequada preparação pelo Ministério do Exterior, de sorte que ao presidente só resta, e não é pouco, destravar alguns poucos nós políticos que inibem um acordo, qualquer que seja, em discussão. Não ignoro a enorme popularidade mundial do presidente da República. Esse é um capital que pode e deve ser utilizado com sabedoria. Não obstante, as prioridades da diplomacia presidencial parecem distanciar-se das fixadas pelas tradicionais políticas de Estado, ou seja, América do Sul e integração regional. Nesse campo, os resultados são magros, se não negativos.

A criação de novos foros (União de Nações Sul-Americanas – Unasul, Parlamento do Mercosul, Conselho Latino-Americano de Defesa) não esconde a grave crise institucional por que passam o Mercosul e a Comunidade Andina de Nações. A Integração de Infraestrutura Regional Sul-Americana (IIRSA) tem sido pouco prestigiada, quando talvez seja a instituição que mais dinamismo pode dar à integração sul-americana.

No campo da defesa, o progresso institucional das duas últimas décadas foi modesto. Pela primeira vez, e isso é bom, o governo está propondo uma estratégia de defesa na qual as três Forças Armadas devem agir conjuntamente para alcançar as metas legais. As controvérsias já surgidas são naturais e até desejáveis, dada a novidade do enfoque.

Paradoxalmente, é no campo macroeconômico e comercial que podem surgir, nos próximos anos, as principais ameaças à sustentabilidade da importância do Brasil no plano internacional.

Com efeito, as crises econômico-financeiras que afetaram o Brasil na década de 1990 tiveram o pernicioso saldo de retardar programas de investimento em transporte, energia, logísticas portuárias, redes de água e esgotos, sem falar nas crônicas deficiências nas áreas de educação, ciência e tecnologia.

Agora que o Brasil alcançou novo e mais alto patamar nos campos macroeconômico e de comércio internacional, somos forçados a reconhecer que a capacidade de aumentar o potencial de crescimento anual da economia se aproxima de seu limite superior em função da quase plena utilização dos fatores de infraestrutura física e humana. Já no princípio do segundo semestre de 2010, o governo dá início a políticas de contenção da taxa de expansão da economia, para fugir do fantasma do retorno às taxas crescentes de inflação.

A solução para esse dilema consiste em começar desde já um rigoroso programa de investimentos em todas as áreas de infraestrutura que se aproximam da plena utilização de fatores.

No mundo globalizado, interligado e em processo de encolhimento das distâncias econômicas, programas de investimento em infraestrutura têm que ultrapassar as fronteiras políticas do Brasil e se estender aos seus vizinhos geográficos, sobretudo no Cone Sul do continente, onde já está em curso um importante processo público e privado de complementação econômico-comercial. Não basta estender estradas e linhas elétricas. Cabe à diplomacia brasileira liderar um processo de negociações de marcos regulatórios e de políticas financeiras regionais e multilaterais que mobilizem recursos públicos e privados em quantidades até então sequer imaginadas, sob pena de não lograrmos a sustentabilidade de taxas altas de crescimento combinadas com a continuidade das atuais políticas de inclusão social.

A grande vantagem de dar ênfase ao que chamaríamos de "diplomacia infraestrutural" é que já existe uma quantidade de mecanismos e foros regionais e hemisféricos que podem dar respaldo a tais iniciativas, como o Mercado Comum do Sul (Mercosul), a Comunidade Andina (CAN), a Associação Latino-Americana de Integração (Aladi), a Iniciativa para a Integração de Infraestrutura Regional Sul-Americana (IIRSA), o Instituto Interamericano de Cooperação para a Agricultura (IICA), a Organização Latino-americana de Desenvolvimento de Energia (Olade), etc. Tais foros já acumularam incalculável patrimônio de pesquisas, estudos, bases de dados e simulações que em muitos casos estão sendo pouco utilizados.

As vantagens da diplomacia infraestrutural não se esgotam na execução física das obras. Sem qualquer dúvida, seu impacto positivo se faria sentir na revisão das agendas dos foros políticos, também existentes em grande número, mas que hoje têm servido mais a declarações conjuntas gestuais e principistas, tão mais longas na forma quanto mais curtas no conteúdo.

Solidificando os gestos macroeconômicos e no comércio internacional e mobilizando a competente diplomacia brasileira na orquestração de um ambicioso plano de integração infraestrutural subcontinental, será também muito mais fácil definir um programa de defesa nacional que sirva de suporte e proteção aos dois objetivos precedentes.

A angústia da Europa*

Luiz Felipe Lampreia

Sobe no continente europeu uma fumaça de medo que se alastra pelos mais variados países e segmentos sociais. Foi o que senti em curta viagem da qual acabo de retornar.

A Grécia, onde a situação está próxima de fugir do controle, teme perder sua melhor conquista recente, que foi a admissão na União Europeia (talvez somente devida ao seu título histórico de berço da civilização ocidental), o que pode ocorrer se ficar claro que as ajudas financeiras atuais não saneiam uma economia distorcida cujos dirigentes não têm estômago para ir ao fundo dos problemas. Portugal, Irlanda e Espanha temem que o preço dos ajustes econômicos seja tão alto que os obrigue a retroceder anos ou até décadas e torne o retorno ao crescimento uma quimera. Os grandes – a Alemanha em primeiro lugar – temem não haver condições políticas de continuar apoiando os mais vulneráveis para segurar o euro. Seus líderes sabem que o fim da moeda única seria uma catástrofe, em primeiro lugar para a própria Alemanha. Enfim, existe o medo generalizado de que o estado do bem-estar social esteja seriamente ferido, sem que seja possível saber o que virá depois. Estamos falando deste *welfare state* que já pareceu a forma mais bem acabada de governo e a fonte de equilíbrio social por haver gerado a socialdemocracia no início do século XX e relegado o marxismo às esferas acadêmicas depois do naufrágio soviético.

---

* Publicado em *Textos CEBRI*, Rio de Janeiro, 2011.

A Europa do pós-guerra foi construída como uma catedral, ao longo de sessenta anos. Começou pela Comunidade do Carvão e do Aço de 1951, que visava a integrar essas indústrias, isto é, a neutralizar os riscos de uma nova corrida armamentista. Tornou-se Comunidade Econômica Europeia em 1958, em Roma, com seis países bastante homogêneos economicamente, e evoluiu com Jacques Delors até resultar na União Europeia – pelo Tratado de Maastricht de 1992 –, que instituiu o euro, em 2002. Hoje inclui 27 países. Esta breve cronologia mostra como a Europa progrediu resolutamente, tornando-se o que parecia ser a mais sólida e bem construída integração de Estados e nações da história moderna. Hoje, a solidez da construção é questionável. Os governantes e os que formam opinião não têm mais certezas. Tateiam à procura de equilíbrios cada vez mais complicados. As perguntas incessantes são angustiantes. E se a Grécia falir e deixar o euro, entrando em convulsão? E se o próprio euro se inviabilizar? E se os alemães se fartarem de pagar as contas dos outros, menos disciplinados e, sobretudo, menos produtivos? E assim por diante.

A olho nu, a paisagem europeia é o resultado consolidado e maravilhoso de séculos de trabalho e cultura: ordenada, próspera e bela, com uma infraestrutura excelente. Mas a insegurança é generalizada. A imigração clandestina cria dramas humanos. Em muitos países com tradição de Estado forte são numerosos os que sabem que vão perder parte apreciável de seus confortáveis benefícios de salários, vantagens e garantias de estabilidade e aposentadoria, e que estão em risco concreto seus empregos, situação antes impensável. Em Portugal, depois da capitulação do governo socialista, o eleitorado elegeu primeiro-ministro, por larga margem, o candidato Passos Coelho, que preconizou aberta e francamente na campanha eleitoral um programa duríssimo de ajustes econômicos. Os portugueses aprovaram tais sacrifícios apenas porque se convenceram de que essa era a única esperança.

Quais podem ser as consequências sociais dessa crise sistêmica que vive a Europa?

Decerto não haverá mudanças profundas de regime, pois nem no terreno da utopia se desenham modelos alternativos ao capitalismo e à democracia. Essa talvez seja a única coisa que se pode afirmar sem risco. Alguns temem que haja uma escalada de confrontos de rua em diversos países. Outros pensam que os que protestam não poderão montar mais do que escaramuças, incapazes de provocar mudanças de caráter revolucionário. A opinião mais difundida que encontrei é que, com a perda de poder aquisitivo e o aumento da pobreza, haverá um forte incremento da criminalidade nos países submetidos a severos programas de ajuste. Mas tudo isso é uma navegação de risco na escuridão, que não garante nenhum prognóstico.

Porém, mesmo com tantas avaliações sombrias, a Europa não vai perder suas conquistas fundamentais. Em sua longa história, ela já ressurgiu de tragédias incomparavelmente mais agudas. Sua base é muito sólida e assegura a permanência de suas instituições e de seus regimes democráticos. Mas há uma grave lacuna, já que não está ainda definido como a União Europeia será governada do ponto de vista político e militar neste século XXI iniciado sob o signo de tanta instabilidade econômica. A Europa vive sob ameaça real do desabamento da catedral que foi capaz de construir depois da hecatombe da Segunda Guerra Mundial.

Os desafios de um mundo globalizado*

Luiz Augusto de Castro Neves

A história nos ensina que o mundo tem estado sempre num processo de interconexão crescente: as descobertas, a revolução industrial, o colonialismo, o progresso tecnológico em matéria de transportes e, depois, as comunicações, têm sido verdadeiras "ondas" de um fenômeno que hoje denominamos globalização, ou, como dizem os franceses, mundialização.

No século XX, vários acontecimentos demoraram o andamento da globalização: as duas guerras mundiais e a chamada Guerra Fria, que começou no final da Segunda Guerra Mundial, em 1945, e culminou com a queda do Muro de Berlim em 1989 e a desagregação da União Soviética em 1991.

A Guerra Fria foi o fato predominante que serviu de marco para as relações internacionais nos anos seguintes. O núcleo fundamental das relações internacionais era o enfrentamento Estados Unidos-União Soviética; o enfrentamento impunha limites à cooperação internacional e, ao mesmo tempo, era um fator de estabilidade para as relações internacionais. A referência básica era o conflito Leste-Oeste; os países estavam de um lado ou do outro; mesmo os não alinhados têm como referência não se alinhar nem

* Publicado em *Textos CEBRI*, Rio de Janeiro, 2011. Tradução do espanhol, para a presente edição, por Liliana Beatriz Lopez.

com um lado nem com o outro, embora no campo estratégico-militar o não alinhamento fosse mais discreto.

O fim da Guerra Fria trouxe grande instabilidade às relações internacionais; ainda estamos à procura de referências que possam ser mais duradouras.

A globalização, ao contrário do que muita gente pensa, não é um valor que nos permita ser contrários a lhe oferecer apoio. A globalização é um fato que traz para nós oportunidades, riscos e desafios – cabe a nós estudá-la, identificar suas oportunidades, riscos e desafios, para saber como aproveitar as primeiras, evitar os segundos e superar os terceiros.

A globalização econômica: internacionalização dos processos produtivos e integração de cadeias; a superação do protecionismo tarifário e não tarifário como instrumento de proteção das empresas nacionais. O desafio da competitividade.

Os novos atores nas relações internacionais. A revolução das telecomunicações. As redes sociais. A mobilização da sociedade civil.

Os desafios: no âmbito econômico: competitividade; no âmbito político e social: transparência e imputabilidade (*accountability*).

O começo do fim*

Luiz Felipe Lampreia

Do inacreditável imbróglio em que se transformou o debate em Washington sobre orçamento e dívida, pode surgir uma consequência que nem em nossos sonhos otimistas poderíamos esperar: o começo do fim das fortalezas protecionistas agrícolas nos Estados Unidos. Neste momento, os privilégios tradicionais do setor agrícola estão sob ataque cerrado no próprio Congresso americano.

Tanto lá quanto na Europa, os *lobbies* agrícolas realizaram, ao longo dos anos, verdadeiros prodígios políticos. Conseguiram que a agricultura, mesmo empregando apenas 2% a 3% da força total de trabalho, conseguisse abocanhar mais de 50% do orçamento total da União Europeia, por exemplo. Em Washington, lograram que muitos bilhões sejam gastos para atender a pequenas produções e também a grandes fazendeiros. Com verdadeira arte, o *lobby* europeu conseguiu convencer sua classe política e os eleitores de que o protecionismo é fundamental para não pôr em risco a própria cultura e a paisagem europeia. É como se tivessem trazido pessoalmente para depor alguns dos fundadores da cultura europeia, como Beethoven e Jean-Jacques Rousseau, grandes amantes da natureza. Nos Estados Unidos, menos poeticamente, a força mais dinâmica tem sido uma minoria de senadores de estados pequenos da União que há muitas décadas bloqueiam toda tentativa de reforma. Assim, o sistema de subsídios americano tornou-se

* Publicado em *O Globo*, coluna Opinião, 4-8-2011.

uma árvore de Natal com pagamentos diretos, subsídios anticíclicos, apoios aos preços dos produtores, compensações por desastres naturais e seguros garantidos de colheitas, etc. E tudo isso em detrimento dos interesses dos consumidores americanos que são forçados a pagar mais, bem como de poderosas empresas que utilizam produtos agrícolas como ingredientes para suas marcas. Para não falar dos países em desenvolvimento, que frequentemente sofrem os maiores prejuízos.

Nos Estados Unidos, esse quadro está a ponto de mudar. Seja qual for o vencedor claro da perigosa contenda que opõe Obama aos republicanos, o *lobby* agrícola vai pagar um alto preço. A dívida do Tesouro americano simplesmente não permite mais a extravagância de um orçamento agrícola do gênero Papai Noel. Obviamente, não haverá um passe de mágica. Mas é praticamente certo que, ainda neste ano ou no próximo Farm Bill de 2012, haverá cortes de mais de 1 bilhão de dólares, podendo chegar a 5 bilhões ao longo de dez anos.

Não creio que seja necessário explicar aqui em detalhes os aspectos técnicos da redução dos subsídios. O Brasil poderá colher evidentes vantagens com sua agricultura moderna, suas condições naturais e o potencial produtivo ainda por explorar. Nossos especialistas analisarão melhor do que eu. Parece-me mais útil examinar as implicações da nova política agrícola americana para as negociações da Organização Mundial do Comércio (OMC) e para os interesses brasileiros nesse foro.

A Rodada Doha é uma crônica de morte anunciada. Desde 2001 ela se arrasta, como dizia Nora Ney em seu tristíssimo canto, "pela noite tão longa, de fracasso em fracasso". Poucos ainda apostariam em sua ressurreição hoje. A razão principal dessa desesperança tem sido o muro impenetrável do protecionismo agrícola que, a bem da verdade, é uma obra comum de todos os países ricos, do Japão à Noruega, da Suíça aos Estados Unidos, da União Europeia ao Canadá. Mas tudo muda se os Estados Unidos abandonam o barco e passam a golpear seus próprios programas de subsídios. Há uma possibilidade concreta de que as negociações da OMC tomem outro rumo. O Congresso dos Estados Unidos não poderá reduzir drasticamente os subsídios sem incumbir o Executivo de buscar de modo agressivo aberturas do mercado internacional que compensem os produtores americanos pela perda dos apoios do governo. Hoje, os Estados Unidos são considerados, de forma consensual, o maior impedimento ao avanço das negociações da OMC, porque a alta taxa de desemprego e os avanços chineses no mercado americano impedem politicamente os governantes de qualquer postura liberalizante. Se esse país passar para a ofensiva na frente agrícola, o jogo na Rodada Doha muda substancialmente, pois os Estados Unidos são o maior mercado mundial e detêm o primeiro lugar no *ranking* do comércio internacional. É uma reviravolta que alteraria premissas tidas como imutáveis há décadas. Seria também um fator capaz de levar a um recomeço nas negociações sob nova luz e trazer a expectativa concreta de resultados para os produtores agrícolas dos países que não concedem subsídios. É obvio que ainda estamos no terreno das hipóteses e que as futuras negociações serão duras e prolongadas, se vierem a ocorrer. Mas a desconstrução dos subsídios agrícolas americanos ficaria como um avanço importante em nosso velho combate ao protecionismo agrícola.

A crise de 2011 é a mais grave de todas*

Luiz Felipe Lampreia

Após o desmoronamento da União Soviética, o capitalismo emergiu, vitorioso, de cinquenta anos de Guerra Fria e parecia destinado a reinar absoluto dali por diante. Era a mensagem do fim da História, do grande pensador Francis Fukuyama.

Passados vinte anos, a aposta revelou-se parcialmente falsa. O capitalismo prevaleceu e não existe, nem sequer como utopia, uma alternativa que tenha a mínima credibilidade.

Com a crise de 2008, que representou um golpe duro no setor financeiro, principalmente, começou uma fragilização do sistema político-econômico, o que, por sua vez, conduziu à crise atual. Hoje, a relativa incapacidade dos líderes políticos ficou patente. Eles são obrigados a manter os olhos postos nas pesquisas e governar por elas. Sua habilidade é meramente tática, os gigantes de visão estratégica, como Franklin Delano Roosevelt, Konrad Adenauer, Charles de Gaulle ou Felipe González, pertencem ao passado.

O sistema de governança global foi confrontado com uma situação que revelou sua precariedade, seja pelo incrível espetáculo que foi o recente cabo de guerra do orçamento e da dívida no Congresso americano, seja na cabra-cega de Bruxelas para resolver os problemas das dívidas dos

* Publicado em *O Estado de S. Paulo*, coluna Opinião, 20-8-2011.

Estados-membros. Tudo o que parecia sólido – a ascensão triunfal dos BRICS incluída – se tornou questionável.

A única aposta certa entre os países ricos, hoje, é a Alemanha, com seu alto nível de renda, sua produtividade incomparável, sua homogeneidade social e seus talentos inatos, que lhe permitiram, após a derrota violenta e total de 1945, apresentar nos dez anos seguintes o maior exemplo de recuperação e criação de valor da história das nações.

Mas não é indiscutível que a Alemanha continuará a ser a coluna mestra da Europa e o banqueiro de todos os países que não possuem suas virtudes ou sua disciplina. Hoje ela é *primus interpares* na Europa e cada vez mais exerce o poder que daí decorre sem as cautelas e os temores do passado. É óbvio que a Alemanha tem enorme interesse na construção europeia, da qual é a maior beneficiária. Mas as opiniões dos eleitores alemães não obedecem a análises apenas racionais e isso poderá obrigar os políticos a seguirem os veredictos das urnas ou das sondagens, indicando que o país não está mais disposto a cobrir todos os excessos e a resgatar os naufrágios de seus sócios irresponsáveis, que se embriagaram de dívidas e de más políticas públicas, como se a União Europeia fosse uma festa interminável para todos.

Os Estados Unidos vivem um de seus piores momentos. Barack Obama mostrou-se muito mais fraco como presidente do que a imensa expectativa que gerou como candidato. O Congresso transformou-se numa arena de enfrentamentos em que inexiste clima para atitudes construtivas e compromissos sobre medidas que interessam a toda a nação. É como se, para destruir Obama e os democratas, os republicanos radicais do *Tea Party* fossem até capazes de atear fogo à Casa Branca.

Na recente discussão, o sistema político americano revelou-se disfuncional. John Micklethwaite, editor da grande revista inglesa *The Economist*, descreveu os partidos americanos como "duas placas tectônicas ideológicas que se movem em direções opostas, aumentam a distância entre si e causam abalos sísmicos". As guerras malsucedidas do Iraque e do Afeganistão representam a terceira ocasião, com o Vietnã, em que todo o imenso poder militar americano não consegue emergir vitorioso, malgrado os enormes custos e todos os meios empregados.

Hoje está patente que os Estados Unidos deslizam na ladeira do poder em que já foram absolutos, embora nada indique que deixarão de ser uma superpotência ou que vão desmoronar como o sistema comunista. Ainda assim, as credenciais americanas persistem. A maior economia mundial, três vezes superior à segunda colocada, Forças Armadas como nunca houve na história, os Estados Unidos são e serão, por longo tempo, uma superpotência. Mas não possuem mais a faculdade de ser, na famosa frase de Madeleine Albright, a "nação indispensável" que dava sempre o tom nas relações internacionais.

Na China, o país hoje mais bem posicionado para desafiar a supremacia de Washington, já existe um questionamento – ainda incipiente, mas claro – quanto à supremacia do Partido Comunista. Em que ponto as atuais contestações, em sua maioria protestos locais de todo tipo, tomarão volume? Ninguém pode prever, só se sabe que tem havido aumentos de efetivos militares em diversas províncias chinesas, em claro sinal de nervosismo de Pequim. Por outro lado, com a desaceleração econômica, haverá dificuldades para seguir absorvendo rapidamente os grandes contingentes de excluídos que ainda estão no interior do território chinês. Crescer a 10% ao ano não pode ser um motor perpétuo. A médio prazo, é difícil que se mantenha a combinação virtuosa de fatores que permitiu a espetacular emergência da China nos últimos trinta anos.

Não sou daqueles que veem os quatro cavaleiros do Apocalipse nos cantos do céu assim que se instala uma crise. Todos os povos acima mencionados passaram por situações muito mais graves – anos de depressão econômica, guerras, sofrimentos e perdas indizíveis – e terminaram por se recuperar.

A crise de 2011 é a mais grave de todas as que ocorreram nas últimas décadas. Mas o mundo sairá dela. É da essência do capitalismo que essas convulsões ocorram: trata-se do processo de destruição criativa de que falava o grande economista austríaco Joseph Schumpeter. Os fatores produtivos combinados das principais economias do mundo, entre as quais, obviamente, está o Brasil, representam uma força imbatível e acabarão por prevalecer. Até que sobrevenha nova crise mais adiante...

Afinal, o que o Brasil quer ser no mundo?*

Luiz Augusto de Castro Neves

Em termos de substância, a política externa brasileira pouco tem variado ao longo das últimas duas décadas. Certamente ficou mais complexa e diversificada, reflexo sobretudo da importância econômica crescente do país, que é hoje a sexta economia do mundo, embora continue em desenvolvimento, com indicadores socioeconômicos que deixam muito a desejar. Pode-se dizer, a propósito, que a ascensão internacional do país é um subproduto de seu bom desempenho socioeconômico.

De qualquer modo, o crescimento da economia tem levado a transformações mais profundas na inserção internacional do Brasil. De fato, a estabilidade macroeconômica alcançada em 1994 permitiu a combinação, rara em nossa história econômica, de crescimento sem inflação e com políticas sociais inclusivas. Esse fenômeno contribuiu para viabilizar a internacionalização de numerosas empresas brasileiras, que passaram a ser de fato empresas multinacionais. O processo, ainda incipiente, de uma maior inserção internacional do Brasil foi decisivo para alargar os horizontes de sua atuação.

A nova visibilidade internacional tem levado a uma manifestação mais explícita do desejo de exercer papéis cada vez maiores, de ter

* Publicado em *Valor Econômico*, 2-5-2012.

responsabilidades compatíveis com a importância política e econômica do país tal como ela é percebida por nossas lideranças. A expressão desse desejo ganhou particular relevo no governo Lula, quando a política externa foi marcada por um grande ativismo, sobretudo no plano da retórica. Nesses anos, a prioridade número um da política externa brasileira era obter um assento permanente no Conselho de Segurança das Nações Unidas.

Boa parte de nossa atuação internacional era de certa forma vinculada ao objetivo de conseguir mais apoios dos países-membros da Organização das Nações Unidas para um eventual projeto de resolução que promovesse a expansão do número de membros permanentes desse conselho. A inclusão nele foi uma das razões, por exemplo, que levaram à abertura de várias embaixadas em países remotos e de escassa relevância para a política externa brasileira.

No atual governo, a aspiração permanece, embora sem o ativismo retórico do governo anterior. Aliás, a aspiração já era presente nos tempos da Liga das Nações, quando o Brasil tentou, sem êxito, virar membro permanente de seu Comitê Executivo. Quando da criação da ONU, na década de 1940, Getúlio Vargas enviou um telegrama ao chanceler Pedro Leão Veloso, que se encontrava em São Francisco chefiando a delegação do Brasil à primeira conferência da organização mundial, reiterando nossa aspiração nesse sentido. O telegrama se referia ao "reconhecimento nessa Conferência do valor de nossa colaboração e sacrifício, assegurando-nos um lugar permanente no Conselho". Esse propósito nunca desapareceu de todo do discurso brasileiro desde então; apenas a ênfase e sua prioridade em relação a outros temas é que variava.

Atualmente, ainda não há uma percepção mais específica dos rumos da política externa brasileira. A retórica, como já mencionado, efetivamente mudou, tornou-se mais moderada e equilibrada. Quanto à substância, os objetivos enunciados continuam genéricos e alguns são lugares-comuns em discursos referentes a política externa.

A crise econômica internacional e as políticas anticíclicas adotadas por vários países importantes têm sido objeto de queixas de nossas autoridades (caso do "tsunami monetário" e da "guerra cambial"), mas não se percebe uma atuação mais propositiva na política externa brasileira.

Além disso, há certo viés ideológico que ainda permeia o discurso brasileiro em alguns foros internacionais. Recentemente condenamos as violações de direitos humanos na base americana de Guantánamo, mas nem uma palavra foi dita em relação a abusos semelhantes que ocorrem no restante da ilha de Cuba (para não mencionar a reticência que caracteriza a nossa posição em face dos eventos na Síria).

Mas é fora de dúvida que o Brasil, mercê de seu bom desempenho econômico e social dos últimos anos, adquiriu uma nova presença internacional, que não ocorreu apenas no plano retórico. Nossa agenda internacional envolve hoje, além das relações bilaterais com um número maior de países, temas globais como o comércio, uma nova arquitetura para o sistema financeiro internacional, a questão do meio ambiente, os direitos humanos e os riscos da proliferação de armas nucleares.

O mundo mudou muito, sobretudo após o fim da Guerra Fria, no início da década de 1990, e o fim da unipolaridade inconteste dos Estados Unidos, a partir dos atentados terroristas de 11 de setembro de 2001. Novos e importantes atores, como a China, passaram a ser presença obrigatória nos foros decisórios mundiais. O Brasil também mudou, embora seu até agora bem-sucedido processo de modernização esteja longe de uma conclusão. Essas mudanças indicam que estamos necessariamente no limiar de uma nova fase de nossas relações internacionais, com novas oportunidades e desafios, a exigir definições e menos improvisações; enfim, mais planejamento estratégico e menos retórica com pouca aderência à realidade.

As relações internacionais constituem um tema cada vez mais visível nas prioridades da sociedade brasileira, que passa a ser um ator com centralidade crescente nas definições necessárias. A nova dimensão internacional do país está a requerer sinais mais precisos sobre o papel que ele quer ter no mundo do século XXI, além do insistente (e justificado) clamor por mais voz nas questões internacionais. O nosso desafio é saber dizer com clareza o que queremos e o que estamos concretamente dispostos a fazer a respeito.

Agenda internacional do agronegócio*

José Botafogo Gonçalves

Ao terminar o ano de 2011, a economia brasileira alcançou a sexta posição mundial em valor de produção, ilustrando inequivocamente o papel crescente que o Brasil vem desempenhando no panorama econômico e político mundial.

Por outro lado, a dificuldade que o país encontra em aumentar significativamente sua taxa de crescimento anual – abaixo da média sul-americana – e, sobretudo, sua taxa de investimento – aquém de 20% do PIB – indica que cabe aos governantes o cumprimento de uma longa lista de deveres de casa a executar para que o país possa combinar um crescimento econômico mais vigoroso com um programa de inclusão social mais sustentável e menos assistencialista no longo prazo.

De onde virão os recursos de que a economia brasileira vai precisar para executar um programa de reformas e de modernização do país?

A resposta é muito simples: desde 1500 o agronegócio vem provendo os recursos em moedas fortes capazes de cobrir nossos déficits de energia, matérias-primas, insumos e produtos industriais, sobretudo os de alto conteúdo tecnológico.

Não por acaso, o Brasil é talvez o único país do mundo que leva o nome de uma *commodity* muito apreciada no século XVI, o pau-brasil. De lá para

* Publicado em *O Estado de S. Paulo*, coluna Opinião, 5-3-2012.

cá, a história de nosso comércio exterior é a história das exportações de açúcar, café, borracha, cacau, algodão, soja e, mais recentemente, carnes bovina, suína e aves. É importante salientar que o agronegócio brasileiro, por cinco séculos, a despeito de inúmeras intervenções estatais, sempre foi conduzido com êxito produtivo pelo setor privado e sempre soube atender ao crescente consumo de alimentos pela população.

Mais uma vez parece que o Brasil é o único país na faixa tropical que tem podido abastecer de alimentos – energéticos e proteicos – uma população em vertiginoso crescimento demográfico e distribuída por um território de dimensões continentais.

A importância do agronegócio nos últimos cinco séculos não se limita ao papel, já por si extraordinário, de abastecer mercados externo e interno com seus produtos. Os recursos acumulados pelo agronegócio permitiram que o sonho da industrialização, acalentado pelas elites governamentais e intelectuais brasileiras a partir dos anos 1940, viesse a se tornar realidade ao longo de todo esse século até chegarmos, hoje, ao segundo decênio do século XXI na condição de sexta economia do planeta.

Curiosamente, a *intelligentsia* brasileira parece envergonhar-se da capacidade competitiva do agronegócio no país. Virou moda falar mal da "primarização" da balança comercial, da "desindustrialização" do aparelho produtivo, sem nenhuma evidência empírica de que isso esteja realmente ocorrendo.

O que está realmente ocorrendo, e é um fato muito preocupante, é uma perda significativa da competitividade do setor industrial brasileiro em escala mundial diante da concorrência de emergentes mais dinâmicos, especialmente a China.

Em tais circunstâncias, o que fazer? Medidas de curto prazo começam a ser aplicadas pelo governo, tanto no campo legítimo dos instrumentos de defesa comercial quanto no campo menos legítimo, ou menos eficaz, de medidas protecionistas mal disfarçadas, como o aumento de IPI dos automóveis importados ou o aumento de cem para duzentos dos produtos da lista de exceção do Mercosul. O pânico é compreensível, como no caso das confecções têxteis. Em caso de incêndio chamem-se os bombeiros, mas cuidado com que os prejuízos causados pelo rescaldo não sejam maiores do que os que puderem ser causados pelo incêndio.

A médio e a longo prazo, a solução do problema da falta de competitividade industrial passa pela velha e sempre atual meta de redução do "custo Brasil": investimentos em infraestrutura, reforma tributária e trabalhista, reforma da previdência pública, melhor gestão da coisa pública, melhoria da qualidade dos gastos públicos são todas medidas urgentes e necessárias, mas tomam tempo, pois, por definição, são de médio e de longo prazo de execução e maturação.

No entretempo, quem vai arredondar a equação? Como sempre, o agronegócio. O reconhecimento de que o agronegócio, nos próximos anos, continuará sendo o principal provedor de recursos externos para financiar o desenvolvimento brasileiro exige, contudo, que se faça um exercício de caráter estratégico com o objetivo de definir qual a melhor política agrícola que busque o equilíbrio entre aumento de produção e sustentabilidade, entre mercado interno e mercado externo, entre expansão de área plantada e aumento de produtividade, entre produção de alimentos ou de biocombustíveis e pesca natural e aquicultura, entre autarquia ou integração regional e cadeias agroindustriais. No campo do comércio internacional, a articulação de governo e sociedade se deu quase exclusivamente no contexto das agendas negociadoras da Organização Mundial do Comércio (OMC) e, de modo especial, durante as tentativas de concretização da Rodada Doha.

É chegado o momento de incluir, na agenda negociadora do comércio agrícola internacional, o desafio criado pelos novos mercados consumidores asiáticos, em particular China, Índia e Indonésia, e definir novo grupo negociador, liderado pelo Brasil, que inclua os sócios do Mercosul e os vizinhos da costa do Pacífico, como Colômbia e Peru. O tema central dessa nova negociação deverá ser o seguinte: com quem ficará a maior parte do valor agregado aos produtos agrícolas processados? Ficará nas mãos dos exportadores ou nas mãos dos importadores?

Eis uma bela tarefa para ser executada ao longo de 2012.

Tragédia grega*

Luiz Felipe Lampreia

Na década de 1980, George Papadopoulos era um inteligente e ativo economista do Banco Mundial, residente em Washington. Suas funções o levavam a vir frequentemente ao Brasil, onde trabalhava nos projetos de financiamento de nosso setor elétrico. George era sempre o mais bem-informado e empenhado defensor dos bons programas. Em suas férias anuais, ia visitar a família numa pequena cidade na costa da Grécia. Certa vez, acabado de voltar das origens, George disse-me que tinha revisto seus conceitos e iria aposentar-se mais rápido para viver como seus concidadãos: pouco estresse, comida simples, vinho grego, descanso. E foi o que fez pouco tempo depois.

Não quero cometer a injustiça de conclusões simplificadoras que meus professores de sociologia condenariam inapelavelmente. Mas é difícil escapar da conclusão de que a Grécia é basicamente isso que Papadopoulos amava. Ela não pode acompanhar os grandes países industriais da Europa e nunca se transformará em nada parecido com eles. Na expansão da Comunidade Europeia, lançada pela Cúpula de Copenhague em 1993, foram definidos critérios para novas admissões:

> Para ser membro, o país candidato deverá ter alcançado uma economia de mercado funcional, assim como a capacidade de enfrentar as pressões competitivas e forças do mercado na União, incluindo a adesão aos objetivos de uma união política, econômica e monetária.

* Publicado em *O Globo*, Blog do Lampreia, 14-5-2012.

A Grécia acedeu à Comunidade Europeia em 1981, logo que terminou o regime dos coronéis. Mas, desde o princípio, era visível que o país não seria capaz de uma performance econômica suscetível de enquadrá-lo nos objetivos comunitários, embora fosse das primeiras nações admitidas na expansão. Que líderes políticos europeus poderiam, entretanto, ter sido contra a sua entrada na União? Ninguém jamais se oporia à Grécia, que – desde as históricas vitórias de Salamina e Platea em 480 a.C. sobre as imensas forças de Xerxes – dera à Europa o fundamento simbólico da liberdade e da democracia, após uma luta de décadas contra o despotismo persa.

Negar-lhe a entrada plena na nova Europa em construção seria ofender a memória de Aristóteles, Sócrates e tantos outros gigantes da Antiguidade grega. Seria rejeitar os pais da cultura e da grandeza da civilização ocidental. Pelo mesmo motivo, desde a independência grega de 1830, as potências europeias dispuseram-se a apoiar a causa da Grécia como entidade política, ainda que, desde o século de ouro de Péricles, portanto havia 2.400 anos, a herdeira de Atenas não tenha mais existido. Por isso, ela foi preservada depois da Primeira Guerra e da dissolução do Império Otomano, embora todo o Mediterrâneo oriental tenha sido politicamente redesenhado. Por isso também a Cortina de Ferro nunca baixou sobre Atenas. Em suma, a Grécia é, há quase duzentos anos, patrocinada pela Europa ocidental.

Não se pode descartar a possibilidade do divórcio. Hoje, muitos dizem que a Grécia terminará sendo expelida da União Europeia. Há partidários dessa tese, cansados do mau comportamento econômico e das manipulações estatísticas em que os gregos têm sido pródigos. Eles são cada vez mais numerosos a condenar a falta de seriedade com que a Grécia encara a crise, em comparação com outros países, como Portugal e a Espanha, que fazem seu dever de casa por mais duro que seja. Ainda por cima, assiste-se ao inquietante espetáculo político que consiste no repetido fracasso dos mais variados líderes partidários gregos nas tentativas de formar um governo capaz de adotar um programa sério de ajustes.

É possível que haja um enfado tão grande na Europa que acabe fazendo a Grécia sair do euro e da União. Essa hipótese é, aliás, a preferida de muitos gregos desavisados, mesmo dos partidos de esquerda, para os quais os males do país advêm de um rigor penalizante dos europeus e assim são levados a avaliar mal os efeitos desastrosos dessa saída.

Acabo de passar alguns dias em Atenas. Ao olhar superficial, não há sinal de crise nenhuma. Nas ruas, nas lojas, nos restaurantes veem-se apenas sinais de prosperidade. Claramente, os gregos ricos não se sentem em perigo e já tomaram suas precauções contra riscos maiores. Não saberia dizer, honestamente, se a classe média e os menos favorecidos têm como se defender, mesmo pelo sistema de clãs tão frequente no Mediterrâneo.

Minha impressão, entretanto, é que não se chegará a uma ruptura. E que, mais provavelmente, as grandes potências europeias continuarão tolerantes com a Grécia de George Papadopoulos.

Da Estocolmo 72 à Rio+20

UMA ANÁLISE DA ATUAÇÃO BRASILEIRA NAS PRINCIPAIS CONFERÊNCIAS INTERNACIONAIS SOBRE MEIO AMBIENTE E DESENVOLVIMENTO*

Luiz Augusto de Castro Neves
*Renata Hessmann Dalaqua***

INTRODUÇÃO

O ano de 2012 marca os vinte anos da Rio 92 e se configura como uma ocasião oportuna para analisar o desempenho do Brasil nas discussões internacionais relevantes para o tema do desenvolvimento sustentável. A atuação brasileira na mobilização para a Rio 92, bem como o posicionamento da delegação do Brasil na Conferência, foram decisivos para alçar o objetivo do desenvolvimento sustentável ao topo da agenda internacional. É verdade que, antes mesmo da Rio 92, a questão ambiental e sua ligação com o desenvolvimento já haviam sido objeto de discussões internacionais de alto nível; a primeira delas foi a Conferência das Nações Unidas para o Meio Ambiente Humano (CNUMAH), realizada

[1] Fundação Konrad Adenauer, "Caminhos para sustentabilidade". Série Cadernos Adenauer, ano XIII, edição especial, 2012.

[2] Renata Hessmann Dalaqua é Coordenadora de Projetos do Centro Brasileiro de Relações Internacionais (CEBRI).

em Estocolmo, em 1972. No entanto, desde essa ocasião, o tratamento internacional dos temas de meio ambiente e desenvolvimento evoluiu muito: a cooperação internacional se fortaleceu, o conhecimento científico avançou e novos conceitos políticos surgiram. Igualmente, a posição brasileira diante das principais questões em debate nos fóruns internacionais também teve alterações.

Assim sendo, o artigo que se segue procura analisar o desempenho do Brasil nas discussões internacionais relevantes para o tema do desenvolvimento sustentável. Para tanto se faz um estudo cronológico da política externa brasileira apresentada nas principais conferências internacionais sobre meio ambiente e desenvolvimento. Examinam-se com especial atenção as rupturas e continuidades evidentes nos quarenta anos de atuação do país aqui analisados (1972-2012). Ao final do artigo, delineiam-se conclusões sobre a evolução da política externa brasileira para o meio ambiente e desenvolvimento, bem como acerca do papel do Brasil na discussão internacional sobre desenvolvimento sustentável. Por fim, considerando que em junho de 2012 o Brasil sediará a Conferência das Nações Unidas para o Desenvolvimento Sustentável (CNUDS), apresenta-se uma breve reflexão a respeito dos possíveis desdobramentos desse importante evento internacional.

UM OLHAR SOBRE O PASSADO

A Conferência de Estocolmo foi um marco para a política internacional, como a primeira conferência global voltada para o meio ambiente. Considerando que o encontro ocorreu há cerca de quarenta anos, não causam espanto as diferenças evidentes entre o teor do debate estabelecido em Estocolmo e o conteúdo da discussão ambiental atual. Em Estocolmo, as discussões ficaram muito restritas ao problema da poluição ambiental, que já não corresponde mais ao centro do debate ambiental. Em contrapartida, a questão climática, tão em evidência na atualidade, não estava presente no programa da CNUMAH. A abordagem específica adotada em Estocolmo também destoa da amplitude com a qual a questão ambiental é debatida hoje.

Os delegados brasileiros reconheciam a ameaça representada pela poluição ambiental, mas afirmavam que era preciso diferenciar os problemas ambientais existentes nos países periféricos – relacionados com o grande número de pessoas vivendo na pobreza – da poluição gerada por falta de planejamento nas grandes economias industriais. Segundo essa lógica, todos os países tinham responsabilidades para com o meio ambiente. No entanto, os países desenvolvidos, amplamente urbanizados e com elevados padrões de consumo, deveriam ser considerados os grandes responsáveis pelos altos níveis de poluição.

Essa visão brasileira era compartilhada pela China, que, com o Brasil, liderou a aliança dos países periféricos em Estocolmo. Esse grupo político defendia que o crescimento econômico dos países em desenvolvimento não deveria ser limitado por medidas ambientais, as quais deveriam ser, primeiramente, de responsabilidade dos países desenvolvidos. Ademais, também era dever das nações industrializadas investir em pesquisas sobre as questões ambientais e facilitar, para os países em desenvolvimento, a difusão dos avanços alcançados.

Essa defesa, por vezes enérgica, da diferenciação das responsabilidades era, com frequência, interpretada pelos países desenvolvidos como um comportamento não cooperativo. Outra posição brasileira que também era vista com receio pelas grandes economias dizia respeito à defesa da soberania nacional perante o que o Brasil considerava "interesses ambientais mal definidos" (Ferreira, 1998, p. 82). Naquele momento, o Brasil se opunha ao estabelecimento de imposições globais sobre o meio ambiente nacional e defendia com veemência o direito de uma nação explorar seus recursos naturais de acordo com suas prioridades.

A despeito das divergências entre os países desenvolvidos e os países ainda em desenvolvimento, os Estados participantes conseguiram chegar a um acordo, produzindo um plano de ação para o meio ambiente humano e uma declaração final. A Declaração de Estocolmo, como ficou conhecido esse documento, continha algumas das mais importantes reivindicações brasileiras. O texto final afirmava ser necessário levar em conta os fatores econômicos nas análises dos problemas ecológicos, reconhecendo efetivamente a existência de contextos distintos e responsabilidades distintas para os países desenvolvidos e os países em desenvolvimento. Nesse sentido, a Declaração instava os países pobres a dirigir seus esforços para o desenvolvimento e ao mesmo tempo pedia aos países desenvolvidos que se esforçassem para reduzir a distância que os separava das demais nações por meio de insumos financeiros e tecnológicos. A Declaração de Estocolmo reforçava também outra posição brasileira ao reafirmar a soberania dos Estados na exploração de seus recursos naturais (Unche, 1972). Analisando tais formulações, é possível afirmar que a política externa do Brasil para o meio ambiente saiu de Estocolmo fortalecida. O Itamaraty, que havia sido inteiramente responsável pela participação brasileira na Conferência, demonstrou que era capaz de atuar segundo as prioridades do governo e ainda exercer liderança internacional.

Para entender melhor a posição brasileira defendida na CNUMAH, é preciso levar em conta a dinâmica dos acontecimentos no Brasil no início dos anos 1970. Naquele momento, a economia brasileira vivia um período de grande crescimento e, ao mesmo tempo, ocorria uma expansão de valores nacionalistas no país. É sabido que a política externa do governo Medici privilegiava o desenvolvimento e afirmava a soberania do Brasil na exploração de seus recursos naturais. No entanto, o chamado “milagre econômico” brasileiro durou pouco. Ainda na década de 1970, o crescimento do Brasil diminuiu drasticamente e, em pouco tempo, o modelo de desenvolvimento brasileiro estava sendo seriamente questionado. Na forte crise que por aqui se instalou na década de 1980 se pôde observar uma significativa abertura da opinião pública para a meta da preservação ambiental, mesmo que de forma vaga e difusa (Viola, 2002, p. 35). De todo modo, o discurso ambiental deixou de ser visto com tanta desconfiança pelo governo brasileiro e a política externa para o meio ambiente passou a buscar a conciliação da meta do crescimento econômico com as preocupações ambientais.

No processo de redemocratização do país, percebeu-se um aumento da vontade política para com os assuntos ambientais – o que já começava a ficar evidente no governo do presidente José Sarney. Em meio a um contexto um tanto ou quanto conturbado da história político-econômica brasileira, alguns diplomatas perceberam que a questão do meio ambiente poderia representar uma oportunidade para o país (Lago, 2006, p. 151). Assim, em dezembro de 1988, o Brasil se ofereceu para sediar a segunda grande conferência da Organização das Nações Unidas sobre questões ambientais, prevista para 1992. Ao tomar essa atitude, o governo brasileiro pretendia sinalizar uma nova responsabilidade ambiental do país e ganhar a credibilidade dos países desenvolvidos. Tal posição ia ao encontro do novo projeto político desenhado para o Brasil, o qual almejava a abertura da economia ao mercado internacional e, ao mesmo tempo, buscava maior aproximação com os países desenvolvidos, adotando uma postura mais ativa nos principais fóruns multilaterais.

Ao assumir a Presidência da República, em março de 1990, Fernando Collor anunciou que o meio ambiente seria uma de suas prioridades (Lago, 2006, p. 157). Além de reconhecer a importância das questões ambientais na política internacional, o presidente considerava a Conferência das Nações Unidas sobre Meio Ambiente e Desenvolvimento uma ocasião oportuna para projetar o seu governo e a sua pessoa no cenário internacional (Viola, 2002, p. 34).

Para liderar a preparação da CNUMAD – que ficaria conhecida como Rio 92 – Collor escolheu o ecologista José Lutzemberger e o nomeou secretário especial do Meio Ambiente. Pouco tempo depois, ficou evidente que as posições radicais sustentadas por Lutzemberger impediriam que o Brasil, na capacidade de país-sede, viesse a desenvolver um papel conciliatório na Rio 92. Assim, Lutzemberger foi demitido e o físico José Goldemberg assumiu o cargo três meses antes da Conferência.

O desempenho brasileiro na Rio 92 mostrou uma postura mais responsável em relação aos problemas ambientais globais. Além de sediar o evento, o Brasil se mobilizou a favor do desenvolvimento sustentável, mantendo posições consistentes e favoráveis aos princípios da Agenda 21 (Fonseca Jr. & de Castro, 1994). O país também facilitou o acordo da Convenção-Quadro sobre Mudança do Clima (UNFCCC, na sigla em inglês). Por esse instrumento, os países desenvolvidos assumiram um número maior de compromissos do que os países em desenvolvimento, pois foi levado em conta o grau de industrialização de cada Estado e a contribuição histórica passada dos países industrializados e dos antigos países do Leste Europeu para o efeito estufa. Sendo assim, é possível afirmar que a UNFCCC institucionalizou o princípio das "responsabilidades comuns, mas diferenciadas", defendido pelo Brasil junto com o G77 e China.

O Brasil também ajudou a redigir os resultados da Convenção sobre Diversidade Biológica, para evitar o avanço do conceito de que os recursos biológicos representariam "patrimônio comum da humanidade" (Lago, 2006, p. 164). Nesse sentido, o Brasil logrou êxito e conseguiu que fosse reconhecida a soberania de um país sobre seus recursos naturais. A Convenção sobre Diversidade Biológica pôde assim ser considerada um instrumento protetor dos direitos brasileiros sobre a Amazônia.

Ainda defendendo o princípio da soberania, a delegação brasileira se posicionou contra uma convenção sobre florestas, pois considerava que tal instrumento internacional poderia permitir que os outros países interferissem no uso econômico da Amazônia. Essas objeções foram também levantadas por outros países produtores de madeira, como a Malásia. Devido à impossibilidade de acordo sobre uma convenção, foi assinada na Rio 92 a Declaração sobre Florestas, que destacava a importância da cooperação (e não da tutela) internacional para a preservação das florestas. Por insistência do Brasil, foram incluídas na declaração as florestas austrais, boreais, subtemperadas, temperadas e subtropicais, além das tropicais (*ibidem*). Além disso, o Brasil teve papel decisivo para que a Declaração sobre Florestas reconhecesse a importância das populações que vivem nas florestas e seu direito ao desenvolvimento social e econômico, estabelecido em bases sustentáveis.

Outros esforços despendidos pelo Brasil evitaram que houvesse menção a uma futura convenção sobre florestas no texto da Declaração. Ainda: a delegação brasileira trabalhou para que fosse diminuída a ênfase sobre o papel das florestas como sumidouro de carbono (Lago, 2006, p. 164).

Como se pode perceber, a atuação brasileira na Rio 92 foi incisiva; o Brasil se mostrou aberto às negociações multilaterais e confiante em sua capacidade de obter acordos favoráveis no âmbito internacional. Além disso, desempenhou suas funções de país-sede de maneira exemplar – sem, no entanto, negar os grandes problemas e dificuldades existentes na sociedade brasileira. Essa postura externa mais ativa e o reconhecimento da importância da temática ambiental, visíveis no governo Collor, foram mantidos e reforçados nos dois governos de Fernando Henrique Cardoso. No plano interno, a consciência ambiental se fortaleceu e ganhou ressonância em políticas públicas nacionais e estaduais desenvolvidas ao longo da década de 1990.

O Brasil teve participação importante na primeira Conferência das Partes (COP) da UNFCCC, em 1995, em Berlim. Nessa reunião, defendeu mais uma vez a ideia de que os países em desenvolvimento não deveriam observar metas de redução de emissões de gases do efeito estufa (GEE); pelo menos, não nesse primeiro momento. Nas COPs subsequentes, o país manteve a posição, argumentando que as responsabilidades dos países desenvolvidos eram maiores, tendo em vista os modelos de desenvolvimento extremamente prejudiciais ao meio ambiente adotados no início do século XX e os elevados padrões de consumo atuais.

Nas negociações do Protocolo de Kyoto, de 1996 a 2001, a atuação brasileira continuou a defender o direito dos países pobres ao desenvolvimento – desde que alinhado à sustentabilidade ambiental. Assim, o Brasil desempenhou papel de destaque nessas discussões, tornando-se uma das lideranças dos países menos desenvolvidos e dando visibilidade às preocupações deles. Na maior parte do tempo, a delegação brasileira esteve sob o comando do Ministério da Ciência e Tecnologia (MCT) nos aspectos substantivos e do Itamaraty nos aspectos do processo negociador. Já o Ministério do Meio Ambiente (MMA) passou a ter atuação mais importante somente após 2000 (Viola, 2002, p. 38). Para a conclusão do Protocolo de Kyoto, duas propostas brasileiras foram importantes: a já conhecida defesa da diferenciação das metas de redução de emissões de GEE e o Fundo de Desenvolvimento Limpo (FDL).

O FDL foi proposto em junho de 1997 no âmbito da UNFCCC para viabilizar ajuda financeira advinda dos países desenvolvidos para os países não-Anexo I.* Em contrapartida, esses países, com ajuda, se comprometeriam a utilizar tecnologias mais "limpas" de desenvolvimento. Essa proposta original do Brasil demonstrava maior preocupação ambiental e previa, também, mecanismos de punição aos países do Anexo I que não reduzissem as emissões de GEE nos parâmetros estabelecidos pelo Protocolo de Kyoto. Assim, não causa espanto o fato de essa proposta ter sido rechaçada pelos países desenvolvidos e, ao mesmo tempo, apoiada pelas economias emergentes e pelos países pobres. Devido à ausência de consenso, a proposta brasileira teve de ser modificada. Mediante um esforço conjunto do Brasil e dos Estados Unidos, ela deu origem ao Mecanismo de Desenvolvimento Limpo (MDL), apresentado e aprovado no final de 1997. A colaboração com os Estados Unidos foi uma boa saída encontrada pela diplomacia brasileira, que mostrou flexibilidade e criatividade em um momento de impasse. Essa atitude revelou-se muito produtiva, visto que o estabelecimento do MDL foi vantajoso tanto para os países pobres e emergentes quanto para os países desenvolvidos. Afinal, por meio do MDL, o primeiro grupo de países aceitou a criação de mecanismos flexibilizadores de mercado que, ao facilitar o cumprimento das metas dos países Anexo I, também servem para financiar projetos de desenvolvimento sustentável nos países não-Anexo I.

* O anexo I da UNFCCC relaciona os países que assumiram compromissos de reduzir emissões de gases de efeito estufa (GEE). São eles os países-membros da OECD e os países do antigo bloco soviético. Assim sendo, os países não-Anexo I (países em desenvolvimento) são aqueles que não se comprometeram com metas obrigatórias de redução de emissão, apesar de alguns adotarem ações voluntárias nesse sentido.

Apesar de o Protocolo de Kyoto ter sido adotado ao final de 1997, as regras para sua aplicação ficaram definidas apenas em 2001. Para que entrasse em vigor, era necessária a ratificação de 55 países cujas emissões representassem 55% do total mundial. Isso só aconteceu em 2005, depois da ratificação da Rússia. O Brasil, que já havia ratificado o tratado em 2002, expressou seu descontentamento com a hesitação das grandes economias em aderir ao Protocolo. Em discurso na Assembleia Nacional Francesa, o presidente Fernando Henrique Cardoso criticou incisiva e consistentemente a política unilateral do governo americano de George W. Bush em relação ao regime de mudanças climáticas, afirmando:

> A barbárie não é somente a covardia do terrorismo, mas também a intolerância ou a imposição de políticas unilaterais em escala planetária. Não devemos permitir que a lógica do medo substitua a lógica da liberdade, da participação, da racionalidade. A nova ordem não pode prescindir tampouco do reforço da proteção dos direitos humanos. Ela tampouco pode prescindir da proteção do meio ambiente. Daí nosso apoio vigoroso ao Protocolo de Kyoto. (Oliveira, 2009, p. 63)

Como se pode ver, a controvérsia em torno do Protocolo de Kyoto ocupou lugar de destaque na agenda dos principais países do mundo. O avanço do conhecimento científico sobre o aquecimento global demonstrava cada vez mais a urgência da questão climática, sua natureza transfronteiriça e a necessidade de maiores esforços para a cooperação multilateral. No mundo todo, foram criados órgãos nacionais, regionais e internacionais para lidar com esse assunto. No Brasil, o governo Cardoso estabeleceu a Comissão Interministerial de Mudança Global do Clima, em 1999, para articular as ações governamentais ligadas à UNFCCC. No ano seguinte, uma iniciativa do deputado Fábio Feldman levou à criação do Fórum Brasileiro de Mudanças Climáticas, uma organização que almeja ampliar o debate sobre os problemas decorrentes do aquecimento global e, para tanto, reúne diversos atores da sociedade com representantes governamentais.

Esses novos arranjos domésticos contribuíram para que uma discussão bem informada se estabelecesse no Brasil e garantiram que o país continuasse a ser um ator decisivo nas conferências sobre mudança climática nos dois governos Cardoso. Em 2001, o governo federal criou a Comissão Interministerial para a Preparação da Participação do Brasil na Cúpula Mundial sobre Desenvolvimento Sustentável (CMDS), que seria realizada no ano seguinte, em Johanesburgo. Nas reuniões preparatórias internacionais, discutiu-se a adoção de metas de uso de energias renováveis sobre o total consumido; todavia, não houve consenso entre os países. Durante a CMDS, também conhecida como Rio+10, o Brasil apresentou a chamada Iniciativa Brasileira de Energia, sugerindo que 10% da energia consumida fosse proveniente de fontes renováveis até 2010. A justificativa apresentada pelo Brasil levava em conta os ganhos de desenvolvimento e a diminuição do aquecimento global e da poluição transfronteiriça decorrentes da geração de energia renovável. Apesar da argumentação brasileira, a proposta encontrou muita resistência dos outros países e gerou controvérsias, como a discussão sobre os critérios de definição de uma fonte sustentável de energia (Ribeiro, 2002, p. 41).

A Conferência produziu um documento final e um plano de implementação que, mesmo estimulando a adoção de energias renováveis, não estabeleciam metas ou prazos para tanto. A despeito de a proposta de energia defendida pelo Brasil não ter sido aprovada, o país exerceu efetivamente um papel de liderança na CMDS, destacando seu modelo hidroenergético e o desenvolvimento da produção de etanol para motores a explosão em substituição à gasolina. Dessa forma, o Brasil se posicionou como um produtor de tecnologias limpas para a geração de energia, que oferecia alternativas viáveis para a melhoria das condições ambientais no mundo todo. Depois de ter resistido à agenda ambiental em 1972 e se associado a ela em 1992, o Brasil teve uma postura mais adiantada com relação à maioria dos outros países em 2002 (Lago, 2006, p. 216).

No governo Lula, o Brasil continuou a afirmar a urgência da questão climática e a defender a viabilização de crédito para que os países em desenvolvimento pudessem implementar as medidas de mitigação e adaptação necessárias. Gradativamente, a questão das mudanças climáticas ganhou mais visibilidade e se consolidou no Brasil uma visão de desenvolvimento que vai além de variáveis estritamente econômicas e inclui também fatores ambientais e ecológicos.

Em 2007, o Painel Intergovernamental de Especialistas sobre Mudanças Climáticas (IPCC, na sigla em inglês) recebeu, juntamente com Al Gore, o Prêmio Nobel da Paz. O Nobel foi um reconhecimento de seus "esforços para produzir e disseminar conhecimento sobre mudança do clima antropogênica e estabelecer as bases para as medidas necessárias ao combate de tal ameaça" (Norwegian Nobel Committee, 2007). Nesse mesmo ano, em dezembro, ocorreu a COP13, em Báli. Na ocasião, dez anos após a assinatura do Protocolo de Kyoto, o Brasil apresentou para a comunidade internacional bons resultados na redução das emissões decorrentes da coibição do desmatamento.

O documento final da COP13, denominado "Caminho de Báli", foi adotado apenas no último dia da conferência, após intensas negociações. Para o Brasil, o "Caminho de Báli" trouxe algumas vantagens, como o reconhecimento da importância do combate ao desmatamento para a redução de emissões GEE. Outro avanço alcançado em Báli diz respeito ao fortalecimento do Fundo Global de Adaptação às Mudanças Climáticas, que tem por objetivo disponibilizar recursos provenientes dos países do Anexo I para que as nações menos desenvolvidas melhorem seus aspectos mais vulneráveis ao aquecimento global. O documento final não fixou metas de redução de emissões de GEE, mas estabeleceu diretrizes para um processo de negociação que deveria culminar em um acordo legalmente vinculante para o período pós-2012, quando o Protocolo de Kyoto vai expirar. O objetivo era que tal acordo fosse adotado na COP15, em Copenhague.

Em um evento paralelo à Conferência de Báli, a então ministra do Meio Ambiente, Marina Silva, lançou a proposta de criação de um fundo para a proteção e conservação da Amazônia. Esse fundo contaria com recursos voluntários de países interessados em apoiar ações de prevenção, monitoramento e combate ao desmatamento na Amazônia. A criação do Fundo Amazônia, que se concretizaria no ano seguinte, e as doações internacionais demonstraram que a diplomacia brasileira já havia conseguido reverter, em grande parte, a imagem negativa associada ao Brasil que vigorava até a década de 1990 por conta dos altos índices de desmatamento da Amazônia. Sem dúvida, isso representou um grande avanço para o Brasil, que é hoje o país amazônico com maior credibilidade internacional no que diz respeito à preservação e conservação de suas florestas. Por meio do Fundo Amazônia, o Brasil conseguiu ainda salvaguardar a soberania nacional, mantendo as políticas de prevenção das florestas desvinculadas do mercado internacional de carbono.

Depois de 2007, a preocupação com as mudanças climáticas só aumentou e a urgência em negociar um acordo global para reduzir as emissões de GEE após 2012 – quando terminará o primeiro período de compromisso do Protocolo de Kyoto – fez com que chefes de Estado comparecessem em massa à COP15, realizada em 2009, em Copenhague. Apesar das divergências entre o MMA, o MCT e o Itamaraty, que ficaram evidentes na preparação para a COP15, a posição brasileira apresentada pelo presidente Luiz Inácio Lula da Silva na Conferência foi consistente. Marcada por um forte viés ambientalista, a disposição brasileira de voluntariamente estabelecer metas até 2020 estava em consonância com a linha de atuação defendida pelo MMA. Em sua participação, o presidente Lula foi incisivo e cobrou comprometimento dos países para a resolução dos impasses. Apesar do engajamento de diversos líderes políticos do mundo inteiro em Copenhague, não foi possível chegar a acordo sobre prazos e metas para um novo tratado climático com força de lei.

A última COP ocorreu em Durban, na África do Sul, no final de 2011. Após intensas e prolongadas negociações, os países participantes decidiram instituir um novo período de validade para o Protocolo de Kyoto, a começar em 2013, e se comprometeram a engajar-se no estabelecimento de um acordo legal até 2015. O documento final da COP17, conhecido como a "Plataforma de Durban", também definiu que medidas de contenção da poluição só deverão ser aplicadas pelos países a partir de 2020, para que sejam levadas em consideração as recomendações do relatório do IPCC, a ser divulgado entre 2014 e 2015. Durante toda a Conferência, o Brasil se mostrou disposto a aceitar um tratado legalmente vinculante que estipulasse metas para implementação em 2020. E ainda, diante da União Europeia, o país buscou a manutenção e renovação da validade do Protocolo de Kyoto. No âmbito das negociações, a participação brasileira se destacou pelos esforços despendidos para apaziguar divergências entre países sobre o termo que dizia respeito ao comprometimento com as futuras metas de redução de emissões de poluentes, daí tendo sido criado o termo "resultado acordado com força legal". Além disso, os embaixadores Luiz Alberto Figueiredo e André Corrêa do Lago foram parte importante de um pequeno grupo constituído para intermediar a posição dos Estados Unidos em relação aos demais países.

O MOMENTO ATUAL

Nos quarenta anos de negociações aqui analisados, é possível notar um progresso substancial na consolidação do desenvolvimento sustentável como uma das prioridades da agenda internacional. Tal avanço ficou evidente na institucionalização do interesse da ONU pelo tema e na criação de uma série de tratados internacionais relacionados com os diversos aspectos da sustentabilidade do desenvolvimento.

A política externa brasileira apresentada nos fóruns internacionais mencionados se desenvolveu na medida em que os governos do país passaram a dar mais importância aos temas ambientais transfronteiriços e efetivamente reconheceram a necessidade de tomar decisões para evitar possíveis cenários de catástrofe em escala global. Não obstante, o estabelecimento e a aplicação de medidas para enfrentar as tendências degradantes do meio ambiente e as do clima, mais recentes, são tarefas por vezes muito custosas para os países menos desenvolvidos. Nesse sentido, alguns destaques da atuação brasileira foram a defesa constante da transferência facilitada de tecnologias produtivas limpas e as campanhas pela criação de fundos e outros tipos de financiamento. Essas bandeiras da diplomacia, que ligavam os temas de meio ambiente à meta do desenvolvimento, contribuíram para elevar o Brasil à capacidade de líder dos países menos desenvolvidos, criando ao mesmo tempo mecanismos para facilitar a inserção competitiva do país na economia globalizada.

A recente melhora nas condições econômicas e o progresso na coibição do desmatamento possibilitaram ao Brasil avançar para um comprometimento maior com objetivos vinculantes, mensuráveis e verificáveis. Tal comportamento, que já estava presente na atuação do presidente Lula em Copenhague, ficou mais claro na última COP, em Durban. Os passos para a adoção de metas representam o fortalecimento de uma visão política que privilegia o planejamento a longo prazo, tendo em vista o desenvolvimento no presente sem que isso cause prejuízos às gerações futuras.

Apesar dos obstáculos a tomadas de decisão em nível global sobre questões de longo prazo, a temática da sustentabilidade do desenvolvimento está ganhando cada vez mais destaque na agenda internacional, e o Brasil tem patrocinado esforços que visam à promoção do desenvolvimento sustentável como objetivo articulador de interesses nacionais e internacionais. Vinte anos após sediar a Rio 92, o Brasil será novamente a sede de uma conferência sobre meio ambiente e desenvolvimento, a CNUDS – mais conhecida como Rio+20.

A realização da Rio+20 foi uma proposta brasileira apresentada nos fóruns da ONU já em 2007. Alguns anos depois, na 64ª Assembleia Geral da ONU, em 2009, os Estados-membros aprovaram por unanimidade a Conferência, prevista para 2012 no Brasil. Essa decisão foi tomada com três objetivos principais: a renovação do compromisso político com o desenvolvimento sustentável; a avaliação de lacunas no progresso e na execução do cumprimento dos compromissos já assumidos; e a discussão sobre desafios novos e emergentes. Na mesma ocasião, os Estados-membros também chegaram a acordo sobre os dois eixos centrais da Conferência: (1) economia verde no contexto do desenvolvimento sustentável e erradicação de pobreza e (2) estrutura institucional para o desenvolvimento sustentável (UN General Assembly, 2010).

Na preparação para a Conferência no Brasil, os ministérios mais envolvidos são o do Meio Ambiente e o das Relações Exteriores. Os dois ministros responsáveis, Izabella Teixeira e Antônio de Aguiar Patriota, dividem a presidência da Comissão Nacional para a Rio+20, criada pela presidente Dilma Rousseff em junho de 2011. A Comissão Nacional para a Rio+20 é responsável por promover o diálogo de órgãos e entidades nacionais, com a intenção de articular a participação do Brasil na Conferência. O documento de contribuição brasileira para a Rio+20, enviado à ONU em novembro de 2011, foi elaborado a partir das consultas à sociedade e a órgãos do governo promovidas pela Comissão. No âmbito das instituições estatais, participaram desse processo representantes dos poderes Executivo, Legislativo e Judiciário – nos níveis federal, estadual e municipal. Na esfera das instituições não governamentais participaram representantes da sociedade civil, como membros das comunidades tradicionais, dos movimentos sociais e do setor empresarial.

Apesar de diversos representantes de outros órgãos do governo também integrarem a Comissão, sua Secretaria Executiva é composta apenas pelo Ministério do Meio Ambiente, o das Reações Exteriores, o da Fazenda e o do Desenvolvimento Social. Como se pode notar, órgãos governamentais marcados por um viés mais científico, como o Ministério da Ciência e Tecnologia, não se encontram entre os principais atores da preparação para a Conferência. Por mais que o governo tente promover a Rio+20 como uma conferência de desenvolvimento sustentável, e não de meio ambiente (Lago, 2012), alguns analistas têm criticado o papel marginal da ciência no programa da Rio+20 (Vialli, 2012).

Além de fortalecer as dimensões econômica e social do desenvolvimento sustentável, o governo brasileiro deseja evitar que a Rio+20 seja apenas um balanço dos avanços e retrocessos ocorridos desde a Rio 92. Nesse sentido, são perceptíveis os esforços do governo para que a Rio+20 se dirija ao futuro, que seja uma ocasião para reconhecer a emergência de outros países como atores decisivos na estrutura de governança global e a importância do multilateralismo nessa nova configuração de poder mundial. Assim, pode-se afirmar que a Conferência será bem-sucedida para o Brasil se houver uma renovação da confiança internacional no papel do sistema multilateral como foro de solução dos grandes problemas globais e se a crescente importância brasileira nesse sistema for confirmada.

No processo de preparação para a Rio+20, os representantes do governo brasileiro têm reafirmado o foco da Conferência nos dois eixos centrais mencionados, ao mesmo tempo que procuram alinhavar essas questões globais aos problemas internos do país. Desse modo, a Rio+20 é apresentada como conferência de desenvolvimento, na qual temas como a mudança climática e a necessidade de descarbonização da economia devem ser discutidos no contexto da pobreza extrema e da exclusão social. Essa atitude está clara no documento de contribuição à Rio+20 que o Brasil enviou à ONU, em que elencou, entre os principais resultados a alcançar na Conferência, "a incorporação definitiva da erradicação da pobreza como elemento indispensável à concretização do desenvolvimento sustentável" (Comissão Nacional para a CNUDS, 2011).

É interessante notar que esse posicionamento externo está extremamente ligado à prioridade que o governo da presidente Dilma Rousseff tem dado à agenda social na política doméstica. Por outro lado, os pilares econômico e ambiental do desenvolvimento sustentável parecem não receber a mesma atenção que o componente social. Desse modo, fica cada vez mais difícil nutrir a expectativa de que na Rio+20 sejam negociadas políticas e ações concretas que norteiem e facilitem a transição para uma economia de baixo carbono. Com expectativas um tanto ou quanto modestas, o governo brasileiro parece trabalhar para que a Conferência, que não tem caráter deliberativo, resulte em um documento final forte, abrangente e com foco político.

Tendo em vista que o documento final contará apenas com sugestões e não será legalmente vinculante, o envolvimento da sociedade civil – em especial, das empresas – na Rio+20 pode ser uma maneira eficaz de aplicar as possíveis diretrizes acordadas pelos Estados. O governo brasileiro, ciente do caminho alternativo para a aplicação das diretrizes, tem estimulado muito essa participação.

Se, por um lado, em 2012 se assinalam os vinte anos da Rio 92, configurando uma ocasião oportuna para discutir questões ligadas ao desenvolvimento sustentável, a crise econômica e os processos eleitorais em curso em países como Estados Unidos, China, França e Rússia põem em risco a presença de importantes chefes de Estado na Conferência. Para assegurar o maior número possível de líderes políticos do primeiro escalão na Rio+20, a presidente Dilma Rousseff alterou as datas da Conferência. Inicialmente prevista para o começo de junho, a Rio+20 teve seu início adiado para 20 de junho no propósito de evitar coincidência com as comemorações do jubileu de diamante da rainha da Inglaterra.

Apesar das dificuldades mencionadas, espera-se que a Rio+20 reúna um número significativo de figuras políticas influentes. A intenção é que seja o maior encontro mundial sobre preservação ambiental, desenvolvimento sustentável e economia verde.

OLHANDO PARA O FUTURO

Ao longo dos quarenta anos passados desde a CNUMAH, em Estocolmo, a configuração político-social do Brasil teve diversas alterações. Nessa perspectiva temporal, nota-se que a situação é agora, sem dúvida, mais propícia ao desenvolvimento sustentável. Afinal, o Brasil é hoje um país democrático, com bom crescimento econômico e ambientalmente consciente. No entanto, falta ao país traduzir essa situação favorável em ações concretas de transição para uma economia de baixo carbono. Apesar de algumas medidas adotadas, como a definição de uma Política Nacional de Mudança Climática, a aprovação da Lei de Mudança Climática e os favorecimentos fiscais aos aparelhos da "linha branca", de maior economia de energia, além do declínio dos índices de desmatamento na Amazônia, muitos esforços são ainda necessários para garantir a adoção de políticas e de práticas sustentáveis no Brasil.

As vantagens competitivas do país – como a matriz energética composta majoritariamente por fontes renováveis, a rica biodiversidade e a grande quantidade de recursos naturais – devem ser fortalecidas e ampliadas, enquanto se desencorajam iniciativas que vão contra a sustentabilidade ambiental. Investimentos verdes devem ser incentivados para favorecer a inovação tecnológica e preservar os ecossistemas e a qualidade de vida das pessoas que neles residem. Cabe pensar em tais ações mediante um planejamento de longo prazo, o que é difícil por inúmeras razões, algumas estruturais (como o curto mandato característico dos governos democraticamente eleitos) e outras circunstanciais (como a atual crise econômica). Esses obstáculos indicam que a transição para uma economia de baixo carbono não acontecerá sem comprometimento político e conscientização da população. Mas é difícil imaginar um futuro em que as transformações necessárias para mitigar o aquecimento global e se adaptar aos efeitos inevitáveis não constarão no topo da agenda política internacional. Assim, é razoável supor que uma forte atuação nas questões ambientais – no decorrer da Rio+20 e depois dela – contribuirá para a consolidação da posição de liderança do Brasil no cenário internacional.

BIBLIOGRAFIA

CADERNOS ADENAUER SOBRE ECONOMIA VERDE (no prelo).

CAMINHOS PARA A SUSTENTABILIDADE. Cadernos Adenauer, Edição Especial, ano XIII. Rio de Janeiro: Fundação Konrad Adenauer (KAS), 2012.

COMISSÃO NACIONAL PARA A CONFERÊNCIA DAS NAÇÕES UNIDAS SOBRE DESENVOLVIMENTO SUSTENTÁVEL. 2011. Documento de Contribuição Brasileira à Conferência Rio+20. Disponível em: http://www.conselho.saude.gov.br/ultimas_noticias/2011/doc/rio20_propostabr_182.pdf. Acessado em 19-3-2012.

FERREIRA, Leila C. *A questão ambiental: sustentabilidade e políticas públicas no Brasil*. São Paulo: Boitempo, 1998.

FONSECA Jr., Gelson & de Castro, Sergio N. (orgs.). *Temas de política externa brasileira II*. São Paulo: Paz e Terra, 1994.

LAGO, André C. "Não se pode ter dois padrões de consumo, para país rico e pobre". Entrevista concedida a Daniela Chiaretti. Em *Valor Econômico*, 16-2-2012. Disponível em: http://www.valor.com.br/rio20/2533092/nao-se-pode-ter-dois-padroes-de-consumo-para-pais-rico-e-pobre. Acessado em 19-3-2012.

______. *Estocolmo, Rio, Joanesburgo: o Brasil e as três conferências ambientais das Nações Unidas*. Brasília: Funag, 2006.

NORWEGIAN NOBEL Committee. 2007. "The Nobel Peace Prize 2007 – Press Release. Oslo, 12-10-2007. Disponível em: http://nobelprize.org/nobel_prizes/peace/laureates/2007/press.html. Acessado em 19-3-2012.

OLIVEIRA, Miguel D. (org.). *Discursos selecionados do presidente Fernando Henrique Cardoso*. Brasília: Funag, 2009.

RIBEIRO, Walter C. "Brasil e a Rio+10". Em *Revista do Departamento de Geografia*, nº 15, 2002. Disponível em: http://citrus.uspnet.usp.br/rdg/ojs/index.php/rdg/article/viewFile/60/50. Acessado em 19-3-2012.

UNCHE. "Declaration of the United Nations Conference on the Human Environment" (A/CONF/48/14/Rev.1), 16-6-1972. Disponível em: http://www.un-documents.net/unchedec.htm. Acessado em 19-3-2012.

UN GENERAL ASSEMBLY. Resolution Adopted by the General Assembly 64/236. Implementation of Agenda 21, the Programme for the Further Implementation of Agenda 21 and the Outcomes of the World Summit on Sustainable Development (A/Res/64/236), 31-3-2010. Acessado em 19-3-2012.

VIALLI, A. "Rio+20 não prioriza questões ambientais, alertam cientistas". Em *Folha de S.Paulo*, 9-3-2012. Disponível em: http://www1.folha.uol.com.br/

ambiente/1059733-rio20-nao-prioriza-questoes-ambientais-alertam-cientistas.shtml. Acessado em 19-3-2012.

VIOLA, Eduardo. "O regime internacional de mudança climática e o Brasil". Em *Revista Brasileira de Ciências Sociais*, vol. 17, nº 50, São Paulo, 2002. Disponível em: http://www.scielo.br/scielo.php?script=sci_arttext&pid=S0102-69092002000300003&lng=en&nrm=iso. Acessado em 19-3-2012.

Sobre os autores

JOSÉ BOTAFOGO GONÇALVES

Embaixador e vice-presidente emérito do Centro Brasileiro de Relações Internacionais (CEBRI). Foi ministro de Estado da Indústria, do Comércio e do Turismo do Brasil, vice-presidente de Relações Externas do Banco Mundial em Washington, secretário-executivo da Câmara de Comércio Exterior da Presidência da República, subsecretário-geral de Assuntos de Integração, Econômicos e de Comércio Exterior e representante especial do Presidente da República para Assuntos do Mercosul. Serviu como embaixador do Brasil na Argentina (2002-2004). É membro do Conselho Superior do Agronegócio (Cosag) e do Conselho Superior Temático de Infraestrutura (Coinfra), ambos da Fundação das Indústrias do Estado de São Paulo (Fiesp); integra também o Conselho Técnico da Confederação Nacional do Comércio de Bens, Serviços e Turismo (CNC) e o Conselho Superior da Federação das Câmaras de Comércio Exterior (FCCE).

LUIZ AUGUSTO DE CASTRO NEVES

Embaixador e presidente do Conselho Curador do Centro Brasileiro de Relações Internacionais (CEBRI). Foi subchefe de Assuntos Econômicos da Secretaria Geral do Conselho de Segurança Nacional, secretário executivo

de Assuntos Estratégicos da Presidência da República, diretor-geral do Departamento das Américas e secretário-geral adjunto do Ministério das Relações Exteriores. Também foi coordenador Nacional do Brasil no Grupo do Rio e integrou o Conselho de Administração da Itaipu Binacional. Serviu na Organização dos Estados Americanos em Washington D.C. e foi embaixador do Brasil no Paraguai (2000-2004), China (2004-2008) e Japão (2008-2010). É membro do Conselho de Administração do Grupo Pão de Açúcar.

LUIZ FELIPE LAMPREIA

Embaixador, vice-presidente emérito do Conselho Curador do Centro Brasileiro de Relações Internacionais (CEBRI), presidente do Conselho de Relações Internacionais da Federação das Indústrias do Estado do Rio de Janeiro (Firjan) e professor de Relações Internacionais na Escola Superior de Propaganda e Marketing. Foi ministro das Relações Exteriores do Brasil, secretário de Assuntos Internacionais do Ministério do Planejamento, subsecretário de Assuntos Políticos do Ministério das Relações Exteriores e secretário-geral do MRE. Serviu como embaixador do Brasil em Suriname (1983-1985), Portugal (1990-1992) e na Suíça (1993-1994). É membro do Conselho de Administração da Partex Oil and Gas e do Conselho Consultivo da Coca-Cola Co; é também conselheiro da McLarty Associates e da Caixa Geral de Depósitos – Brasil.